城市轨道交通车辆超级电容储能系统理论与应用

杨　颖　　编著

中国铁道出版社有限公司

2021年·北　京

内容简介

本书共分九章，详细介绍了城市轨道交通发展、储能式轨道车辆牵引仿真建模、超级电容建模与测试、车载储能系统方案设计、储能式轨道交通车辆系统建模、储能式轨道交通能量管理策略、储能式轨道交通性能评价指标、轨道交通车辆超级电容储能系统试验方法、应用案例分析。

本书注重理论结合工程，从超级电容部件到储能式轨道车辆，每个部分都有相应的试验支撑理论，可以为轨道交通车辆超级电容储能系统的从业人员提供很好的参考，同时对其他相关行业的人员也有一定的借鉴意义。

图书在版编目(CIP)数据

城市轨道交通车辆超级电容储能系统理论与应用/杨颖编著.—北京:中国铁道出版社有限公司,2021.6

ISBN 978-7-113-27723-9

Ⅰ.①城…　Ⅱ.①杨…　Ⅲ.①城市铁路-铁路车辆-储能电容器-研究　Ⅳ.①U239.5

中国版本图书馆 CIP 数据核字(2021)第 021596 号

书　　名:城市轨道交通车辆超级电容储能系统理论与应用
作　　者:杨　颖

责任编辑:孙　楠　　**编辑部电话:**(010)51892546　　**邮箱:**tdpress@126.com
封面设计:曾　程
责任校对:孙　玫
责任印制:高春晓

出版发行:中国铁道出版社有限公司(100054,北京市西城区右安门西街 8 号)
网　　址:http://www.tdpress.com
印　　刷:北京联兴盛业印刷股份有限公司
版　　次:2021 年 6 月第 1 版　2021 年 6 月第 1 次印刷
开　　本:710 mm×1 000 mm　1/16　印张:14.5　字数:268 千
书　　号:ISBN 978-7-113-27723-9
定　　价:98.00 元

序

众所周知，地下运行的地铁运能大，但造价高(6亿～10亿元/km)、建设周期长(4～6年)，而地面运行的有轨电车造价仅1亿元/km左右，建设周期为1～2年，填补了公交车与地铁间的运量空白，是中小运量(0.8万～1.5万人/h)的首选模式，适用于大型城市次干线和中小城市主干线。目前，全球已有80多个国家的300多个城市运营有轨电车，在欧美发达国家中其占比超过60%，而在我国其占比不足6%。我国城区人口在50万～200万的中小城市有一百多个，目前仅18个城市开通有轨电车，"一带一路"沿途国家大多数城市人口在200万以下，因此该交通模式未来市场发展空间巨大。

有轨电车于19世纪80年代由西门子公司研制，依靠架空电网提供电能、轨道提供回流，不仅影响了城市景观，增加了沿线土地占用，轨道杂散电流还对埋藏在地下的金属管道和建筑钢筋有电腐蚀；传统的有轨电车在城市应用中安全性差、输电损耗高、维护工作量大，再生制动能量回馈率低(仅30%左右)，多余制动能量通过制动电阻耗散为热能排放到大气中，运营电能消耗较高。

我国创新性地采用超级电容车载储能和车站十秒级快速充电的间歇式受电模式，研制出超级电容车载储能式现代有轨电车，打破了一百多年来架空网连续受电模式的束缚，彻底消除了架空网的诸多负面影响，并大幅提升了车辆再生制动能量回馈率至80%以上，降低了车辆牵引能耗30%以上；该模式造价同比架空网供电系统降低30%以上，仅为国外地面分段受电方式造价的三分之一；2014年底这种储能式有轨电车在广州海珠线全球首次实现了商业化运营。目前，国内已开通运营9条这种储能式全程无网有轨电车线路，新规划项目中超七成拟选用该模式，西门子、庞巴迪、阿尔斯通、CAF等轨道车辆制造商也纷纷跟进采用，我国已成为该领域公认的技术领跑者。

本书作者过去十年来一直在从事超级电容储能式有轨电车及超级电容器产品的研发，将多年的研究成果立著发表出来，就是想面向轨道交通行业推介这一创新成果，以利于这一原创性技术成果的加快推广。

当前，我国正处于2030年“碳达峰”的进程中，大力建设发展轨道交通有助于加速这一进程的实现，而车载储能间歇式供电方式可大幅降低车辆牵引能耗，并有助于改善城市景观，提升城市形象，也代表了未来城市轨道交通技术发展的方向。

中国工程院院士

2021年3月于株洲

前　言

超级电容作为新兴的功率型储能元件，具有功率密度高、循环寿命长、工作温度范围宽等特性。2012 年，中车株洲电力机车有限公司创新性地将超级电容作为储能电源，自主开发研制了世界首列采用物理型动力超级电容器的储能式有轨电车，并于 2014 年底在广州海珠实现全球首条无网有轨电车的商业运营。储能式有轨电车作为一种适用于中小运量的新型、绿色的轨道交通方式，受到了越来越多城市的青睐，目前国内已有 9 条线路采用这种储能式全程无网有轨电车。

十年来，编者一直从事超级电容储能式有轨电车及超级电容器产品的研发，并为此进行了大量的原理性研究、实验测试和运行验证工作，积累了宝贵的经验和数据。为了加快这一原创性技术成果的推广，推动我国轨道交通技术高质量发展，便于读者对城市轨道交通车辆超级电容储能技术有一个全面、系统的了解，特将多年的研究成果总结成书。本书注重理论结合工程，从超级电容部件到储能式轨道车辆，每个部分都有相应的试验支撑理论，可以为轨道交通车辆超级电容储能系统的从业人员提供很好的参考，同时对其他相关行业的人员也有一定的借鉴意义。

本书主要内容如下：(1)从列车的多质点与单质点模型出发，建立列车运动方程及城市轨道交通列车能耗模型；以牵引计算理论为基础，对列车运行过程中所受到的各种力和计算方法进行研究，建立合理的列车牵引动力学模型以对列车运动过程进行分析；以单质点模型为例，对储能式有轨电车运行过程进行仿真计算，以验证建模方法的有效性。(2)从物理结构和外部电气特性两个角度介绍不同的超级电容单体建模方法，并结合单体模型对超级电容模组建模及对应的电压均衡技术进行相关介绍，从基本性能、可靠性、环境可靠性及安全性四个角度对常见的超级电容测试项目进行介绍。(3)从储能式轨道车辆主电路拓扑结构、车载储能系统的主要约束条件、车载储能系统设计三个方面来说明车载储能系统的设计流程，并以广州海珠线有轨电车设计为例，介绍超级电容模组和储能系统结构设计过程。(4)对全程无网储能式轨道交通车辆的动力电源系统和牵引驱动系统进行数学建模，并对充放电特性及逆变器和牵引电机的外特性进行分析。(5)介绍超级电容储能式轨道交通的能量管理策略和方法，包括局部无网线路和全程无网线路的能量管理策略。(6)围绕超级电容储能系统和轨道交通车辆两个方面介绍储能式轨道交通的评价指标。(7)结合轨道交通系统的试验标准要求、组合试验技术要求以及科学研究性试验技术要求这三个方面来探讨轨道交通车辆超级电容储能系统的试验方法。(8)以广州海珠线有轨电车为例，详细介绍储能式有轨电车的参数制定、储能系统与相关电气设备选型、地面充电系统及制动、空调等关键电气系统设计等工作。

本书由杨颖编著，参加编写的人员有：陈中杰、张伟先、邓谊柏、文午、陈铁柱、王平华、李娜。本书在编写过程中，得到了中车株洲电力机车有限公司、宁波中车新能源科技有限公司和湖南大学机械与运载工程学院的大力支持，特在此致以衷心的感谢。另外，本书参考了国内外相关文献资料，在此，谨向这些文献资料的作者、译者和出版单位表示衷心的感谢。

由于编者水平有限，书中难免有疏漏，敬请批评指正。

编著者

2021年3月

目　录

第一章　绪　　论

随着我国城市化的进程不断加快，人民生活水平持续提高，城市交通面临的压力也越来越大。交通拥堵、噪声污染、空气污染等社会问题日益突出。另外，由于我国人口基数大，资源相对贫乏，要实现城市的可持续发展，必须大力发展公共交通。目前，我国大多数城市交通结构比较单一，主要依靠公共汽车等常规公共交通方式。此方式虽然投资少、造价低，但存在载客量不足，环境污染、城市拥堵等问题。与公共汽车不同，轨道交通以其快速、高效、大运量、低污染等特点，受到了各个国家和城市的广泛关注，在城市公共交通中的作用也越来越大。作为常见的轨道交通形式，地铁交通系统以其运能大、准点率高、污染少等优点，被广泛应用于大型城市的公共交通系统中，并在其中扮演着举足轻重的角色。然而，地铁交通系统高昂的造价(6 亿～10 亿元/km)、较长的建设周期(4～6 年)及单线每月高达上千万千瓦时的能耗令诸多中小型城市望而却步。中小型城市面临的公共交通系统滞后、交通拥堵及废气污染等问题依然没得到良好地解决。另外，地铁虽然已在各大城市中逐渐普及，但地面公交车辆依然是一种重要的公众出行方式，且依然存在一些亟待解决的问题。一方面，地面公共汽车往往会因道路环境变化及驾驶员驾驶习惯的不同而产生颠簸，影响乘员乘坐舒适性。另一方面，现有地面公共汽车准点率无法有效保证，因候车而产生的时间浪费问题在影响社会运行效率的同时，与大众时间管理日益精细化的趋势也相互矛盾。地面轨道交通系统能提供更好的乘坐舒适性及较高的准点率，并且固定的线路使其更易于实现智能驾驶，这不仅能降低驾驶员的工作强度，还更易于对车辆行驶过程进行能量高效管理，进一步降低能耗成本。而较地铁交通系统而言，地面有轨电车所需的建造成本更小(约为 1 亿元/km)，建设周期更短(约为 1～2 年)，有其独特的竞争力。

由以上介绍可知，地面有轨电车是改善中小型城市公共交通条件及优化大型城市地面公共交通系统的有效方案。其符合公众对交通系统更高的品质要求，也符合缩减投资、降低能耗、减少排放的可持续发展目标，对我国建设资源节约型、环境友好型社会有着非常现实的意义。也正因如此，近年来城市轨道交通获得的关注度正日益提升，未来关于城市轨道交通的发展与建设也将进入加速阶段，其在公共交通客运总量中的占比将越来越高，所起到的作用也将越来越大。

第一节　城市轨道交通概述

城市轨道交通系统是指服务于城市客运交通，具有固定线路、配备列车或单车形式的运输车辆及对应服务设施、采用轨道进行承重和导向，并具有相当规模客运能力的城市公共交通系统。其通常以电力为动力，以轮轨运行为特征，主要包括市郊铁路、地下铁道、城市轻轨交通、有轨电车、单轨交通、自动导向交通系统、磁浮列车等。

截至 2020 年底，我国内地共有 45 座城市开通城市轨道交通，运营线路总长度为 7 978.39 km，居世界第一位。表 1.1 所示为各交通制式的应用情况及占比。

表 1.1　中国内地城市已开通运营的城市轨道交通制式概况（截至 2020 年底）

序号	城市轨道交通制式	应用城市数量(个)	运营线路总长度(km)	占比(%)
1	地铁	38	6 302.79	79
2	轻轨	4	217.6	2.73
3	单轨	1	98.5	1.23
4	市域快轨	10	805.70	10.10
5	有轨电车	20	485.7	6.09
6	磁悬浮交通	3	57.90	0.72
7	APM	2	10.2	0.13

随着城市人口出行需求的拉动，未来城市轨道交通车辆的密度将继续增大，根据我国各地方政府的城轨规划数据，2022 年国内城轨总投资额将在 5 万亿元左右。由此可见，城市轨道交通正在全国范围内扩大规模，具有广阔的前景。

第二节　有轨电车发展概述

有轨电车是最早发展的城市轨道交通方式之一，一般以单节车厢的形式运行在城市中心。早期有轨电车一般采用直流电机驱动，运行速度在 10～20 km/h 之间，单向每小时运能在 5 000 人次左右。最早的有轨电车于 1881 年由德国西门子公司发明，如图 1.1 所示。1888 年世界上第一辆商业运营的有轨电车在美国投入使用，1899 年中国北京建成第一条有轨电车线路。此后在 1906 年及 1908 年天津、上海、大连(图 1.2)也相继建成有轨电车线路。到 20 世纪 20 年代，美国有轨电车线路总长达到 25 000 km。然而，因为运能低、挤占道路、噪声大、正点率低等问题，一些城市于 20 世纪 30 年代相继拆除有轨电车线路，有轨电车规模相应减小。

图 1.1　早期德国有轨电车

图 1.2　大连有轨电车

20 世纪 70 年代，由于线路隔离、自动化信号调度及先进电驱技术的发展，使得有轨电车在速度、能耗、噪声及运能等问题上得到了很大的改善。与早期有轨电车相比，现代有轨电车使用了更先进的牵引、制动和信息化设备，使得整车结构更加紧凑，动力更加强劲。低地板设计不仅方便乘客进出，更进一步扩大了车厢内部空间，单列载客量(200～300 人)达普通单节公交车的三倍以上。此外，在高峰时可依靠牵引与制动系统重联运行，进一步扩大运能。现代有轨电车平均时速为 20～25 km，轨道普遍使用长钢轨无缝焊接而成，行驶中车轮与钢轨的摩擦噪声大大降低。随着人们生活品质的提高，有轨电车再次成为公共交通系统建设的优选方案。2006 年底，天津滨海新区从法国引进了胶轮有轨电车。2009 年，上海浦东新区张江地区也开通了胶轮有轨电车，如图 1.3 所示。

图 1.3　上海胶轮有轨电车

我国城市轨道交通产业的自主发展，促进了城市轨道交通建设及装备制造业的发展，增强了我国城市轨道交通装备制造业在国际合作交流中的话语权，提高了企业参与国际竞争的能力。为了突破城市轨道交通核心技术，我国的高科技公司与科研院所合作，集中资源对车辆的牵引、传动、制动及信号系统进行自主研发，开发出如图 1.4 所示的现代有轨电车。

图 1.4　现代有轨电车

第三节　有轨电车供电技术

现代有轨电车技术的进步使越来越多的城市加入有轨电车的建设行列中。同时，城市发展规划对现代有轨电车建设要求越来越高，而传统的城市轨道交通能量供给方法因以下弊端已不再适合现代城市。

1. 架空接触网的限制。传统的城市轨道交通多采用架空接触网供电，但在具有城市历史建筑物或标志性建筑物的重点区域、有垂向限界的高架桥下或隧道及大的道路平交路口，架空接触网的布置都会受到限制。

2. 再生制动能量的浪费。依靠接触网供电运行的车辆，在车辆减速过程中，其再生制动能量将回馈到接触网上，如图 1.5 所示。然而，这些回收的制动能量只能被当时处于牵引工况的车辆利用，否则将被制动电阻以热能的形式释放。据统计，接触网供电车辆再生制动能量利用率普遍小于 40%，在浪费能量的同时，所排放的热能还加剧了城市“热岛效应”。

3. 杂散电流对沿线地下管网的电腐蚀。依靠接触网供电的轨道车辆系统，负极要通过走行钢轨进行回流，如图 1.5 所示。由于钢轨无法做到全天候完全绝缘，产生的杂散电流对沿线的地下管网存在电腐蚀危害，不利于城市的绿色和谐发展。

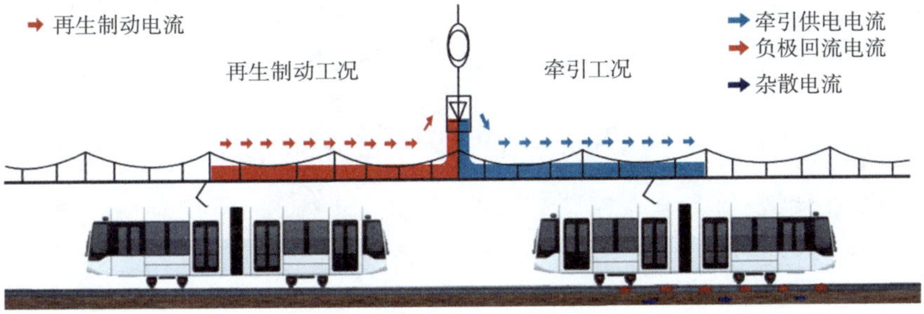

图 1.5　接触网供电的轨道车辆

目前国内外已有多种形式的无网有轨电车（如地面接触式、电磁感应式和储能式）可以避免接触网电车存在的不足，其中利用停站间歇式充电的储能式有轨电车能最大限度地节省对供电设备投入，且伴随可达 80%的再生制动能量利用率，其对应的单列每公里运营能耗低于 3 kW · h，运营成本较低。低造价、低运营及低维护成本，使得储能式有轨电车逐渐成为全线无网运行的主流方式。

在强调经济和节能环保和谐发展的今天，无网运行轨道交通已成为一种发展趋势。无网运行城市轨道交通车辆的研究主要涉及车载储能系统、牵引电传动系统、站台充电系统三部分，其中高效、高品质储能系统的开发是重中之重。因此，本节将先从轨道交通车辆的无网供电技术入手，分别介绍地面接触式、电磁感应式及车载储能式供电技术的研究现状。随后，鉴于储能系统在无网轨道交通系统建设中的重要性，详细介绍常见储能技术的发展历程及应用场景。最后就车载储能式城市轨道交通系统的研究现状进行详细论述，并指出将超级电容应用于城市轨道交通系统的优势。

一、有轨电车供电方式

传统的城市轨道交通采用的架空接触网影响城市景观，且不适用于某些特殊环境。为避免架空接触网对城市建设的影响，国内外逐渐发展了几种有轨电车无架空接触网供电技术。目前，有轨电车供电方式主要可分为地面接触式供电、电磁感应供电以及车载储能系统供电。

（一）地面接触式供电

地面接触式供电是指将供电系统埋在地下，当车辆驶过安装有供电系统的路段时，触发充电设备为车辆进行充电的供电技术。主要包括无线电控制的 APS 供电技术、磁性集电分段受电技术。

1. APS 供电技术

2003 年 6 月 12 日，法国阿尔斯通公司在法国波尔多市进行了有轨电车路面供电系统试验，如图 1.6 所示。图中电力轨的材料为玻璃纤维，呈"工"字形。与电缆连接的 2 根金属板条安装在"工"形轨的表面。"工"形轨的中心是 4 条狭槽，用于铺设 DC 750 V 的铜线、绝缘节回线及通信与辅助设备。两段"工"形轨之间被绝缘节分隔，以确保良好的绝缘性。

绝缘节安装有平行塑料接触板条，连接两条相邻的"工"形轨的金属板条，向集电靴提供连续的行走表面。电力控制装置之间的间隔为 22 m，当车辆驶过时，接收到车辆信号的电力控制装置便激活位于车辆中间下方受流装置附近的导体段，使之获得电力并向运行中的车辆供电。待车辆继续行驶，并激活下一个电力控制装置后，自动切断上一电力控制装置的电力供给，以确保只有处于车辆下方的导电段带有电力供给功能。

图 1.6　地面供电系统

2. 磁性集电分段受电技术

创威(Tramwave)地面供电技术是意大利安萨尔多公司的专利技术,供电接触线嵌入式安装在两条铁轨中间的连续导管内,核心部件为一个内嵌的模块化组件,该组件包含了全部地面供电系统所需的元素。彼此绝缘的钢制接触板安装于模块组表面,所有模块组连接在一起形成了地面供电接触线。当车辆驶过时,安装于转向架下的集电靴相接触的供电线段被激活,并进入通电状态,而其他部分均不带电。这一机制保证了供电过程的安全性,也满足了车辆的驱动及附属设备的用电需求。此外,Tramwave 供电系统模组具有自己的电路安全环,负极回流不经过车轮及钢轨,可有效避免杂散电流的危害。

(二)电磁感应供电

加拿大庞巴迪公司于 2008 年开发了 Primove 电磁感应供电系统,并于 2009 年在德国的 Bautzen 进行示范试验。如图 1.7 所示,Primove 电磁感应供电系统原理是将电缆埋在轨道下,利用电磁感应,使安装在车辆下方的感应线圈产生感应电流为车辆提供牵引电力。在该系统中,供电电缆沿轨道敷设,根据需要每隔一定距离设置一套逆变装置,并由供电电缆供电。逆变器将直流电转变为交流电,通过铺设在轨道中间的 3 条并行电缆,使初级电路产生交变磁场。次级电路安装在车下,与初级电路的最大距离不超过 70 mm。次级线圈在交变磁场的作用下产生交流电压,再经整流为直流电,供给有轨电车的牵引系统。电磁感应供电系统的效率取决于次、初级线圈之间的气隙大小,正常情况约为 45 mm,但也会随着车体垂直方向运动而变化。车底初级感应电流本身是闭路的,因此轨道内没有回流的电流。

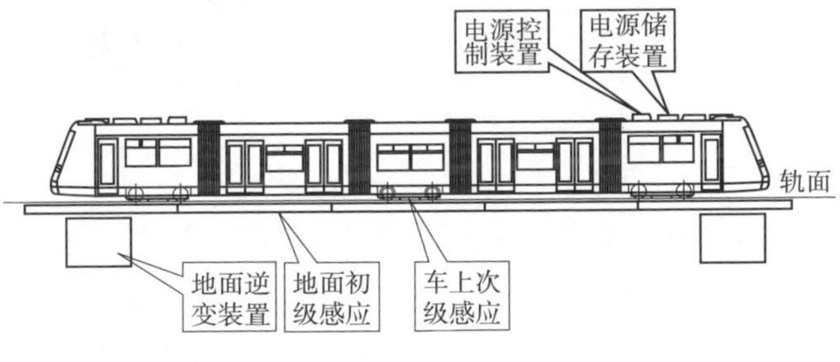

图 1.7　安装 Primove 的低地板列车

(三)车载储能供电

车载储能供电指的是将储能装置安装于车辆上,当车辆运行时车载储能设备直接为车辆供电的电车供能技术。根据储能元件的不同,车载储能供电又可分为超级电容供电及混合型储能装置供电。

1. 超级电容供电

超级电容供电方案利用超级电容功率密度高、充放电时间短(不超过 30 s)、寿命长(100 万次或 10 年)的特点,将电能快速存储在大功率储能元件中,并直接作为车辆牵引的动力源。车辆制动时,超级电容可作为制动能量回收的储能装置,对具有大功率、大起伏的再生制动能量利用率极高,是城轨车辆的一种新型供电方式。但是超级电容能量密度远低于蓄电池,单次充电所能储存的能量有限,可供车辆运行距离较短(一般为 2~4 km),因此需要在每个车站中设置快速充电装置,为储能系统充电。

2. 混合型储能装置供电

混合储能系统指的是由超级电容及蓄电池组成的混合储能装置,通过充分利用超级电容大功率密度及蓄电池大能量密度的特点,利用车站停站期间完成短时快速充电。该供电方式与单一超级电容储能的方式相比,提高了车辆静止等待时间及续航里程,但蓄电池安全性和寿命不如超级电容,且两种不同特性的储能元件之间需要变流装置来完成能量转换,系统较复杂,效率稍低。

二、储能系统

利用站台间歇式充电把供电和用电从时间和空间上隔离开的储能式有轨电车,打破了一百多年来架空接触网连续受电模式的束缚,给轨道交通供电系统在调度管理、运行控制、规划设计等方面带来了新的革命。作为动力源,储能系统堪比城市轨道交通车辆的"心脏"。储能技术目前已经被广泛应用于各个领域中,它的发展对电力系统的能量管理有深远意义,特别是在分布式发电和可再生能源领域。目前常用储能技术的种类较多,工业界常用的有飞轮储能、蓄电池储能、超级电容储能以及多种储能形式的混合储能。本节将主要介绍目前主流的储能技术及其在国内外的发展和应用。

(一)飞轮储能

飞轮储能系统主要由转子、轴承和能量转换系统组成,其通过将电能转化为高速旋转飞轮的动能来实现能量存储,储能能力与飞轮的转动惯量成正比,对应储存的能量为

$$E_f = \frac{1}{2} J_f \omega_f^2 \tag{1.1}$$

式中,J_f 为飞轮的转动惯量(kg · m^2);ω_f 为飞轮的角速度(rad/s)。

由式(1.1)可知,增加飞轮容量的途径是提高转动惯量和角速度,转动惯量与飞轮的直径及质量直接相关,直径越长、质量越大则转动惯量越大;而提高角速度是增加飞轮容量及缩减其质量与体积的关键,目前已实现了 60 000 r/min 以上的超高转

速。由于飞轮高速运转时离心力的限制，飞轮的转动惯量不能无限制地增大。为了最大程度保证效率，目前的飞轮储能系统大多在真空状态下运行，以减小空气阻力造成的损耗。

飞轮储能能量密度较低，属于功率型储能设备，飞轮传输所获得的功率可由式(1.1)对时间求微分得到

$$P_f=\frac{dE_f}{dt}=J_f\omega_f\frac{d\omega_f}{dt}=\omega_f T_f \tag{1.2}$$

式中，T_f 为由电动机作用于飞轮的转矩。

目前飞轮的功率等级为 5 kW～1.5 MW，放电时间为 15 s～15 min，其运行维护极少、运行寿命长，且对周边环境几乎无影响，能够为负载提供瞬时功率支持，目前主要应用于电能质量调节、维持输配电系统稳定、频率控制和调峰等。但是，飞轮的输出能量受其运行速度的限制，低速状态下不能维持额定功率。因此，大功率的飞轮储能系统一般多应用于 UPS 领域及航空航天领域。

20 世纪末，磁悬浮技术、高强度碳素纤维和玻璃纤维、新型电力电子器件及其控制技术的出现与进步为飞轮储能技术的进一步发展奠定了基础。2000 年，飞轮储能装置被应用于轨道交通系统，在英国伦敦地铁线路中进行了测试；之后，相继在多个国家和地区的地铁线路中应用。2004 年，德国 Piller 公司开发的 Powerbridge 飞轮储能系统被应用于德国汉诺威的城轨交通系统中；2012 年，洛杉矶黄金线也启用了飞轮储能系统。目前，飞轮的功率可达 MW 级，与地铁的实际工况能较好的契合，有良好的应用前景。

城市轨道交通列车再生制动释放的能量不能被周边列车吸收时，电网将通过逆变器、自耦变压器和平衡电抗器驱动同步电动机，而同步电机驱动飞轮旋转把电网中多余的能量转化为飞轮的动能。为了在低电网电压下也能全部利用额定电压，并降低系统的发热，逆变器与飞轮之间需要接入自耦变压器。当由于列车牵引等原因使电网电压降低到一定程度时，飞轮驱动同步电机工作发电，向电网传输能量。当飞轮储能装置不能正常工作时，再生的能量则通过制动电阻进行消耗，以保持电网电压的动态稳定。通过以上的分析，飞轮的应用减小了列车制动时能量的浪费，在整个装置中占据着重要的角色。城市轨道交通一般适宜采用大转动惯量和低转速的飞轮系统，且在国外已有运营实例。2007 年 7 月，安装在德国汉堡地铁一个牵引变电所内的固定式飞轮储能器投入运营。在该飞轮储能器满负荷充电时，1 800 kg 的飞轮会以 3 300 r/min 的速度旋转，而放电状态下的最低旋转速度为 1 800 r/min。在可利用的电能为 5 kW・h 的情况下，飞轮储能器的最大功率为 1 000 kW。在考虑飞轮装置最大工作功率的条件下，飞轮装置从零储能到最大值 5 kW・h 仅需 18 s，符合

列车一次牵引、制动所需要的时间。

（二）蓄电池储能

蓄电池储能是我们生活中最为常见的一种储能技术，备用电池、UPS、电能质量调节等都有蓄电池的身影。目前全球每年对蓄电池有数千亿美元的市场需求。蓄电池有很多种类，包括铅酸蓄电池、镍镉蓄电池、锂离子蓄电池等。蓄电池通常由几个叠在一起的电池单体组成。电化学蓄电池组作为一种电化学装置，在充电时将电能变换为化学能，而在放电时将化学能转换为电能。

根据轨道交通的特点，车辆使用的动力蓄电池应具有以下性能：能量密度高，比功率大；允许长时间大电流充放电、电压波动小，快充快放、随充随放；耐高温抗低寒；寿命长、安全环保。蓄电池本身具有能量密度高的特点，可以在车辆用电需求高的时候补充能量，在用电需求低的时候吸收能量，降低了供电网和变电站的能量配置要求，提高了系统的稳定性。在紧急情况下，蓄电池还可以作为备用电源给车辆牵引供电，提供车辆所需功率。因为以上特点，蓄电池在作为储能电源应用于轨道交通领域上具有很大的优势。

蓄电池储能是目前相对成熟且应用广泛的储能技术，在城市轨道交通系统中的应用也较早。在 20 世纪 90 年代，德国柏林地铁就将电池储能技术应用于轨道线路；日本川崎重工采用 Gigacell 电池模块搭建了蓄电池电源系统 BPS（Battery Power System），该系统具有吸收再生制动能量的功能，且已在日本和美国轻轨线路中有所应用。蓄电池储能技术的优势在于蓄电池本身具有很大的能量密度，这是其他储能元件难以企及的，其非常适合于需要储备大量能量的场合。在具备诸多优点同时，功率密度小、寿命短、废弃蓄电池难以处理等问题也成为限制蓄电池技术进一步发展的短板。

锂离子电池在能量密度、充放电特性、性价比、寿命和环保性等方面比其他蓄电池有更大的优势，而且随着近年来蓄电池技术的快速发展，新型锂电池在能量密度、功率密度、循环寿命、安全性等方面都有长足的进步，并已经在电动汽车领域广泛应用，技术相对成熟。因此锂离子电池比较适合应用于轨道交通领域。中车长春客车股份有限公司的 AC 25 kV 动车组就采用了电力供电与动力锂离子蓄电池的混合供电模式。在其无接触网供电情况下，动力电池组进行牵引供电，匀速行驶可达 120 km/h。此外，中车南京浦镇车辆有限公司的南京河西有轨电车采用了单一动力锂离子供电的方式，实现了全线无接触网运行。

日本对锂离子电池储能技术的应用走在了世界前列，其在日本的 DC 1 500 V、DC 600 V 架线电网线路中都有应用。另外，西日本旅客铁道公司湖西线北陆本线的新定田变电站设置了地面式锂电池储能装置作为电力辅助设备。日本鹿儿岛市交通局于电压标准值为 DC 600 V 的鹿儿岛谷山线设置了锂电池储能系统。在引入储能系统后，该架线电网的最低电压由 385 V 上升至 460 V，架线电压波动范围得到有效控制。除作为再生电能存储设备外，锂电池储能系统也可单独给轨道车辆供电。如 2009 年 10 月在 NE(New Energy train)列车上搭载储能装置，使车辆在架线区间与无架线区间之间进行运行试验：即在架线区间，由架线为车辆行驶供电，储能装置仅作为再生制动能量存储设备；在无架线区间，由储能系统为车辆行驶供能。

（三）超级电容储能

20 世纪 80 年代，超级电容作为一种储能电化学元件发展起来，其特性介于蓄电池和传统电容器之间，是一种特殊的电源。超级电容又名双电层电容器(Electric Double Layer Capacitor，EDLC)，是普通电化学电容器的一种。超级电容容量远远大于普通电容器，而且储能的过程可逆，这个特性使得其可反复充放电数百万次。超级电容的双电层结构由电解质和活性炭多孔电极组成，由于其容量与双电层表面积成正比，与双电层之间的距离成反比，而双电层之间的距离非常小(纳米级)，表面积又远大于普通电容器，所以超级电容的容量非常大。其突出优点是体积小、易安装维护、功率密度高、充放电时间短、循环寿命长等。目前，超级电容储能系统广泛被应用在一些低容量、高峰值功率的场合。由于超级电容储能过程的可逆性，其可在充电饱和的浮充状态下正常工作十年以上，因此超级电容可作为备用电源在瞬态干扰和暂态故障期间提高供电可靠性。此外，超级电容具有很好的环境适应性，而且因其具有体积小、安装简易等优点，目前已经大量应用在一些低功率的供电场合。

作为新兴的功率型储能元件，功率密度高、循环寿命长、工作温度范围宽等特性，使得超级电容成为与城轨供电系统运行特性最为匹配的储能元件。目前，超级电容储能系统在城市轨道交通中的应用方式主要有车载式(On-board)和地面式(Wayside)两种。车载式超级电容储能装置的主要优点是体积较小、灵活方便，储存的能量能够由本车随时吸收。加拿大庞巴迪公司的产品 MITRAC 在德国曼海姆市轻轨车辆上载客安全运营多年，此外 SIMENS-MES、ALSTOM-STEEM project、CAF-ACRSYSTEM 等车载超级电容储能系统在欧洲多条线路上均有试验性应用。但是这种应用方式的缺点是储能装置增加了车辆自身的质量，增加车辆的牵引能耗，削弱整套系统的节能效果。地面式超级电容储能装置可安装在变电站内，也可以安装在变电站之间，它有效避免了车载式储能装置增加车重和占用车辆空间的问题。与此同时，由于储能装置和运行车辆属于不同系统，所以也可以节省两系统的集成投资，方便检修和维护。这种方式在国外已有多个应用实例，如西门子公司的 SITRASS-ES 已在德国波鸿、科隆、德累斯顿，西班牙马德里成功应用。

超级电容在轨道交通中还有一个重要的应用，即回收制动能量。超级电容可以快速吸收车辆制动时产生的能量，实现能量回收利用，同时还能稳定供电网电压，提高供电质量。而且可以作为电源为车辆提供一定的能量，用于应对紧急情况。超级电容的研究在国外开始较早，很多公司已经有成型产品，可以进行规模化应用。例如，西门子公司研发的超级电容储能系统，由变换器、连接单元和超级电容组成，可安装于地面。直至今天，该系统在纽伦堡、鹿特丹、德累斯顿、科隆、马德里等轨道交通系统中一直被应用。超级电容在国内轨道交通系统中应用较少，我国北京地铁 5 号线是我国第一条引入储能系统的地铁线路。从实际运行情况来看，在引入该系统后，车辆舒适性和供电网质量都得到很好地改善。

对于城市轨道交通来说，由于车辆频繁启停，站间距较短，车辆需要快速充电，而车载超级电容储能系统对有轨电车自身重量的影响是可以接受的，因此车载超级电容储能在城市轨道交通上的应用有很大优势。

(四)混合储能

前文分别介绍了飞轮、蓄电池和超级电容储能的特性和优缺点，现对各种储能方式的特点进行总结比较，见表 1.2。

表 1.2　各储能形式的对比

储能形式	能量密度(W·h/kg)	功率密度(W/kg)	效率(%)	使用寿命(次)	充放电时间(min)
飞轮储能	10～50	180～1 800	90～95	10^6	3～10
蓄电池储能	30～200	100～700	80～85	10^3	10～60
超级电容储能	6～10	7 000～18 000	>95	$>10^6$	0.5～1

由表 1.1 可以看出，单个形式的储能系统优点很明显，但其缺点也很突出。比如超级电容具有很高的效率和超长的使用寿命，但其较低的能量密度极大地限制了其在工业中的应用。与之相反，蓄电池具有很高的能量密度，但功率密度明显不足。因此为了使两者优缺点互补，最大程度地发挥出各自的优势，由不同储能元件共同组成的混合能量储存装置应运而生。

混合能量储存装置是将两个或多个储能装置通过双向 DC—DC 变换器组合在一起，使得每个储能装置都能充分发挥其优点，两者之间的缺点进行相互补偿的混合储能系统。例如受储能机理影响，超级电容的能量密度小，但功率密度非常大，能快速充放电，充放电寿命可以达到百万次，可放电到零。而蓄电池的能量密度大，功率密度很低，充电时间很长，放电时间在小时级别，充放电寿命一般为数千次。从特点来看，两者在技术上拥有很强的互补性。在城市轨道交通中，列车再生制动能量具有间歇性、反馈能量大、瞬时功率大、充放电周期短、充放电频繁等特点。用于再生制动能量存储的超级电容储能装置，能提供瞬时大功率、频繁的充放电能力，但不适合储存大量的再生制动能量；蓄电池储能时，通过浅充浅放可以增加使用寿命，这样需要设计足够的容量裕度。因此两者的结合能够很好地解决轨道交通中的储能问题。现阶段混合储能技术主要应用在电动汽车、新能源发电并网技术、微网、轨道交通等领域。

此外，还有器件级混合储能系统，主要有赝电容和混合电容。赝电容是以金属氧化物如氧化钌（RuO_2）、二氧化锰（MnO_2）以及导电聚合物为主要电极材料，是利用电极材料表面的基于离子吸/脱附的非法拉第过程存储电能，虽然赝电容材料法拉第反应的本质行为和蓄电池极为相似，但其 CV 曲线近似为矩形，GCD 曲线近似为线性，具有电容性的电化学特征。混合电容器其中一极采用电池材料，这也是其商业化名称“电池型电容器”的来源，同时由于电池材料在充放电过程中法拉第过程提供的能量显著多于电容材料提供的能量，得益于此，混合电容器的能量密度有了明显的提升，相比于超级电容 6～8 W·h/kg 的能量密度，赝电容器 12～16 W·h/kg 的能量密度，混合电容器的能量密度可以提高到 30～50 W·h/kg。与之相对应，混合电容器的功率特性和寿命特性也由于电池材料的引入而得到大幅度的削减，尤其是寿命特性，超级电容可以达到百万次的循环寿命，赝电容器可以达到数十万次的循环寿命，而混合电容器仅有数万次的循环寿命，部分动力电池的寿命已经越来越接近混合电容器的寿命水平。

目前已实现批量化生产的混合型电容器主要有 AC/$Ni(OH)_2$ 无机混合型电容器、锂离子电容器两类。其中，AC/$Ni(OH)_2$ 无机混合型电容器由俄罗斯 ESMA 公司于 20 世纪 90 年代研制成功，之后中国的上海奥威、哈尔滨巨容分别引进了该技术，但目前已基本被淘汰。锂离子电容器是于 21 世纪初出现的新型储能器件，目前已由日本的几家公司实现了产业化。由于电容器单体电压得到了显著的提高，从而数倍地提高了能量密度，其凭借着小型化优势在附加值上拥有一定的吸引力。但是，锂离子电容器昂贵的价格阻碍了它的应用和普及。同时，锂离子电容器复杂的工艺决定了其生产成本在短期内难以降低。此外，锂离子电容器还存在内阻、使用温度等方面的限制，因此未来还需要长足的发展。虽然锂离子电容器具有一定的产业前景，但因为其是在超级电容出现多年后才出现的，在未来一段时间内，它还难以取代超级电容在市场中的地位。

三、车载储能式城市轨道交通系统研究现状

采用蓄电池的储能式现代有轨电车最初在欧洲出现，主要用于穿过某些历史人文景区及建筑文物（为了不破坏景观），且多为局部短距离无接触网运行。之后随着相关电力电子技术的进步，及社会发展的需求，全程无网车辆也相继出现。本小节将

简要介绍储能式城轨交通系统的国内外发展现状并阐述其应用于现代城轨交通系统中的优势。

（一）国内研究现状

中车株洲电力机车有限公司（以下简称株机公司）是国内最先研究储能式轨道交通车辆的制造商。2012 年 8 月，株机公司采用超级电容作为动力电源的无接触网储能式有轨电车成功下线。此后，株机公司与西门子合作，引进西门子成熟的 Combino 有轨电车技术平台；2013 年，株机公司中标广州海珠区现代有轨电车项目。此外，长春轨道客车股份有限公司也对车载储能式轨道交通系统进行了开发，在沈阳浑南新区有轨电车项目上采用了 MAXWELL 公司的 BMOD0615 超级电容储能模块，模块电压为 DC 48 V，容量为 165 F。储能模块采用 2 并 10 串的方式，形成总电压为 DC 480 V，电容为 33 F 的超级电容储能系统，用于驱动车辆通过平交道口。但受存储能量限制，车辆在使用超级电容供电时需要关闭空调且限速 20 km/h，可运行 800 m 左右。

与上述二者不同，唐山轨道客车有限责任公司与德国 Locomotive 合作开发的混合动力 100%低地板有轨电车，适用于部分区间无网的工况。该电车采用锂电池加超级电容的混合储能形式，运行时储能电源通过各自的双向 DC—DC 变换器给主电路供电，电池负责在车辆匀速运行时为牵引及辅助系统供电，电容负责提供车辆启动加速及制动阶段的能量输出与回收。该系统中，电池采用苏州星恒 IFP32/10l/192－40A·h 锂电池组，230 节串联，工作电压 DC 480 V；超级电容采用 MAXWELL 公司的 BMOD0615 储能模块，电压 DC 48 V，容量 165 F，储能模块采用 2 并 10 串，构成总电压 DC 480 V，电容 33F 的储能模组。由以上介绍可知，超级电容已成为国内储能式城轨系统开发过程中不可或缺的部分。

（二）国外研究现状

Siemens 在 1997 年前后就开始了储能电源的研究，最初将其应用在供电系统，用于平抑接触网电源；2005 年，该公司将由超级电容加蓄电池的混合储能技术（Sitras MES）应用于里斯本的 Combino Plus 低地板城轨列车上（图 1.8）。该系统采用 MAXWELL 的超级电容，单体容量 2 600 F，总储能 0.85 kW·h；蓄电池工作电压 DC 520 V，储能电源均通过双向 DC—DC 电源向车辆供电。限速 30 km/h 可在平直道上运行 970 m。

2003 年，Bombardier 也将超级电容加蓄电池的混合储能方式用于支持有轨电车无网运行。该系统中车辆在限速 20 km/h 情况下，能够运行 800 m，并在德国的第三大城市 Mannheim 投入运营（图 1.9）。值得注意的是，该系统的车辆低地板中安装了两套超级电容及锂电池，其中，锂电池采用的是与加拿大大学合作研制的专用产

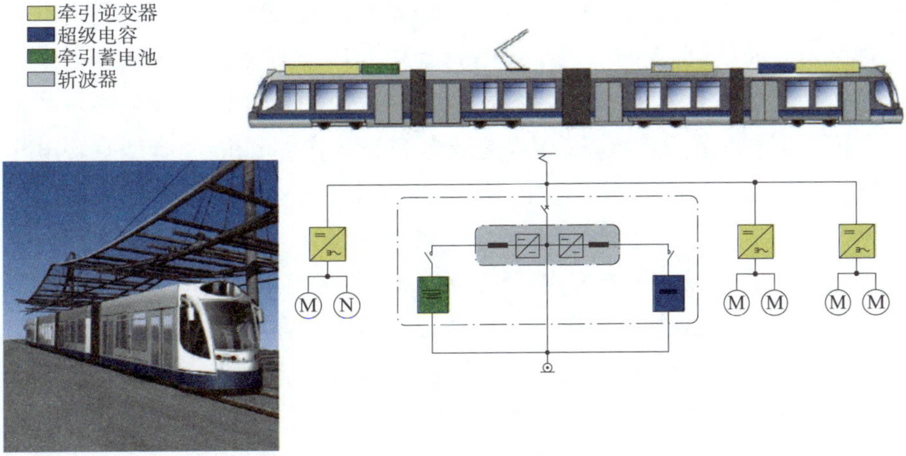

图 1.8　Siemens Sitras MES 储能技术

品，水冷方式冷却。2008 年，德国莱茵地区投入运营了 19 辆 Bombardier Variobahn 有轨电车，车上采用的由 Batscap 超级电容(MAXWELL)与逆变器组成的 Mitrac 节能装置，可用于实现再生能量回收及支持车辆短距离无网运行。在每列 30 m 长的有轨电车配备 2 套 Mitrac 节能装置的时候，车辆能以 20 km/h 的速度离开架空线行驶 800 m。

图 1.9　Bombardier MITRAC 节能技术

除了德国 Siemens 及加拿大 Bombardier 外，2007 年，法国尼斯采用了阿尔斯通的 Citadis 302 型有轨电车。该车装有额定电压为 DC 540 V，最大功率为 200 kW，能以 80 A · h 的输出容量供电 27 kW · h，正常使用寿命约 5 年的 SAFT NiMH 蓄电池组。车上的空调设备也可由蓄电池供电，但如果车辆在没有架空接触网供电的区段停留超过 3 min 的话，车上的空调等设备自动停用以节省能量。2008 年，Alstom 和法国巴黎运输局合作开发了另一种储能式无网技术 STEEM 系统，并将该系统用在巴黎 T3 有轨电车线上。在该系统中，超级电容安装在 Citadis 402 型有轨电车的车顶，其总储存容量为 2.16 kW·h，可用能量 1.62 kW·h，最大功率为 360 kW，整体质量为 720 kg。在停站时进行充电，整个储能装置可在 20 s 内充满电。同样是采用蓄电池加超级电容的混合储能方式，西班牙 CAF 公司利用超级电容在制动时可吸收车辆的再生电能，停站时站台设置的充电电源对超级电容进行快速充电的方法，实现了有轨电车的局部无接触网运行。在萨拉戈萨市中心一个不架设架空接触网线的区段，共有 21 辆 UrbosⅢ型有轨电车采用该系统支持运行。另外值得注意的是，在塞维利亚地铁枢纽有轨电车项目中，全部采用储能容量为 8.2 kW·h 的超级电容供电，以使车辆在部分无网且最长区段为 1 200 m 的线路上正常行驶。以上介绍表明，无论是国内还是国外，超级电容都是车载储能式城轨电车的核心储能元件。

(三)超级电容在城市轨道交通应用中的优势

综合分析以上提及的几种储能形式及现有的城轨交通系统案例可发现，将超级电容作为储能装置应用于城市轨道交通系统中具有如下几个优势：

1. 节约能源。目前城市轨道交通车辆上都配备了制动能量回收装置，而回收的能量如何收集是一个非常重要的议题。目前常用的是在制动时将车辆动能转换为电能，并反馈到电网，实现再生制动。尽管如此，此方法仍然存在大量的能量消耗。对于反馈的能量，现有电网是有条件接受的，一般只能实现 40%左右的能量回收效率。由于制动时回收的电能只能在回收瞬间进行利用，无法真正储存，还需利用电阻制动或机械制动作为补充，导致 60%左右的制动动能被浪费。至于化学储能，因其功率密度小、能量密度大，属慢充慢放型储能装置，在列车制动时难以吸收瞬间产生的巨大能量，且制动时瞬时的大功率充电会对电池产生很大的损耗，因此其只适用于汽车和摩托车。超级电容储能器件的研制成功为储能方式的第三次进化带来了曙光。轨道交通车辆制动是秒级的，且启动制动频繁，特别适合采用超级电容这种功率高、响应快、寿命长的储能器件。而超级电容在充放电时的容许电压和电流都较大，可以很容易存储回收的制动能量，以用来驱动车辆。

2. 使用寿命长。城市轨道交通的特点是运行距离短，载客量大，设计寿命长，并且需要频繁启停，因此需要有能提供瞬时大功率的储能设备。电池的功率密度较小，满足不了轨道交通车辆的需求，且频繁的充放电和启停对电池的损耗非常显著，会严重降低电池的使用寿命。超级电容具有功率密度大，充放电次数大于 100 万次等优点，正好可以弥补电池的不足。即使其存在能量密度小的缺点，但城市轨道交通运行路线固定，且站间距一般不超过 2 km，因此只需要车载超级电容储能系统能够满足一个站间的运行能量需求即可。超级电容超快的充电速度使得其可以实现在到站停车后的短时间内快速充电，以支持车辆运行至下一站。此外，超级电容的使用寿命和温度区间都较电池优越，因此非常适合在城市轨道交通中应用。

3. 能量管理简单。超级电容储能系统的控制和能量管理系统较为简单，这可以降低储能系统的设计和能耗，使车辆运行更平稳。因此，超级电容在轨道交通中的优势是无可比拟的。

在 2012 年，株机公司就已完成了以超级电容储能的无网运行有轨电车研制，且于 2014 年在全球率先实现无网有轨电车的商业运营，如图 1.10 所示。该线路运行 6 年来，再生制动能量回收效率达 80%以上，大大提高了车辆的能量利用率，降低了运营过程中的能耗及维护成本。在储能式城轨电车中采用超级电容储能元件，以提高车辆能量利用率已成为当下城轨交通系统发展建设的主流方案。

图 1.10　无网运行城市轨道交通车辆

第二章　储能式轨道车辆牵引建模

储能式城市轨道交通列车的运行过程较为复杂，与车载储能系统、行车信号、列车牵引/制动性能以及司机自身的驾驶经验等多种因素密切相关。要保证列车安全正点和高密度运行，并充分考虑乘车舒适性、停车精度、能量消耗等多方面问题，需针对不同的运行环境实时控制列车的牵引力和制动力。对列车运行过程进行数学建模及仿真，是研究与分析列车运行速度控制的基础。因此，本章首先从列车的多质点与单质点模型出发，建立列车运动方程及城市轨道交通列车能耗模型。然后以牵引计算理论为基础，对列车运行过程中所受到的各种力和计算方法进行研究，建立合理的列车牵引动力学模型以对列车运动过程进行分析。最后以单质点模型为例，对储能式有轨电车运行过程进行仿真计算，以验证前述建模方法的有效性。

第一节　列车运动学模型

列车牵引计算模型分为单质点模型和多质点模型。单质点模型忽略列车的长度，也忽略列车内部的受力情况，将整列车简化为一辆车进行计算。多质点模型将列车视为多辆车的组合，由于车辆长度的影响，在列车经过坡道或曲线时，每辆车在线路的位置不同，所受到的曲线阻力/坡道阻力也各不相同，受力情况也比单质点模型复杂。由于列车行驶过程中受力情况复杂多变，因此有必要对列车的受力分析进行线性简化，认为列车运行在平直轨道上，在足够短的距离内进行恒定加速运动，并根据牛顿第二运动定律，分析出列车受力情况和运行规律。

一、多质点模型与单质点模型

（一）多质点模型

城市轨道车辆多质点模型将城市轨道车辆视为多个质点构成的质点链。其中，每一个车厢被视为一个质点，其运行状态取决于其受到的合力，对应的受力分析示意如图 2.1 所示。

每个质点所受合力 F_i

$$F_i = W_{ij} + W_{iq} - W_{ih} - W_{ijz} - W_{ifjz} - W_{iz} \tag{2.1}$$

式中，W_{ij}为第 i 辆车所受牵引力，若为拖车则 $W_{ij}=0$；W_{iq}为第 i 辆车前车钩所受力；W_{ih}为第 i 辆车后车钩所受力；W_{ijz}为第 i 辆车所受基本阻力；W_{ifjz}为第 i 辆车所受附加阻力；W_{iz}为第 i 辆车所受制动力。

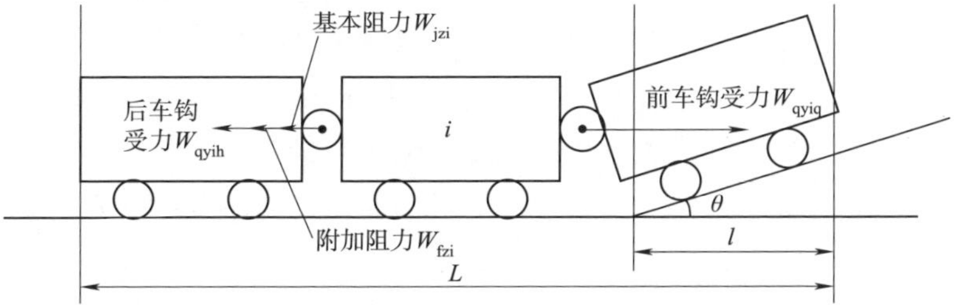

图 2.1　多质点模型的受力分析

则列车所受合力

$$C=\sum_{i=1}^{n}F_i \tag{2.2}$$

多质点建模的优点在于综合考虑了列车的内力，使模型更接近列车实际运行状态，同时也极大地提高了建模与计算的复杂性和工作量。

（二）单质点模型

单质点模型把列车简化为单个无尺寸的质点，将所有的受力情况放到一个质点上计算，不考虑列车内部机车和车辆之间的受力情况。这种建模的优点在于运算直观，计算量小，便于仿真实现。

城市轨道列车运行中作用在列车上的合力为牵引力 F_y、阻力 W 和制动力 B 的代数和，以 $F_{合}$ 表示。由于牵引力、阻力、制动力的方向不同，规定列车运行方向相同的力为正，相反的力为负，则作用在列车上的合力为

$$F_{合}=F_y-W-B \tag{2.3}$$

当 $F_{合}>0$ 时，合力作用方向与列车的运行方向相同叫加速力，列车加速运行；当 $F_{合}<0$ 时，合力作用方向与列车运行方向相反，叫减速力，列车减速运行；当 $F_{合}=0$ 时，则列车匀速运行。

为了计算和分析的方便，通常采用列车的单位合力进行计算

$$c=\frac{F_{合}\times 10^3}{(P+G)\cdot g} \tag{2.4}$$

式中，P 为机车计算质量(t)；G 为牵引质量(t)；g 为重力加速度。

二、运动方程

列车运动方程可根据牛顿第二定律导出，即

$$a=\frac{F_{合}\times 1\ 000}{m} \tag{2.5}$$

式中，m 为列车全部质量(kg)；$F_{合}$ 为列车合力(kN)；a 为列车加速度(m/s^2)。

城市轨道列车实际运行过程中，列车的一部分质量实际进行的是平移和回转的复合运动，如机车、车辆轮对、牵引电动机及传动齿轮等。它们会有相应的回转加速度产生，并消耗一部分合力。因此，在同样合力的作用下，列车实际加速度会受到影响，这种影响可通过在列车质量基础上增加一个相当量来计算分析。一般重货车、客车和机车回转加速度消耗的合力，约占整个平移加速度所消耗合力的 6%，于是列车的总质量(kg)应为

$$m_{h}=m+0.06m \tag{2.6}$$

将式(2.6)代入式(2.5)得

$$a=\frac{g\cdot c}{1\ 060}=\zeta\cdot c \tag{2.7}$$

式中，ζ 称为加速度系数，其物理意义为 1 N 的力作用在 1 kN 的列车质量上所引起的加速度值。

由式(2.7)可知，如果作用在列车上的合力是一个常数，列车作匀变速运动。而实际运行过程中，作用于列车上的合力随速度变化而变化，列车的运动过程为非匀变速运动，无法直接用简单的运动方程来解决列车的运行问题。

为了方便计算，可将轨道交通线路分为若干个区间，计算出列车在各区间的运行时间、运行速度和运行距离。在该方法中，距离间隔 S 划分得越小，所得计算结果越接近车辆实际运行状态，但计算也越繁琐。根据经验，一般计算时 S 取为 10 m，在精确计算时则将 S 取为 2 m(每个区间可近似为匀加速运动)。

启动和加速阶段牵引计算的递推式为

$$\begin{cases} v_{i+1}=v_i+a\Delta t \\ S_{i+1}=S_i+\dfrac{(v_i+v_{i+1})\Delta t}{2} \end{cases} \tag{2.8}$$

式中，v_i 为第 i 个时间步长的初速度；v_{i+1} 为第 $i+1$ 个时间步长的末速度；Δt 为时间步长，取值越小计算精度越高；S_i 表示列车在第 i 个时间步长初位置；S_{i+1} 表示列车第 $i+1$ 个时间步长末的位置。

列车运行时间和运行距离以及运行速度之间的关系为

$$\Delta S=\frac{v_2^2-v_1^2}{2a} \tag{2.9}$$

$$\Delta t=\frac{v_2-v_1}{a} \tag{2.10}$$

$$\Delta t=\frac{2\Delta S}{v_1+v_2} \tag{2.11}$$

式中，ΔS 为运行距离(m)；v_1 为物体的初速度(m/s^2)；v_2 为物体的末速度(m/s^2)；Δt 为运行时间(s)。

三、城市轨道交通列车能耗模型

(一)能量方程

列车能耗分为牵引能耗 W_d 和辅助能耗 W_a 两大部分，由于每个区间列车牵引力可视为恒定值 F_d，所以每个区间的牵引能耗

$$W_d=\frac{F_d\times S}{\eta_d} \tag{2.12}$$

式中，η_d 为牵引系统效率。辅助系统能耗计算如下

$$W_a=\frac{P\times t}{\eta_a} \tag{2.13}$$

式中，P 为辅助系统功率；η_a 为辅助系统效率。

储能式有轨电车采用超级电容作为车载储能电源，其储存能量由式(2.14)决定

$$W_c=\frac{1}{2}\times C\times(U_1^2-U_2^2) \tag{2.14}$$

式中，W_c 为储能电源储存能量(J)；C 为储能电源电容值(F)；U_1 为储能电源最高工作电压(V)；U_2 为储能电源最低工作电压(V)。

根据轨道交通的特点，储能电源最高工作电压定为 DC 900 V，最低工作电压定为 DC 500 V，则

$$W_c=\frac{1}{2}\times C\times(U_1^2-U_2^2)=2.8\times10^5\times C \tag{2.15}$$

(二)运行策略

运行策略是假定列车运行在某种特定工况时的应对方法，不同的运行策略产生的计算结果显著不同。为了获取更好的整车性能，针对不同的运行工况往往须采用不同的操纵方法。

1. 最快速度策略

最快速度策略以节约列车运行时间为出发点，在整个运行区间以最大牵引、制动功率输出，当列车达到最高速度(或线路最高限速)时匀速运行，此种策略产生的能耗最大。

2. 节能策略

节能策略以节约能耗为出发点，在加速阶段以最大牵引力输出，列车达到最高速度时封锁牵引输出，列车惰行靠运行阻力减速，只在必要时施加制动力停车。另一种

节能模式是通过限制列车最高运行速度来限制列车的运行能耗，从而达到降低列车运行能耗的目的。

节时、节能模式都是仅考虑单一目标的极端运行模式，与实际车辆运用情况相差较远，不能直接用于列车的实际运行中。对于储能式有轨电车来说，提高运行速度和降低能耗是相互矛盾的，必须在二者之间找到一个平衡点。因此，在满足旅客对舒适度和运行时效要求的前提下，优化列车运行模式，让其尽量以节能的方式运行是本书分析的运行策略，详见第六章。

(三)列车能耗计算及试验

传统的城轨交通采用DC 1 500 V或DC 750 V供电制式，经接触网或第三轨供电受流、钢轨回流。牵引时，列车从接触网吸收能量；再生制动时，列车向接触网反馈能量。由于接触网供电大多采用12脉波或24脉波整流技术，其输出能量为单向流动。当接触网吸收不足时(同一供电区间内再生能量无法被另一列车吸收)，将导致网压抬升。网压超过预设的阈值时，列车将启用电阻制动或摩擦制动，车辆动能转化为热能散发至大气。

根据列车运行密度和区间距离不同，再生制动能量约可吸收20%～80%的车辆制动能。例如，香港地铁在高峰行车间隔为105 s的情况下，再生制动能量吸收率可达80%；广州地铁1号线的低峰行车间隔为360 s时，其吸收率仅为20%，其余动能通过电阻制动或摩擦制动转化为热能排向大气。同时，由于牵引供电网整流装置和输电线路阻抗存在损耗，无论是牵引还是制动工况，能量传输均有5%～10%的损失(取决于直流供电网电压1 500 V/750 V)。而储能式轨道车辆由于采用动力型储能器件，储能器件充电效率大于95%，牵引逆变器效率约为0.98，电机效率为0.92，机械传动效率0.98，扣除阻力功再生制动能量可视为100%被吸收，再生制动能量利用率可达80%以上，整车节能性显著优于传统受电式车辆。

第二节　列车牵引动力学模型

有轨电车运行过程中，作用于列车上的力主要有三类：牵引力，制动力及运行阻力。本节将对列车运行过程中的牵引动力学模型进行受力分析，分别对列车牵引计算相关的外力进行阐述。

一、牵引力及牵引特性

(一)牵引力的产生及计算

牵引力的产生遵循以下的动力流，表示从电能转换成机械能的全过程。如

图 2.2、图 2.3 所示。

图 2.2　牵引动力传递路径

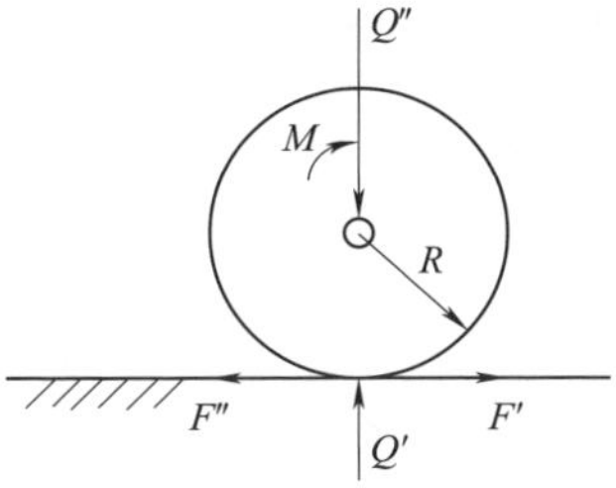

图 2.3　牵引力产生示意

图 2.3 中 Q''为动轮作用在钢轨上的正压力，也即轴重；F''为作用在车轮的切向力。由钢轨沿车辆运动方向施加于各个动轮轮周上的切向外力之和 F'称为该车辆的轮周牵引力。以一个动轴为对象进行受力分析，设动轴重 Q，动轮半径为 R，施加在动轴的扭矩为 M，忽略内摩擦力，得动力学公式

$$M-F'\cdot R=J\cdot \varepsilon \tag{2.16}$$

式中，J 为轮对的转动惯量；ε 为轮对角加速度。变速运动时角加速度不为零，匀速运动时角加速度等于零。

匀速运动时，$\varepsilon=0$，因此

$$M-F'\cdot R=0 \tag{2.17}$$

$$M=F'\cdot R\Rightarrow F'=\frac{M}{R} \tag{2.18}$$

整个轨道交通车辆的轮周牵引力为

$$\sum_{i=1}^{N}F=N\cdot F' \tag{2.19}$$

式中，N 为轨道交通车辆整车动轴数。

与汽车附着系数类似，轨道交通车辆牵引力受到黏着定律的限制。牵引力 F'受轮轨间最大静摩擦力限制，轮轨间最大静摩擦力用 $F_{\varphi\max}$表示

$$F_{\varphi\max}=\mu_{\max}Q \tag{2.20}$$

式中，$\mu_{\max}$为轮轨间最大物理黏着系数。

黏着定律：动车牵引力最大值在任何时候都不得超过各动轮与钢轨间黏着力的最大值总和，即

$$F_{max}=\sum F'_{max}\leqslant F_{\mu}=\mu_{max}\cdot P_{\mu} \tag{2.21}$$

式中，F_{max}为轨道交通车辆动轮最大轮周牵引力；μ_{max}为轨道交通车辆轮轨间最大物理黏着系数；P_{μ} 为轨道交通车辆黏着质量，$P_{\mu}=NQ$。

一般轨道的最大轮周牵引力 μ_{max}具有随机性，变化范围大、影响因素多，难以通过计算得出，一般用计算黏着系数作为计算依据。计算黏着系数多采用经验公式获取，我国电力机车的计算黏着系数经验公式为

$$\mu_{j}=0.24+\frac{12}{100+8v} \tag{2.22}$$

因此，计算黏着牵引力

$$F_{\mu}=\mu_{j}\cdot P_{\mu} \tag{2.23}$$

(二)牵引特性

车辆牵引特性是指轮周牵引力 F 与运行速度 v 之间的关系，如图 2.4 所示，其函数表示关系为

$$F=f(v)$$

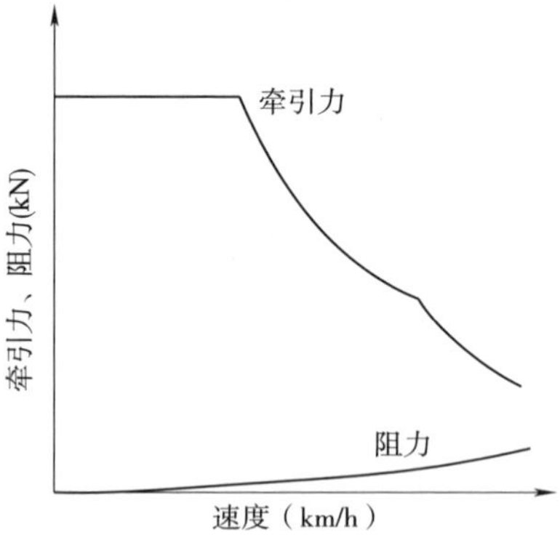

图 2.4　车辆牵引特性原理

(三)牵引力计算标准及取值规定

为了在牵引计算时统一标准，必须结合牵引特性曲线确定一些计算标准及不同速度下牵引力的取值原则。

1. 牵引力计算标准

(1)持续电流、持续速度与持续牵引力。

储能式城市轨道车辆有规定的持续电流，牵引电机以此电流长时间工作，其发热量与散热量平衡，且对应的发热温度不超过绝缘材料的最高允许温度。车辆在最高级位满磁场牵引特性曲线上与持续电流限制线的交点所对应的速度，称为持续速度，

其一般比该条曲线与黏着牵引力曲线的交点速度略高，即不受黏着能力的限制。持续速度所对应的轮周牵引力为持续牵引力。

(2)计算速度及计算牵引力

计算速度是车辆在限制坡道上允许的最低通过速度，是计算牵引质量的依据。TB/T 1407.1—2018《列车牵引计算　第 1 部分：机车牵引式列车》(以下简称《牵规》)规定了各型车辆的最低计算速度及最大计算牵引力。实际计算中，在较平坦的线路上根据运输需要，可以用高于最低计算速度的值为依据确定牵引质量标准。

(3)计算启动牵引力

启动牵引力是在启动工况下车辆所能发挥的最大牵引力，用以计算启动牵引质量。《牵规》规定的启动牵引力是根据相关限制条件计算或通过专门试验确定，称为计算启动牵引力。

2. 多机牵引时牵引力取值的规定

由于车辆编组形式的不同，多机牵引时不易实现同步操纵，因此，每台车辆牵引力需要均取全值或者一定比例。

3. 最大牵引力的取值和牵引力使用系数

最大牵引力是指车辆牵引特性的“外包线”所表示的牵引力，牵引力计算时通常选择同一速度下最大牵引力进行计算。在低速时，车辆最大牵引力取值由启动电流及牵引力与黏着牵引特性曲线中牵引力最小值决定；随着速度升高，车辆顺次按最高级位满磁场、持续电流限制和最深磁场削弱的牵引力曲线取值。

《牵规》中规定，为避免由于长时间超负荷运转而影响车辆使用寿命，对车辆采用各速度最高负荷对应的牵引力来计算最大合力并绘制最大合力线图。进行其他计算时，均应乘以牵引力使用系数，即实际使用的最大牵引力为

$$F_{ymax}=\lambda_y \cdot F \tag{2.24}$$

式中，λ_y 为牵引力使用系数(规定取值 0.9)。

二、制动力及制动性能

(一)制动方式

轨道交通车辆制动方式从能量转换角度划分可分为摩擦制动和动力制动两种。摩擦制动是将动能转变成热能，消散到大气中。动力制动是让机车或动车的动轮对带动其动力传动装置，让它产生逆作用，消耗或回收列车动能，即将动能转化为电能。转化所得的电能可经电阻消耗并以热能形式耗散到大气中，也可依靠超级电容储能系统将电能储存以备后用。动力制动与摩擦制动原理不同，其制动力在高速阶段随着速度增大而减小，在低速阶段随着速度增大而增大。

按照控制模式划分,城市轨道交通车辆制动方式主要有:摩擦制动、动力制动和空电配合制动。轨道交通列车制动方式具体的详细划分如图 2.5 所示。

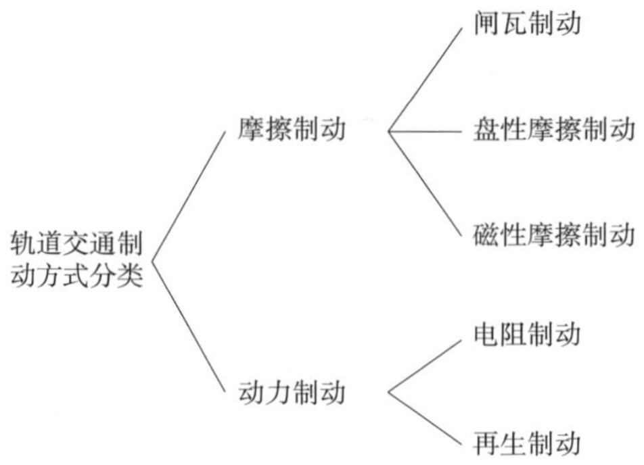

图 2.5　轨道交通车辆常用制动方式划分

1. 摩擦制动

摩擦制动在城市轨道交通车辆的制动过程中是比较常见的一种制动形式,主要有闸瓦制动、盘性摩擦制动、磁轨摩擦制动等。

闸瓦制动制动时,以压缩空气为动力源,通过闸瓦压紧车轮使瓦间发生摩擦,将动能变成热能。闸瓦制动对于制动功率有所限制,因为闸瓦与踏面之间过高的摩擦温升会导致闸瓦熔化或车轮踏面出现裂纹。

盘式摩擦制动分为轴盘式和轮盘式,列车一般多采用轴盘式制动装置。考虑到列车其他零部件的安装布置,也有采用轮盘式制动装置。制动过程中,制动缸通过夹钳使制动片夹紧制动盘从而使制动闸片与制动盘产生摩擦。

磁轨摩擦制动仅在紧急情况下使用,它利用电磁铁吸力将制动闸瓦紧贴钢轨的摩擦力产生制动力,并兼有清理轨面的作用。

2. 动力制动

城市轨道交通动力制动主要包括电阻制动和再生制动两种方式。再生制动过程中,牵引电动机作为发电机工作,将列车运行动能转换为电能,并同时产生制动力。一般动力制动过程中,首先进行再生制动,再生制动能量可由车载超级电容储能系统吸收,也可以由同一电网其他列车使用。当接触网电压过高或同时段无列车吸收反馈能量时,则执行电阻制动,制动转化的电能将在电阻器上被消耗。动力制动力的计算要参考城市轨道交通动力牵引电机的电制动特性曲线,然后运用线性插值或曲线差值取值计算。

目前城市轨道交通车辆制动的主要是空电混合制动。即常用制动工况时一般动力制动优先进行调速制动,空气制动辅助的制动方式,使之合理分配动力制动和闸瓦制动的大小和比例。如图 2.6 所示，列车所需制动力不足时(列车速度降低时)，不足的制动力由空气制动装置提供改善车辆制动性能；紧急制动时，一般不使用动力制动，直接由空气制动单独提供制动力。储能式轨道交通列车的制动方式是再生制动和闸瓦制动配合形式，弥补了单一电制动特性的不足。

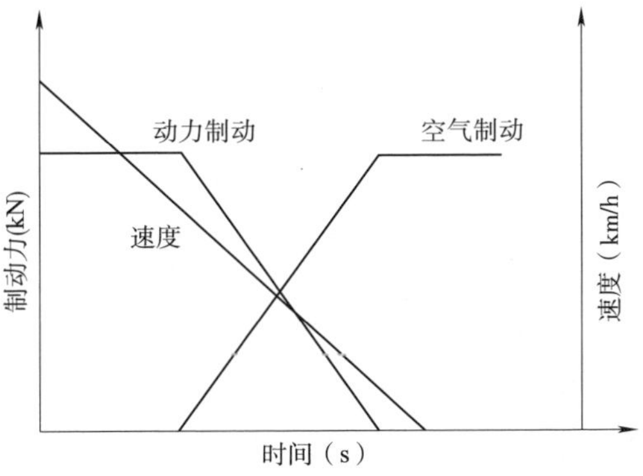

图 2.6　轨道交通车辆空电混合制动原理

(二)制动计算

1. 制动力计算

如图 2.7 所示，闸瓦作用于车轮上的法向作用力为 K，因此闸瓦片作用在车轮上切向作用力为

$$F=K\cdot\varphi_k \tag{2.25}$$

式中，φ_k 为闸瓦摩擦系数，即城市轨道列车闸瓦与车轮踏面间的摩擦系数。

由于车轮压紧在轨道上，由力矩平衡可得逆时针力矩 M_b 为

$$M_b=K\cdot\varphi_k\cdot R \tag{2.26}$$

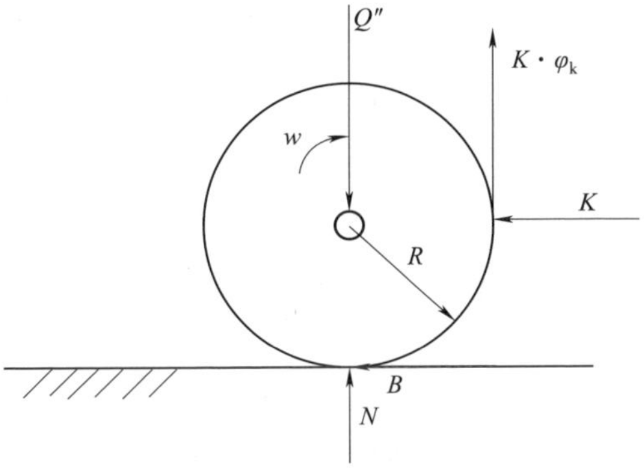

图 2.7　闸瓦制动示意

在该力矩的作用下，车轮在钢轨接触点引起沿车轮切向摩擦作用力 B，此即闸瓦空气制动力。

在轮轨之间保持静摩擦且忽略车轮回转惯性的情况下，制动力为

$$\sum B=\sum K\cdot\varphi_k \tag{2.27}$$

即所有闸瓦制动力的总和。

车辆制动每块闸瓦的实算闸瓦压力 K 计算如下

$$K=\frac{\pi d_z^2 p_z\eta_z\gamma_z n_z}{4n_k\times10^6} \tag{2.28}$$

盘形制动每块闸片的实算闸片压力 K' 计算如下

$$K'=\frac{\pi d_z^2 p_z \eta_z \gamma_z n_z}{4\times 10^6} \tag{2.29}$$

闸片压力 K' 作用在制动盘平均摩擦半径 r_z 上，为了计算制动力，换算成车轮踏面上的压力得

$$K=\frac{r_z}{R_C}\cdot K' \tag{2.30}$$

式中，d_z 为制动缸直径（mm）；p_z 为制动缸空气压力（kPa）；η_z 为制动装置计算传动效率，机车和客车闸瓦制动传动效率均取 0.85，客车盘形制动及其踏面制动单元均取 0.9；γ_z 为制动倍率；n_z 为制动缸数；n_k 为闸瓦数；r_z 为制动盘摩擦半径（mm）；R_c 为车辆车轮直径（mm）。

闸瓦摩擦系数是直接影响列车制动力的重要因素，在闸瓦压力一定时，制动力的大小和变化取决于摩擦系数的大小和变化，所以要求闸瓦摩擦系数的数值足够高且比较稳定。闸瓦摩擦系数 φ_k 的影响因素较多且影响机理复杂，如闸瓦材质和制造工艺、闸瓦压力、列车运行速度、制动初速度、气候、接触面状态等，因此难以推导出闸瓦摩擦系数的计算公式，通常使用经验公式进行计算，《牵规》规定了各型闸瓦和闸片的实算摩擦系数。

以高磷铸铁闸瓦为例，其车轮与闸瓦瓦片之间的滑动摩擦系数为

$$\varphi_k=0.82\times\frac{K+100}{7K+100}\times\frac{70v+100}{60v+100}+0.0012(120-v_0) \tag{2.31}$$

式中，K 为每块闸瓦作用在车轮上的压力；v_0 为制动初速度（km/h）；v 为制动过程中实际变化的列车运行速度（km/h）。

为了保证车轮不在轨道上滑移，轨道交通车轮与轨道之间的切向力应小于最大静摩擦力。临界状态称为黏着状态，此摩擦力通常称为黏着力。当车轮与轨道之间切向作用力超过黏着力时，接触点会发生滑移，变为滑动摩擦力。因此制动力通常不大于黏着力。即

$$\sum B=\sum K\cdot\varphi_k<B_\mu=\sum N\cdot\mu \tag{2.32}$$

式中，N 为一个轮对法向作用力；μ 为制动黏着系数。

2. 制动时间

列车制动时间 t_z 等于制动空走时间 t_k 和制动有效时间 t_e 之和

$$t_z=t_k+t_e \tag{2.33}$$

$$t_z=t_k+\sum\frac{30(v_1-v_2)}{1000 v_h\cdot\varphi_k+\omega_0+i_j} \tag{2.34}$$

式中，v_1、v_2 为速度间隔的初速和终速（km/h）；ω_0 为列车运行单位基本阻力（N/kN）；i_j 为

单位附加阻力(N/kN)。

列车闸瓦总压力与列车重力之比定义为列车制动换算率 υ_h,计算如下:

$$\upsilon_h=\frac{\sum K'_h+\sum K''_h}{(P+G)\cdot g} \tag{2.35}$$

式中,K'_h 为机车每块闸瓦换算闸瓦压力(kN);K''_h 为车辆每块闸瓦换算闸瓦压力(kN);P 为机车计算质量;G 为牵引质量;g 为重力加速度。

3. 制动空走时间

制动空走时间是指从制动手柄开始移到制动位起,至各车辆闸瓦逐步压紧车轮全列车制动力达到一半为止所需的时间。旅客列车制动空走时间 t_k分为紧急制动和常用制动两种情况。

紧急制动控制时间计算式为

$$t_k=3.5-0.08i_j \tag{2.36}$$

常用制动空走时间计算式为

$$t_k=(4.1+0.002r\cdot n)(1-0.03i_j) \tag{2.37}$$

式中,i_j 为加算坡道;r 为列车管减压量;n 为编组节数。

4. 制动距离

列车制动距离 S_z 等于制动空走距离 S_k 和制动有效距离 S_e 之和

$$S_z=S_k+S_e \tag{2.38}$$

$$S_z=\frac{v_0\cdot t_k}{3.6}+\sum\frac{4.17(v_1^2-v_2^2)}{1\,000\upsilon_h\cdot\varphi_k+\omega_0+i_j} \tag{2.39}$$

式中,v_1、v_2 分别为速度时间间隔的初速度和终速度(km/h);ω_0 为列车运行单位阻力(N/kN)。

(三)制动特性

列车制动特性是指列车轮制动力 B 与运行速度 v 之间的关系,如图 2.8 所示。

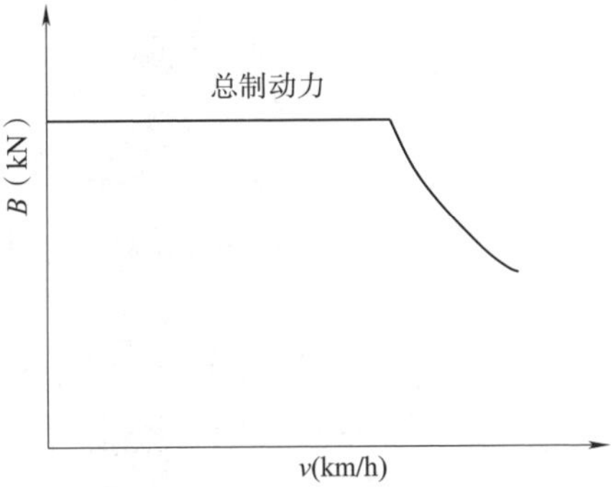

图 2.8　车辆制动特性示意

三、车辆运行阻力模型

按照《牵规》,列车运行阻力由基本阻力和附加阻力组成。基本阻力是列车在平直轨道上牵引运行时的阻力,包括零部件之间的运动阻力、运行中的空气阻力以及车轮与钢轨的摩擦和冲击等造成的阻力;附加阻力是指列车在坡道、曲线、隧道以及启动时等增加的阻力。阻力的计算一般采用单位阻力来表示。

(一)基本阻力

列车的基本阻力与很多因素相关,包括列车自身条件及列车运行的外界条件等。列车自身因素主要是列车本身的零部件间的摩擦,运行外界条件主要有列车与大气表面的摩擦,车轮与导轨之间的摩擦等。

1. 轴承摩擦阻力

由于车轮与车轴的相对运动产生轴承摩擦力。轴承摩擦力的大小与轴承类型、润滑情况以及动车组运行速度等因素有关。

2. 轮轨耦合滚动阻力

列车实际运行过程中,由于车轮及钢轨的变形,使车轮有"陷入"钢轨的趋势。因此车辆运动时形成阻碍车轮前进的力,即为车轮与钢轨间的滚动阻力。

3. 轮轨耦合滑动阻力

车辆在钢轨上运行时,车轮踏面与钢轨接触不均匀,造成了车轮在钢轨上的滚动过程伴随着部分滑动,产生横向的滑动摩擦。此外,轮对中两个车轮的直径差异也会造成一定的滑动摩擦。

4. 轮轨冲击与振动产生的阻力

由于钢轨接缝、钢轨不平等多种因素影响,使得城市列车在运行时产生了冲击和振动,这部分机械能属于运行过程中的阻力功。

5. 空气阻力

空气阻力是列车运行时受到大气影响而产生的接触摩擦阻力,其包括列车头部正压和尾部负压所构成的压差阻力、表皮摩擦及涡流损失。

以上多种因素造成的基本阻力所占比例随着列车速度的高低有所变化。低速运行时,轴承的摩擦阻力占较大的比例;速度逐渐提高后,轮轨耦合滑动阻力、轮轨冲击与振动产生的阻力和空气阻力的比重逐渐加大;高速运行时,基本阻力则以空气阻力为主。

基本单位阻力(kg/t)的计算一般通过大量的试验来确定,针对不同车型和编组总结出来的经验公式可近似表征列车的基本阻力。一般采用二次函数来描述,即

$$w_0 = a + bv + cv^2 \tag{2.40}$$

式中,v 为当前列车速度,不同轨道交通需根据具体的实验数据拟合确定 a,b,c 参数的值。有轨电车基本阻力按式(2.41)进行计算。

$$F_{\mathrm{w}} = m_{\mathrm{Fzg}}(0.025 + 0.0045v) + 0.472v^2 \quad (\mathrm{N}) \tag{2.41}$$

式中,m_{Fzg} 为车辆总重(kg),v 为运行速度(m/s)。

(二)附加阻力

附加阻力主要取决于列车运行的线路条件,例如,当列车运行的线路有坡度时,

由于重力作用所产生的坡道阻力，以及列车在进入曲线时所受到的曲线阻力、隧道空气阻力等。

1. 坡道附加阻力 W_i

坡道附加阻力为列车重力沿坡道斜面的分解力。如图 2.9 所示，上坡运行，坡道附加阻力与运行方向相反，阻力为正，下坡运行，坡道附加阻力与运行方向相同，阻力为负。

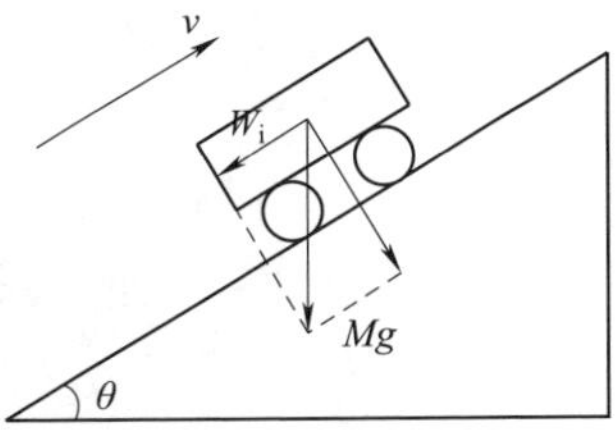

图 2.9　坡道附加阻力示意

根据《牵规》规定，车辆的坡道附加阻力 W_i、单位坡道附加阻力 w_i 与坡道坡度的关系为

$$W_i = Mg\sin\theta \tag{2.42}$$

式中，θ 为坡道角度。

单位坡道附加阻力为

$$w_i = \frac{W_i}{Mg \times 1\,000} = 1\,000\sin\theta \approx 1\,000\tan\theta = \pm i \tag{2.43}$$

式中，i 为坡道坡度(‰)，即坡道坡度千分数值。

2. 曲线附加阻力 w_r

列车进入曲线运行时，部分车轮轮缘压向外轨头产生滑动摩擦，车轮在轨面产生横向滑动，转向架中心盘和旁承的摩擦加剧。该过程增加的摩擦阻力称为曲线附加阻力。曲线附加阻力分别与曲线半径、车速、轨距、轴距等诸多因素有关系，一般采用经验公式计算

$$w_r = \frac{A}{R} \tag{2.44}$$

式中，R 为曲线半径(m)；w_r 为单位曲线附加阻力；A 为经验系数，城轨交通一般在 450～800。

我国标准轨距单位曲线附加阻力计算公式为

$$w_r = \frac{600}{R} \tag{2.45}$$

3. 隧道空气附加阻力 w_s

列车在隧道内行驶时空气阻力比空旷位置显著增加的现象称为隧道“活塞效应”。该过程中增加的阻力称为通过隧道空气附加阻力，其数值主要由试验和经验公式确定。有轨电车可以参考经验公式计算

$$w_s = 0.000\,13L_s \tag{2.46}$$

式中，L_s 为隧道长度。

4. 大风附加阻力

对于列车运行过程中风的影响，大风附加阻力同列车与空气相对运动速度、车辆外形、牵引车辆数等诸多因素相关，总体综合经验公式为

$$F_x=\frac{1}{2}\rho S_x C_x(V_t+V_w\cos\theta)^2 \tag{2.47}$$

式中，F_x 为列车空气阻力；ρ 为空气密度；S_x 为参考面积，即列车最大横截面面积；C_x 为列车空气阻力系数（方形车头取值为 1，圆形车头取值为（1/3～1/5））；V_t 为列车速度；V_w 为环境风速度；θ 为风向与列车运行方向的反方向夹角（大风方向与列车运行方向相同时，θ 取值 180°；大风方向与列车运行方向相反时，$\theta=0°$）。

5. 启动附加阻力 w_q

启动附加阻力目前没有经验公式，计算滚动轴承车辆启动单位附加阻力公式为

$$w_q=k\frac{28}{q_0+7} \tag{2.48}$$

式中，q_0 为轴重（t）；k 为列车中车辆数影响系数，因车辆数不同取值不同。

第三节　牵引计算实例

鉴于储能式有轨电车车长较短，且列车内部通过铰接等形式连接，因此运动中车厢间几乎没有相对位移。为了简化计算，下面以单质点为例，对储能式有轨电车的仿真计算进行实例说明。

一、基本运行条件

（一）线路参数

线路参数见表 2.1。

表 2.1　线路参数

参数名称	单位	数值
轨距	mm	1 435
最小竖曲线半径	m	3 000
最小平面曲线半径	m	25
正线最大坡度	‰	50
过渡线最大坡度	‰	60
站台高度	mm	260
最大站间距（含 200 m 50‰坡度）	m	1 000
最大站间距（平直道）	m	1 500

（二）充电系统参数

充电系统参数见表 2.2。

表 2.2　充电系统参数

名称	特性
供电方式	车站顶部接触受电，区间无接触网
供电电压	最大 DC 900 V
充电电流	1 800 A(4 编组)

备注：根据不同编组的形式设置充电电流的范围，一般 4 编组 1 800 A，6 编组 2 400 A，实例计算的编组为 4 编组。

（三）车辆参数

1. 车型与编组

车辆为铰接形式的模块化有轨电车，车辆两端均设有驾驶室。

列车编组：每列车由四个模块组成，三动一拖。

编组形式：＝Mc1＋T＋＋M＋Mc2＝（＝：折叠车钩，＋：模块间单铰接装置，＋＋：模块间双铰接装置）；其中 Mc 表示带司机室的动车模块；T 表示拖车模块；M 表示动车模块。

2. 列车载客量

列车载客量(全车)见表 2.3。

表 2.3　载客量计算

载荷工况	Mc1	T	M	Mc2	车辆载客量
AW2(6 人/m^2)	70	81	84	70	305
AW3(8 人/m^2)	84	98	102	84	368

乘客按 60 kg/人计。

3. 列车质量

最大轴重≤10 t。

4. 储能式现代有轨电车性能参数及主要结构尺寸(表 2.4、表 2.5)

表 2.4　在平直道、车轮半磨耗，AW2 载荷条件下动力性能参数

名称	单位	数值
最高速度	km/h	70
平均启动加速度(0～26 km/h)	m/s^2	≥1.0

续上表

名称	单位	数值
平均加速度(0～70 km/h)	m/s^2	≥0.6
减速度	m/s^2	≥1.1
冲击极限	m/s^3	0.75
牵引变流器数量	—	3
电机数量	—	6
齿轮传动比	—	5.444
齿轮箱效率	—	98%
电机效率	—	92%
逆变器效率	—	98%
车轮轮径(新轮)	mm	600
车轮轮径(半磨耗轮)	mm	560
车轮轮径(全磨耗轮)	mm	520

表 2.5　广州海珠线储能式现代有轨电车主要结构尺寸

名称	单位	数值
车辆长度	mm	36 360
车体最大高度	mm	2 650
车辆最大高度	mm	3 800
客室地板距轨面高度	mm	350
受电器最小工作高度	mm	3 726
受电器最大工作高度	mm	3 976
入口处客室地板面距轨面高度	mm	320

注:(1)客室采用 100%低地板设计,客室内无台阶;

(2)客室车门,每侧 5 对电动塞拉门;

(3)贯通道,宽度 1 240 mm,高度 2 100 mm。

二、运动仿真计算

(一)牵引制动特性曲线

根据实际算例的相关牵引系统参数以及设计要求:

平直道 AW2 载荷正常运行牵引工况下,牵引特性如图 2.10 所示。其牵引力的计算需要根据牵引电机的牵引特征曲线(牵引力—速度)进行取值。其中,0～26.5 km/h 为恒力矩输出,牵引力为 96 kN;26.5～55 km/h 为恒功率输出;55～70 km/h 为自然特

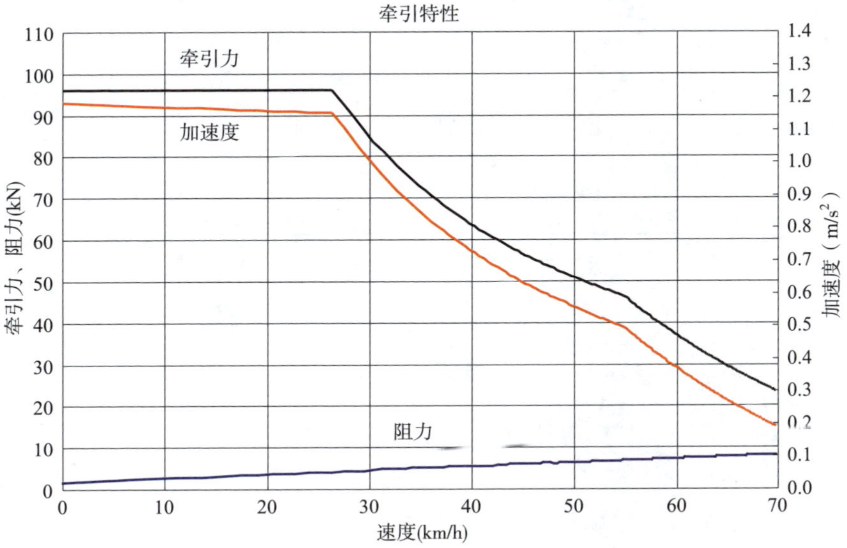

图 2.10　正常运行 DC 540～900 V 牵引特性

性。0～26 km/h，平均加速度为 1.1 m/s^2；0～70 km/h，平均加速度为 0.65 m/s^2。

在平直道 AW2 载荷制动工况，常用制动（电制动）特性如图 2.11 所示。其中，0～56 km/h 为恒力矩输出，制动力为 102 kN；56～70 km/h 为自然特性输出。56 km/h 处为恒功点，电空制动转点 5 km/h；70～0 km/h，平均减速度为 1.15 m/s^2。

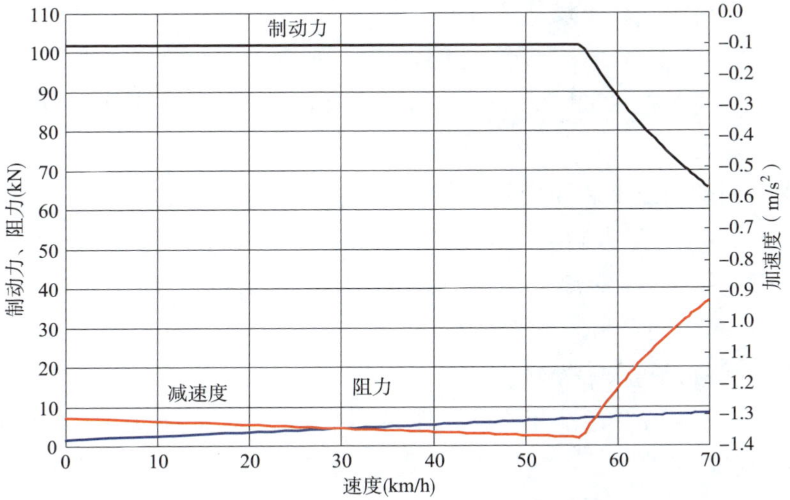

图 2.11　正常运行 DC 620～900 V 常用制动（电制动）特性

为了保证车辆紧急制动性能，车辆保留了电阻制动。平直道 AW2 载荷紧急制动工况，电阻制动特性如图 2.12 所示。此时储能系统从主电路断开，主电路电压在电抗器的作用下提高到 970 V，车辆施加电阻制动。其中，0～64 km/h 为恒力矩输出，制动力为 156 kN；64～70 km/h 为恒功特性输出。64 km/h 处为恒功点，电空制动转点 5 km/h；70～0 km/h，平均减速度为 2.0 m/s^2。

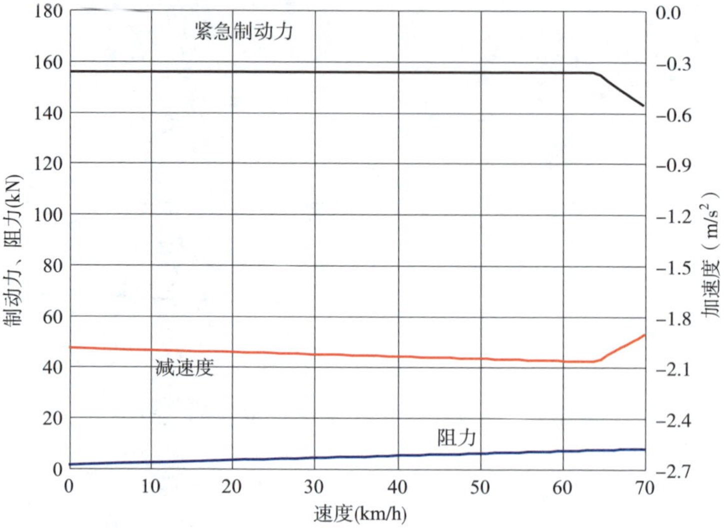

图 2.12　正常运行 DC 970 V 紧急制动(电阻制动)特性

(二)正常工况运动仿真计算

1. AW2 载荷、平直、干燥轨道计算

根据 AW2 载荷、平直、干燥轨道计算条件：平直干燥道路以 AW2 载荷下牵引计算，其速度与时间的关系如图 2.13 所示，城市有轨电车做变加速运动，由于牵引力变化，其牵引加速度由 1.16 m/s^2 逐渐变小，第 31 s 时达到最高速度 70 km/h 后开始制动，制动后制动加速度逐渐变小，制动加速度变化相比较于牵引加速度变化较小，制动时间如图 2.13、图 2.14 所示，约为 10 s。

图 2.15 所示 AW2 距离—速度关系，可以根据此图示关系，AW2 载荷、平直、干燥轨道仿真计算条件下制动距离约为 150 m。

2. AW3 载荷、平直、干燥轨道计算

根据 AW3 载荷、平直、干燥轨道计算条件：平直干燥道路以 AW3 载荷下牵引计算达到最高速度 70 km/h 后开始制动，其速度与时间的关系如图 2.16 所示。城市有轨电车做变加速运动，其牵引加速度逐渐变小，第 33 s 时达到最高速度后开始制动后制动加速度逐渐变小，制动加速度变化相比较于牵引加速度变化较小，制动时间可以根据图 2.16、图 2.17 所示，约为 10 s。

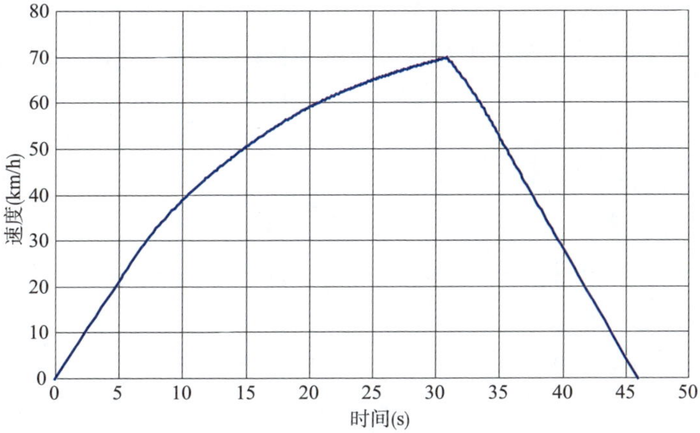

图 2.13　AW2 速度—时间关系

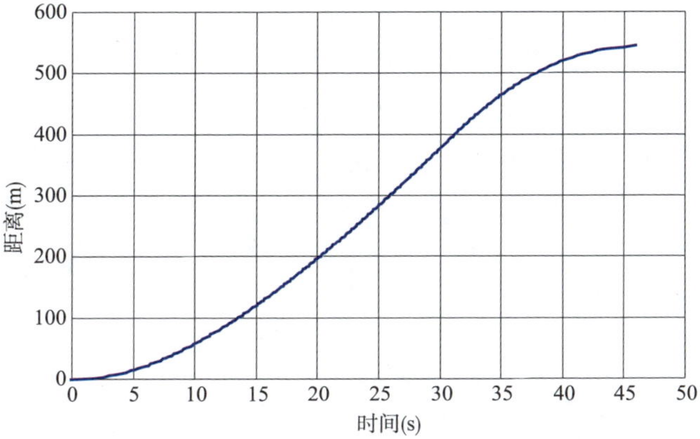

图 2.14　AW2 距离—时间关系

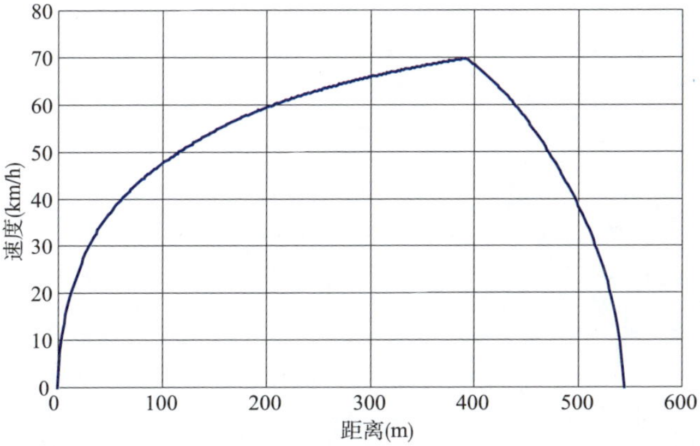

图 2.15　AW2 距离—速度关系

图 2.18 所示 AW3 距离—速度关系，可以根据此图示关系，AW3 载荷、平直、干燥轨道仿真计算条件下制动距离约为 150 m，相较于 AW2 载荷工况，制动距离和制动时间没有变化。

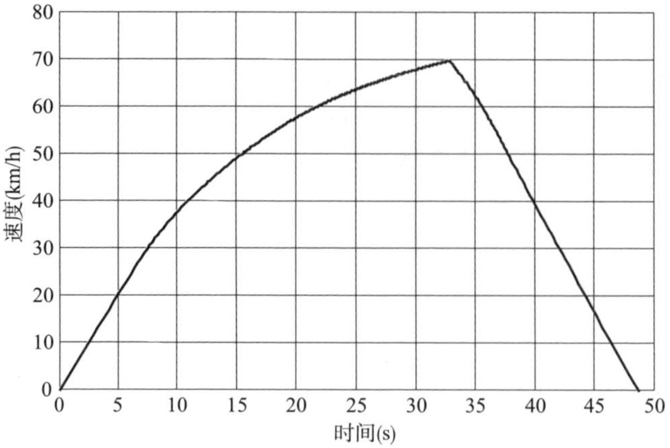

图 2.16　AW3 速度—时间关系

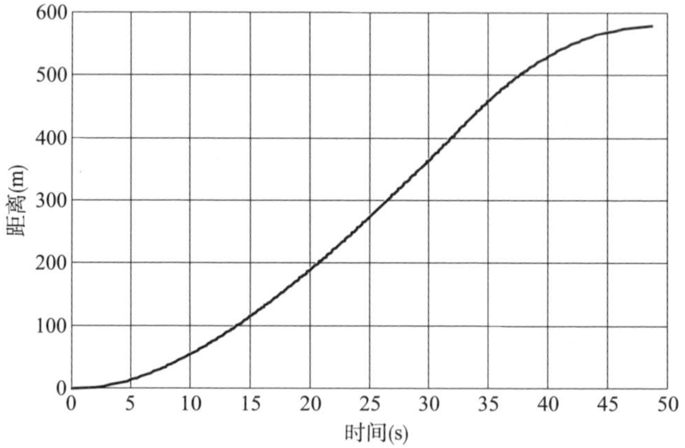

图 2.17　距离—时间关系

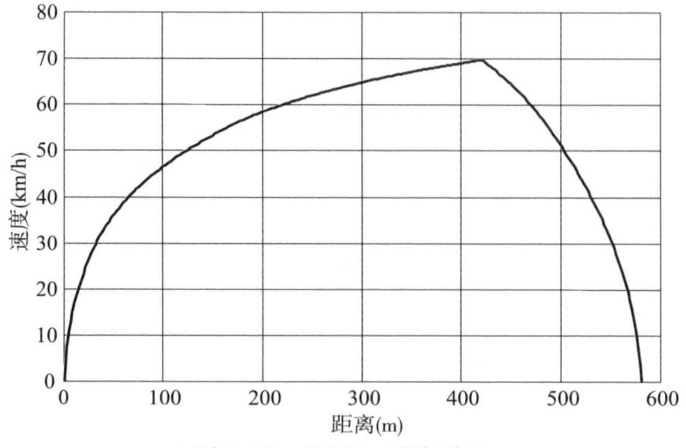

图 2.18　距离—速度关系

三、试验线路段区间运行仿真计算

下面分别以 AW0 载荷工况、AW2 载荷工况、AW3 载荷工况进行仿真计算，包括正常工况仿真、损失 1/3 动力工况仿真等。按照线路条件，考虑到储能电源全寿命周期内 20％的容量衰减，正常运行时储能电源最低放电电压为 DC 500 V，万胜围至琶洲塔区间道口限速 19 km/h，琶洲塔至水博苑之间道口限速 23 km/h 不停车通过。辅助系统功率按照电压分级，DC 750～900 V 为 40 kW，DC 600～750 V 为 33.7 kW，DC 500～600 V 为 22 kW，DC 500 V 以下为 8.5 kW，辅助系统总效率暂定为 0.95。牵引阶段，DC 540～900 V 牵引特性不变，电压低于 DC 540 V 时，牵引特性按比例前移（恒功速度点按照实时电压/540×26.5 前移）；制动阶段，电压在 DC 620～900 V 时按满电制动特性，电压低于 DC 620 V 时，自然特性及恒功点按比例前移，制动特性与牵引类似。

（一）正常工况试验线路段区间 AW2 载荷运行仿真计算

总能耗：55.05 kW·h（含停站充电期间辅助系统能耗）。

1. 旅行时间

表 2.6　正常工况 AW2 载荷下列车双程旅行时间统计

站　　名	运行时间（停站 30 s）	充电时间（s）
万胜围	—	—
琶洲塔	95.2＋30	11.7
水博苑	194.9＋30	8.2
会展东	284.6＋30	7.6
会展中心	372.7＋30	7.6
会展西	461.1＋30	7.5
华南大桥	556.9＋30	8.2
啤酒博物馆	654.8＋30	8.5
猎德大桥	740.9＋30	7.7
艺苑东路	846.9＋30	10.4
广州塔	925.7＋30	6.6
艺苑东路	1 004.4＋30	6.7
猎德大桥	1 110.6＋30	10.1
啤酒博物馆	1 196.6＋30	7.6
华南大桥	1 294.3＋30	8.5
会展西	1 390.4＋30	8.6

续上表

站　　名	运行时间(停站 30 s)	充电时间(s)
会展中心	1 478.6+30	7.6
会展东	1 565.8+30	7.7
水博苑	1 656.5+30	7.7
琶洲塔	1 755.1+30	9.3
万胜围	1 880.2+30	10.3

表 2.6 所示为正常工作模式 AW2 载荷工况下双程旅行时间汇总，每站站内停车时间为 30 s，依据剩余电量不同，其储能系统的充电时间也不同，最高充电时间为 11.7 s，平均充电时间为 8.4 s。

2. 速度、距离—时间关系

图 2.19 所示为运行线路仿真计算的运行速度—时间关系及运行距离—时间关系，双程运行时间 1 880 s。图示速度为 0 的时间段内为站内停靠时间(包含充电时间)均为 30 s，根据距离关系，前两站间距较大。

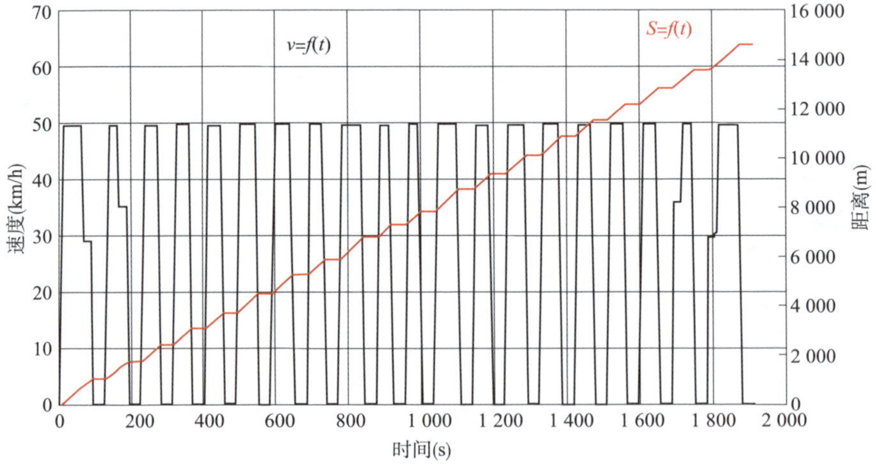

图 2.19　运行距离、速度—时间关系

v—速度；S—距离

3. 能耗—时间关系

图 2.20 所示为正常工作模式 AW2 载荷工况下试验路段运行仿真牵引能耗—时间关系。其中，总能耗由 $W_1=f(t)$表示，牵引能耗由 $W_2=f(t)$ 表示，辅助能耗由 $W_3=f(t)$ 表示。根据对图中能耗累加统计，此工况下的总能耗为 55.05 kW・h(含停站充电期间辅助系统能耗)，辅助能耗约为 13.1 kW・h，牵引能耗约为 41.95 kW・h，占总能耗的 77%。

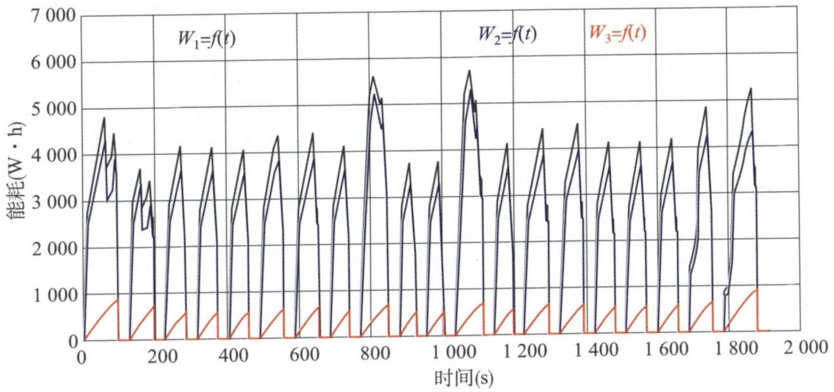

图 2.20　能耗—时间关系

W_1—总能耗；W_2—牵引能耗；W_3—辅助能耗；t—时间

4. 剩余能量—时间关系

图 2.21 所示为正常工作模式 AW2 载荷工况下试验路段运行仿真剩余能量—时间关系。由图中可知，单程猎德大桥到艺苑东路、返程猎德大桥到啤酒博物馆、返程琶洲塔到万胜围车站的运行剩余能量较少，约为 24%左右。

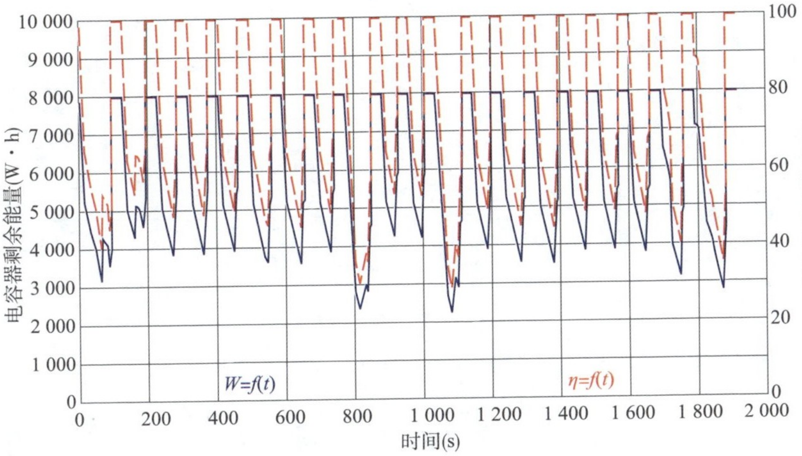

图 2.21　剩余能量—时间关系

η—剩余能量(百分比)；W—剩余能量；t—时间

(二)正常工况试验线路段区间 AW3 载荷运行仿真计算

总能耗：55.5 kW·h(含停站充电期间辅助能耗)。

1. 旅行时间

表 2.7 为正常工作模式 AW3 载荷工况下双程旅行时间汇总，每站站内停车时

间为 30 s。依据剩余电量不同，其储能系统的充电时间也不同，最高充电时间为 11.8 s，整个线路站内平均充电时间为 8.54 s。

表 2.7　正常工况 AW3 载荷下列车双程旅行时间统计

站名	运行时间(停站 30 s)	充电时间(s)
万胜围	—	—
琶洲塔	94.7+30	11.8
水博苑	194.5+30	8.2
会展东	284.8+30	7.8
会展中心	373.7+30	7.6
会展西	462.5+30	7.5
华南大桥	559.2+30	8.2
啤酒博物馆	657.3+30	8.4
猎德大桥	744.0+30	7.7
艺苑东路	850.6+30	10.4
广州塔	930.2+30	6.7
艺苑东路	1 009.7+30	6.9
猎德大桥	1 116.5+30	10.4
啤酒博物馆	1 203.2+30	7.96
华南大桥	1 301.8+30	8.6
会展西	1 398.7+30	8.8
会展中心	1 487.7+30	7.8
会展东	1 576.6+30	7.9
水博苑	1 667.1+30	7.9
琶洲塔	1 766.6+30	9.4
万胜围	1 892.6+30	10.8

2. 速度、距离—时间关系

图 2.22 所示为运行线路仿真计算 AW3 载荷工况下运行速度—时间关系及运行距离—时间关系，双程运行时间 1 892 s，图示 0～200 s，1 600～1 900 s 两时间段内恒速段为万胜围至琶洲塔区间道口限速仿真条件。图示速度为零的时间段为站内停靠时间(包含充电时间)均为 30 s，根据距离关系，前两站间距较大。

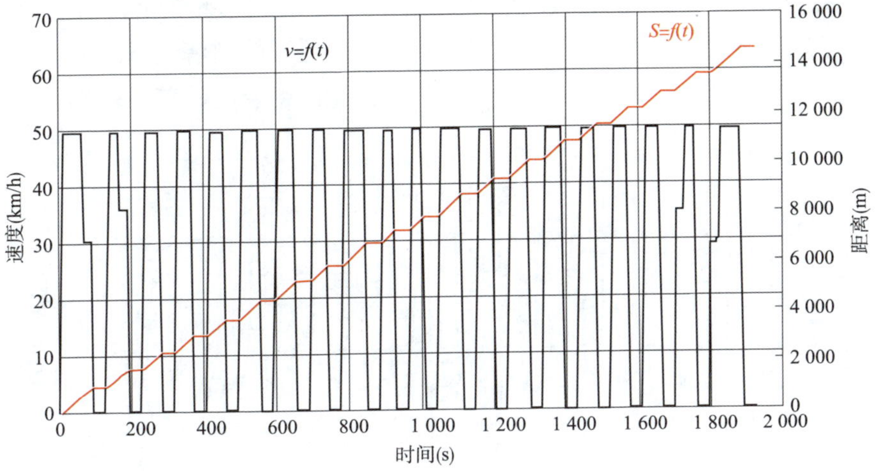

图 2.22　运行距离、速度—时间关系

v—速度；S—距离

3. 能耗—时间关系

图 2.23 所示为正常工作模式 AW3 载荷工况下试验路段运行仿真牵引能耗—时间关系。其中总能耗由 $W_1=f(t)$表示，牵引能耗 $W_2=f(t)$ 表示，辅助能耗由 $W_3=f(t)$ 表示。根据统计结果，牵引能耗约占总能耗的 78%，总能耗为 55.5 kW·h(含停站充电期间辅助能耗)，因此辅助能耗约 13.01 kW·h。

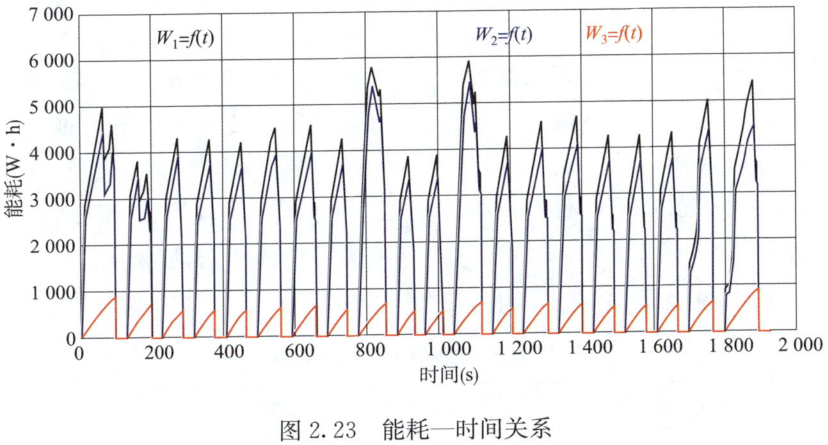

图 2.23　能耗—时间关系

W_1—总能耗；W_2—牵引能耗；W_3—辅助能耗；t—时间

4. 剩余能量—时间关系

图 2.24 所示为正常工作模式 AW3 载荷工况下试验路段运行仿真剩余能量—

时间关系。其中 $W=f(t)$ 表示实际剩余能量；$\eta=f(t)$ 表示剩余能量百分比。单程猎德大桥到艺苑东路、返程猎德大桥到啤酒博物馆、返程琶洲塔到万胜围车站的运行剩余能量较少，虽仍大于 20%，与 AW2 载荷工况相比剩余能量稍低。

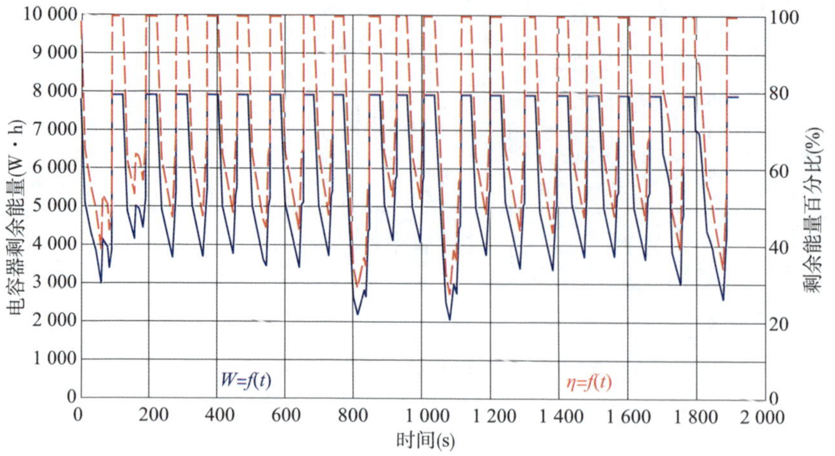

图 2.24　剩余能量—时间关系

η—剩余能量百分比；W—剩余能量；t—时间

下面对传统车辆与储能式车辆的能耗作仿真计算，为便于比较，假设两种车辆均采用相同的运行策略（全功率输出模式），最大载荷、1 km 站间距，传统车辆按 80% 及 50%的能量再生率进行核算。

（三）能耗计算结果对比

以平直道 1.0 km 为例，按照最高时速 70 km/h，AW2 载荷进行能耗计算。根据上述相关公式，及第三节车辆数据，编制了计算程序，对传统车辆和储能式车辆的能耗进行仿真分析，计算工况为：列车通过 1.0 km 平直线路，AW2 载荷，再生制动效率分别按 50%、80%、100%，计算数据见表 2.1 的线路参数，仿真计算结果见表 2.8，列车能耗如图 2.25 所示；其中，50%为传统车辆平均再生吸收率，100%为储能式车辆再生吸收率（不考虑动能转化为电能的转化效率）。

表 2.8　能耗仿真计算结果

	质量(t)	载荷(t)	牵引传动效率	制动能量吸收率	总能耗(W·h)
储能式车辆	54	18.36	0.92×0.98×0.98	0.95(储能系统充电效率)	4 085
传统车辆	54	18.36	0.92×0.98×0.98	0.5	5 769
传统车辆	54	18.36	0.92×0.98×0.98	0.8	4 746

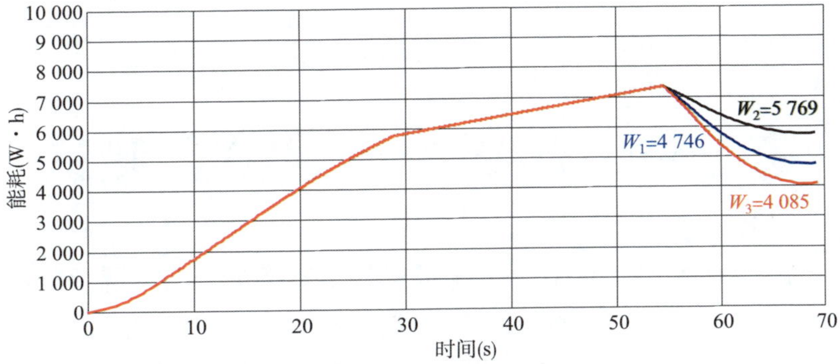

图 2.25　不同再生吸收率车辆能耗

W_1—80%吸收能耗；W_2—50%吸收能耗；W_3—100%吸收能耗；t—时间

从图 2.25 的能耗对比可见，传统车辆按照 50%吸收率时，储能式车辆同比传统车辆牵引能耗低 29%；传统车辆按照 80%再生能量吸收率时，储能式车辆同比传统车辆牵引能耗降低 14%；考虑 DC 750 V 有轨电车 10%的输电损耗时，储能式车辆充电效率按 96%，其牵引能耗比传统车辆降低 20%～35%，节能效果十分显著。

（四）实际能耗结果对比

广州海珠线有轨电车在运行时，对列车实际能耗进行了测量统计，具体能耗数据见表 2.9。

表 2.9　广州海珠线储能式有轨电车运营能耗记录

车号	牵引能耗(kW·h)	再生能耗(kW·h)	辅助能耗(kW·h)	运营里程(km)	单位能耗(kW·h/km)
T03	29 740	−15 336	21 770	13 423	2.70
T04	33 321	−18 570	27 504	15 333	2.76
T05	29 191	−15 691	21 197	12 148	2.85
T06	25 585	−14 556	19 299	11161	2.71
T07	24 567	−14 155	20 941	111 729	2.68

根据用户提供的数据，车辆每公里能耗为 2.74 kW·h，与常规有轨电车每公里能耗 3.5 kW·h 相比，储能式有轨电车能耗低 20%以上。

第三章　超级电容建模和测试

在机电系统开发设计过程中，除了必要的科学计算外，往往还需要构建对应的模型，以对系统实际工作过程进行模拟，在寻求系统合理性的同时，降低设计开发过程的成本。超级电容建模是指建立一种可用于计算机仿真的超级电容等效电路的过程。仿真过程中，可通过建立的模型模拟实际电路工作状态，获取电压、电流等基本物理量，对超级电容在不同系统中的工作特性进行研究。超级电容模型准确与否直接影响到储能系统甚至整个机电系统的设计与性能。因此，本章将从物理结构和外部电气特性两个角度介绍不同的超级电容单体建模方法，并结合单体模型对超级电容模组建模及对应的电压均衡技术进行相关介绍。此外，为了提供模型验证方案及进一步探究超级电容物理及电学特性的方法，确保超级电容在工作过程中能良好工作，本章末从基本性能、可靠性、环境可靠性及安全性四个角度对常见的超级电容测试项目进行介绍。

第一节　超级电容特性与参数

一、电压与电流

不同于电池的储能机理，超级电容主要通过极化电解液离子进行能量储存，因此在储能过程中不存在化学反应和相变过程，而大多数电池性储能器件则通过发生氧化还原反应或者相变过程来达到能量存储的目的。这一原理反映到电压特征曲线方面，即可表现为超级电容在恒定电流密度的条件下，电压的增加与充电时间呈近似线性关系，如图 3.1(a)所示。其中，由于电容器串联内阻的存在，使得电容器在充放电开始的瞬间总存在一定电压转变滞后现象，学术上通常将这一部分电压变化称为内阻压降(IR-Drop)。将这一部分压降除以电流值后即可得到该电容器的等效串联电阻(Equivalent Series Resistance，ESR)。目前，ESR 主要采用如图 3.1 中(b)、(c)中所示两种方式进行计算，其中图 3.1(b)中 $ESR=\Delta U/I$，图 3.1(c)中 $ESR=\Delta U/2I$（式中 ΔU 表示内阻电压降，I 表示电容器恒流充放电过程中的电流值）。

电池充放电曲线上一般都存在一个较为明显的稳定区间，即具有一个恒定的电压(图 3.1 (a))。因此，在实际电源系统应用过程中，对于需要以恒定电压输出的应用而言，超级电容就需要有一个直流—直流（DC—DC）变换器来调节和稳定它的输出电压。而如果需要交流电，无论是电池还是超级电容都需要一个合适的逆变器。

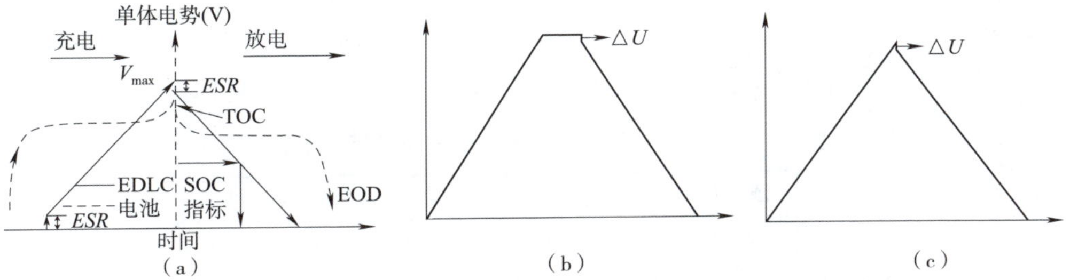

图 3.1　理想的超级电容和电池的充放电曲线对比及 ESR 计算示意

由于目前电极材料、电解液以及隔膜体系等不同组成部分的发展受限，超级电容单体的工作电压一般小于 2.7 V。这是因为超级电容电极材料在实际工作过程中正负电极所处的工作电压区间不同，如图 3.2 所示。一般来说，正极材料所处的工作电压较高，其稳定的工作电压范围通常在 3～4.5 V，而负极材料处于低电势环境，工作电压主要集中在 1.5～3.0 V。如图 3.2 所示，正是由于正负电极材料所处的电势存在较大的差异，工业上超级电容的生产过程通常采用正负电极厚度不同的方式来缓解长期高电势环境对电容器产品循环使用性能的影响。

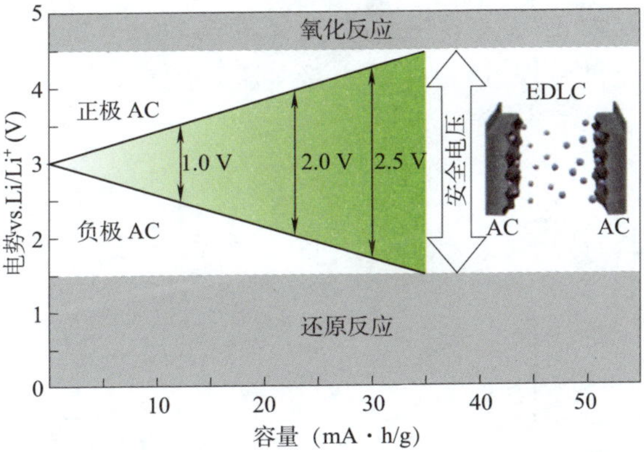

图 3.2　炭基超级电容正负电极工作电压

目前商用的超级电容产品主要以有机系（0～2.7 V）和水系（0.8～1.6 V）为主。但是随着美国 Maxwell 公司 2.85 V 和中车 CRRCCAP 公司 3 V 系列产品的问世，相信在不久的将来超级电容的工作电压仍会继续提升。

由于超级电容在不同电流密度下具有不同的容量特性，因此测试电流的不同将会导致同一个电容器产品具有不同电容值，表 3.1 为两种不同电容器在不同电流条件下的电容量。通常会通过实验确定一个特定的电流，而在此电流下进行连续充放电时，单体温度会稳定在 40～60 ℃之间，没有安全性问题，这个电流值一般可定义为额定电流。如现阶段市场应用最为广泛的 3 000 F 有机系电容器的额定电流通常为 150 A，而其他不同型号电容器，由于应用场合的不同分别被规定了不同的额定电流。

表 3.1　不同电容器单体在不同电流条件下的电容量

单体型号与公司名称	测试电流与单体电容量(0～2.7 V)	测试电流与单体电容量(0～2.7 V)
3 000 F/韩国 Nesscap	50 A，3 190 F	200 A，3 149 F
2 000 F/JSR　Micro	80 A，1 897 F(3.8～2.2 V)	200 A，1 817 F(3.8～2.2 V)

一般定义的额定电流为单体在 5 s 时放电至半电压对应的电流值；峰值电流为 1 s 放电到单体半电压对应的电流。通过计算可知，这两种电流数值相当大，而实际上因为受到产品结构、电子通路、连接面积与导电性的制约，系统不可能在理论计算的额定电流与峰值电流下工作，因为此时电容器使用性能将快速衰减。

电容器单体在实际应用过程中经常会出现超高功率的情况，因此电容器单体需要具有短路放电能力。电容器单体能够承受的最大峰值电流被定义为短路电流。电容器峰值电流的测试原理如图 3.3 所示，测试过程常使用由示波器和霍尔电流传感器组成的短路电流测试系统，并将电容器充电至额定电压 2.7 V 后，短路 100 ms。此时即可在示波器上通过电压和电流的变化曲线读出产品的短路电流。通过对 3 000 F超级电容的测试发现，该单体的短路电流可达 5 400 A。

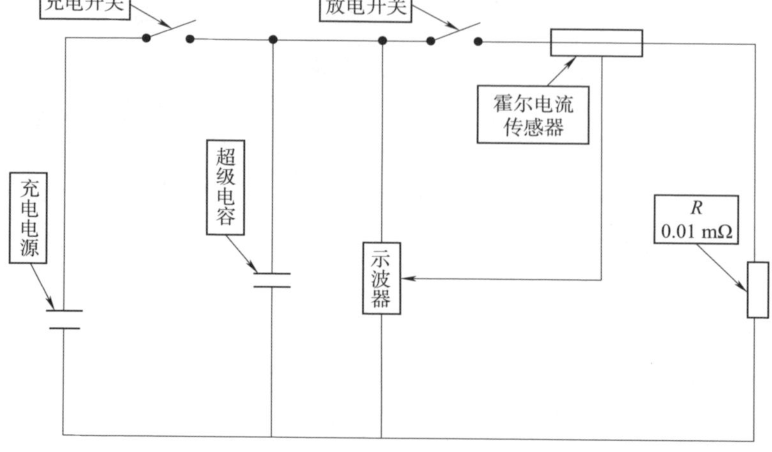

图 3.3　电容器峰值电流测试原理

二、比能量和能量密度

能量密度和比能量是指单位质量或者单位体积的电容器所能释放的全部能量。对于超级电容而言，超级电容单体的能量密度一般在 3～10 W·h/kg。考虑到目前超级电容用炭材料的堆积密度一般在 0.3～0.5 g/cm^3，所以同一电容器单体体积比能量一般稍大于质量比能量。从能量的计算公式 $E=CV^2/2$ 可以看出，一种电容器单体或电极材料能量密度的提升主要依靠提高工作电压或提高电容量。其中能量与工作电压存在二次方的关系，因此相对而言电压工作区间的提升更加能提高产品的能量密度。随着可用电极材料的发展，超级电容的电势增量达到平均每年 20 mV，预计单体电池点位可提高到 2.85 V、3 V 甚至3.1 V。随着单体电势、制造工艺和材料等方面的改进，超级电容比功率将超过 20 kW/kg。

电容器的能量密度计算公式为

$$E_{\mathrm{m}}=\frac{CU^2}{7\,200\ m} \tag{3.1}$$

$$E_{\mathrm{L}}=\frac{CU^2}{7\,200\ V} \tag{3.2}$$

式中，E_{m} 为质量能量密度（W·h/kg）；C 为单体容量（F）；U 为单体额定电压（V）；m 为电容器质量（kg）；E_{L} 为体积能量密度（W·h/L）；V 为电容器体积（L）。

三、比功率和功率密度

超级电容通常应用于存在脉冲功率的场合，因此超级电容在每个应用场景下的功率特性都需要进行研究。通常情况下，一种电容器能量密度的测量是在特定的功率密度条件下完成的，其中功率密度主要用来表征超级电容所能承受电流的大小，是指单位体积的电容器所能给出的功率；比功率是指电容器在单位质量下给出的功率。由于不同功率密度适用的场合不同，可将其分为最大功率密度（即工业界通常所指的功率密度）和平均功率密度

$$P_{\mathrm{max}}=\frac{U^2}{4Rm} \tag{3.3}$$

$$P_{\mathrm{average}}=\frac{E}{\Delta tm} \tag{3.4}$$

式中，P_{max}和 P_{average}分别为最大功率密度和平均功率密度；U 为放电开始时的工作电压；R 为等效串联电阻；E 为单体的能量密度；Δt 为放电时间；m 为电容器的整体质量。

由于平均功率只在电势改变前的充放电瞬间才有意义，因此将在工程中广泛应

用的峰值功率作为表征超级电容特性的度量指标。由美国汽车工程师学会(SAE)指定的峰值功率等级由式(3.5)给出

$$P_{pk}=\left(\frac{2}{9}\right)\frac{U_{oc}^2}{R} \tag{3.5}$$

式中，U_{oc}为开路电压；P_{pk}为峰值功率；R 为等效串联电阻。

式(3.5)中的系数 2/9 与平均功率计算式中的系数 1/4 大小较接近，因此超过 10 s 的峰值功率定义与匹配负载功率等级相似，即使终端电压降至开路电压的 2/3。

通过 Ragone 图可以直接得到原件的能量密度和功率密度，如图 3.4 所示。从图中可以看出，超级电容的功率密度可达到 10 kW/kg，是二次电池的 10 倍以上，可在短时间内实现几百至几千安培电流的充放，而其他储能器件则很难具有如此之高的功率特性。正如前文提到的一样，单体功率密度的提高主要是通过降低器件的内阻实现的。

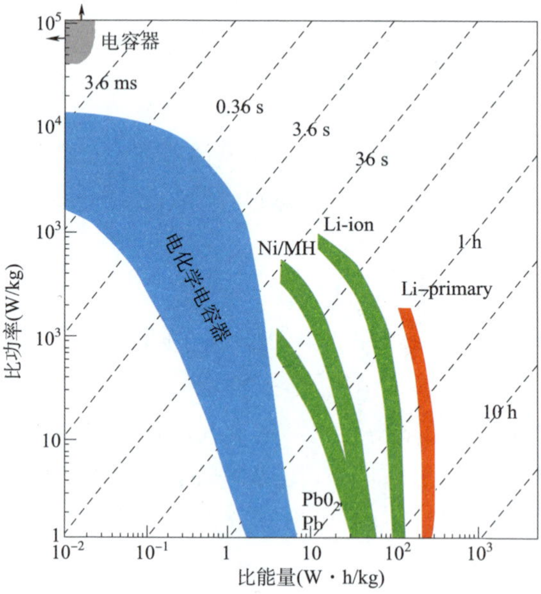

图 3.4　不同储能器件的 Ragone 性能对比

四、电容量

电容量是指在给定电位差下的电荷储藏量。根据应用场合的不同，电容量的表示形式有质量比电容(F/g)、体积比电容(F/cm^3)和面积比电容(μF/cm^2)。其中，对于不同电极材料的比电容进行比较可以使用质量比电容。在水系条件下，炭材料的

质量比电容值较高，达到了 180～300 F/g，而在有机体系中，受制于电解液离子尺寸、孔径分布等影响因素的影响，炭材料的质量比电容一般在 80～160 F/g 之间。随着电容器应用市场的开拓，人们在关注电容器电极材料质量比电容的同时，越来越关注在有限空间内部，电容器或电极材料存储能量的多少，亦即单体或电极材料的体积比电容。结合现有商品化电极材料和制造技术，超级电容的电极体积比电容一般在 10～30 F/cm^3 之间。目前学术上公认超级电容用活性炭一般仅有 20%～30%的孔道可供电解液离子进行真正地进入和浸润，即活性炭电极材料仅 20%～30%的比表面积进行了电荷储能。因此，面积比电容的重要性得以体现。不同于质量比电容和体积比电容，面积比电容是单位表面积下的比电容。其中，炭基超级电容的面积比电容值一般在 15～30 $\mu F/cm^2$。

对于对称型超级电容，整个电容器的电容按照式(3.6)进行计算，单电极电容按式(3.7)进行计算：

$$\frac{1}{C_{\mathrm{Cell}}}=\frac{1}{C_1}+\frac{1}{C_2} \tag{3.6}$$

$$C=\frac{A(\varepsilon_r\varepsilon_o)}{d} \tag{3.7}$$

式中，C_{Cell}为电容器的电容值；C_1 与 C_2 分别为两对电极的电容值；C 为单电极的电容值；ε_r 为电解液介电常数；$\varepsilon_o=8.84\times10^{-12}$ F/m，为真空中的介电常数；A 为电解液可以浸润到的多孔电极的比表面积；d 为极片间隔距离。

由式(3.7)可知，超级电容的电容大小与电容器的结构和材料密切相关。电极材料的性能指标主要包括材料的比表面积、孔径分布、孔道特性以及导电性能。从图 3.5(a)中可知，在水系电解液体系中，当孔径分布情况固定时，比表面积越大，比电容越大；而当比表面积一定时，微孔孔径越小比电容值反而更大；当微孔孔径小于 1 nm、比表面积足够大时，电容器能表现出最大的比电容值。由图 3.5(b)可知，微孔、中孔孔容的不同能引起超级电容比电容值的差异。当微孔孔容(≈1.2 m^3/g)越大，并且含适量中孔(≈0.42 m^3/g)时，电容器能够展现出最大的比电容值。总之，在一般情况下，微孔型电极材料在小电流密度下能够具有较大比电容值，而中孔含量较高的电极材料则具有较好的倍率性能。

当然，电容器电容量与电解液离子的尺寸也有关系。电解液离子尺寸越小，相同比表面积条件下吸附的离子数量就越多，整个电容器的电容量也越高，这也是目前相同电极材料在水系条件下具有更高比容量的原因。常用超级电容的电解质离子直径如表 3.2 所示。

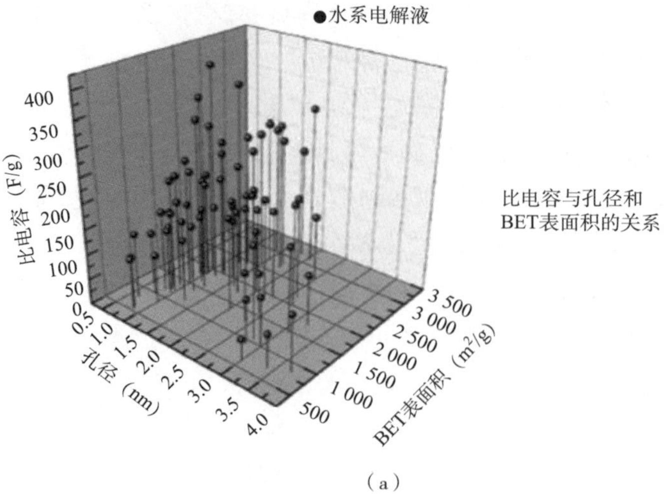

（a）

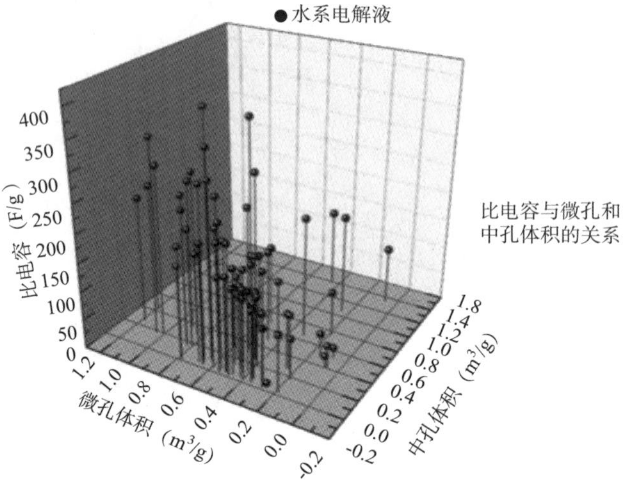

（b）

图 3.5 （a）比电容与比表面积与孔径分布，（b）微孔及中孔孔容之间的三维示意

表 3.2 常用超级电容的电解质离子直径

电解质	离子直径（nm）	
	阳离子	阴离子
有机电解质		
$(C_2H_5)4N \cdot BF_4$（$TEA \cdot BF_4$）	0.686	0.458
$(C_2H_5)3(CH_3)N \cdot BF_4$（$TEMA \cdot BF_4$）	0.654	0.458
$(C_2H_5)4P \cdot BF_4$（$TEF\text{-}BF_4$）	—	0.458
$(C_4H_9)4N \cdot BF_4$（$TBA \cdot BF_4$）	0.830	0.458

续上表

电解质	离子直径(nm)	
	阳离子	阴离子
$(C_5H_{13})_4N\cdot BF_4$(THA-BF_{4-})	0.960	0.458
$(C_2H_5)_4N\cdot CF_3SO_3$	0.686	0.540
$(C_2H_5)_4N\cdot (CF_3SO_2)_2N$(THA-·TFSI-)	0.68	0.650
无机电解质		
H_2SO_4	—	0.533
KOH	0.26[a]	—
Na_2SO_4	0.36[a]	0.533
NaCl	0.36[a]	—
$LiPF_6$	0.152[b]	0.508
$LiClO_4$	0.152[b]	0.474

注：[a] 水合离子的 Stokes 直径；[b] 在 PC 中的直径，由所用溶剂决定。

此外，在超级电容的实际生产过程中，受电解液离子和电子传输速率间存在扩散差异的影响，在不同测试电流条件下，同一个电容器单体的电容量大小不同，图 3.6 为炭/炭超级电容的一个典型的电压—时间曲线。

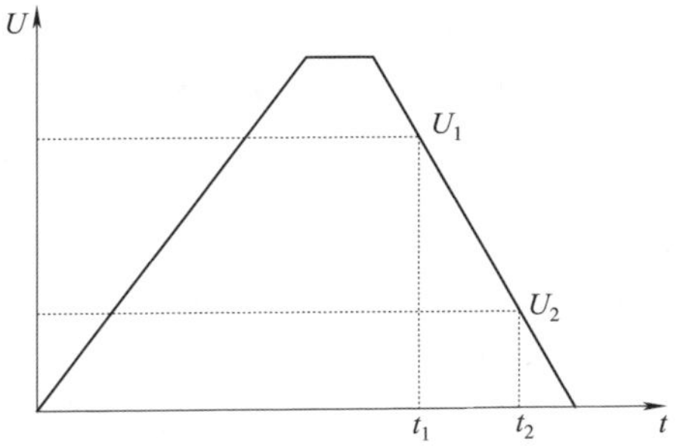

图 3.6　多孔炭材料在不同电流密度下的充放电曲线和比电容变化曲线

第二节　超级电容建模

一、超级电容原理

电化学电容器的内部由电极、隔膜以及电解液组成。电极主要是由活性储能材料组成，根据电极体中是否发生体相反应可分为极化电极和可逆电极。电解液存在于两个电极与隔膜的间隙中，主要由电解质和溶剂构成。电解液的选择影响储能器件的电容值、温度以及内阻等性能。隔膜用来作为两个电极间的绝缘体，选择其材料时要保证化学性质稳定、不具备电子导电性，且离子能够顺利通过。

电容器是一个由电介质分开的两个平行电极组成，使用静电场储能而非化学形式储能的无源元件。在超级电容中，正、负电极与电解质接触的界面上产生稳定的正、负两层电荷，电解质中的电荷在双电层电荷产生的电场作用下移动到与之靠近且符号相反的电极附近。电解液中的电荷离子大小一般为纳米级，因此电容器的正、负极上形成电容器的两个电极极板间距仅为十分之一纳米级的溶剂分子直径，从而获得分子级的电极距离实现超级电容的高电容量。电容器在两电极之间要通过施加电势差来进行充电，这个电势差可以使得正负电荷向相反极性的电极表面进行迁移。电容器的容值被定义为每个电极上所带电荷 Q 与两极之间的电势差 U 之比

$$C=\frac{Q}{U} \tag{3.8}$$

式中，极板上的电荷 Q 正比于电流，即 $Q=i_0t$。因此，当充电或放电电流是常数时，电压随时间线性变化。对于典型的平板电容器，C 正比于每个电极的面积 A 和电介质的介电常数 ε，反比于两个电极之间的距离

$$C=\frac{\varepsilon_0\varepsilon_r A}{D} \tag{3.9}$$

由此可知，决定电容器电容的因素包括两极板共有的面积、两电极之间的距离及所用电介质的性质。

电容器的能量密度和功率密度用单位质量或者单位体积的能量和功率来表示。电容器能够储存的能量 E 与每个界面的电荷 Q 以及电势差 U 有关

$$E=\frac{1}{2}CU^2 \tag{3.10}$$

功率 P 是单位时间内能量传输的速率，功率大小与电容器内部组件(集流体、电极材料、电介质和隔膜等)的电阻有关，这些电阻统称为等效串联电阻 ESR，且通常只能用测试的方法得到，电容器最大功率为

$$P_{\max}=\frac{U^2}{4ESR} \tag{3.11}$$

电容器有很多种类，应用最广泛的电化学电容器是其中一种，它是利用多孔炭和金属氧化物等高比表面材料的电极—电解液界面进行充放电的电容器。由于电极包含了很大的有效表面积和更薄的电介质，所以其电容和能量比常规电容器高 10 000 多倍。单个电化学电容器能够拥有上千法拉的额定容量，并且由于其很低的等效内阻，具有远远大于大多数电池的比功率。

超级电容是普通电化学电容器的一种。电化学电容器利用吸附在电子半导体界

面和离子导体界面边界处的离子来促进能量的储存，能量储存在电解液和极板之间，没有传质过程，因此不存在电化学损耗。

二、超级电容单体模型

（一）基于物理结构的模型

一般超级电容单体主要由活性炭电极、电解液、隔膜和集流器组成，图 3.7 为国内生产的 9 500 F 超级电容单体，其内部结构如图 3.8 所示。多孔电极一般使用活性炭作为电极材料，电解液一般使用有机电解质，具体的类型根据电极材料的性质进行选择。电解液与电极的接触部分形成双电层结构。电极材料与集流器之间要紧密相连，以减小接触电阻。隔膜应具有尽可能低的电子电导和尽可能高的离子电导。基于以上需求，一般使用具有纤维结构的电子绝缘材料，如聚丙烯膜。

图 3.7　国内生产的超级电容器

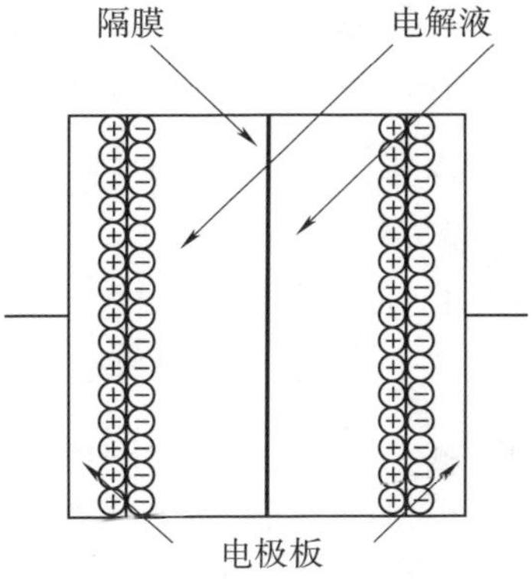

图 3.8　超级电容器结构

根据图 3.8 所示超级电容器的基于高比表面积电极材料与溶液间界面形成的双电层对称物理结构，可以用一个简单等效模型对其进行仿真，如图 3.9 所示。该模型中的两个电容 C 等效为极板和电解液间组成的双电层结构，中间的电阻 R_g 等效为隔膜电阻。

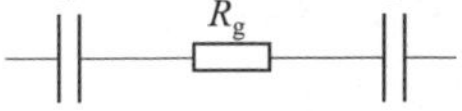

图 3.9　基于超级电容对称结构的简单等效模型

上述模型只使用两支简单电容等效超级电容的双电层结构，很明显对于因使用具有多孔性活性炭材料作为电极而呈现出多孔性特征的超级电容，其仿真精度不够。超级电容在充放电过程中，活性炭电极中的每个孔都具有独立的对外特性，相当于在电极和电解液的界面上形成了许多微电容，每一个电极上的微电容为并联关系，并与另一个电极上的微电容集合串联，共同组成完整的超级电容。考虑微电容的超级电容模型如图 3.10 所示，该模型中，C 表示每一个孤立的微电容，R_c 表示电极电阻，R_{con} 表示极化电阻和集电极之间的接触电阻；R_e 表示电解液电阻，其大小取决于电解液的电导率及孔隙的大小和数量。这种模型较具体地表征了超级电容的实际结构，但在实际应用中需要确定的参数太多，不适用于工程实际。

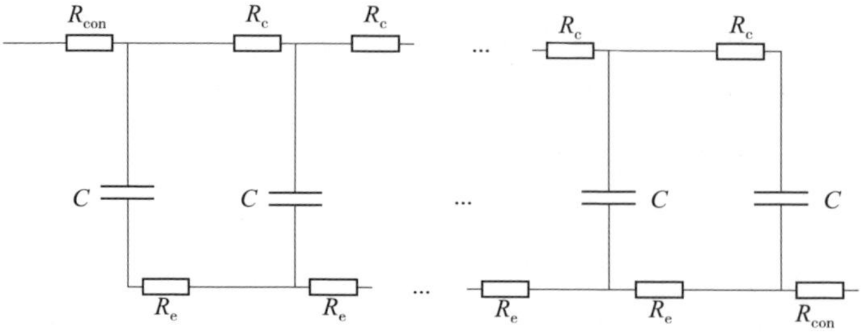

图 3.10　基于超级电容对称结构的复杂 RC 网络模型

此外，在超级电容充放电过程中，电容器内部会出现瞬间的电荷积聚，这种“极化”现象在建模时可以使用一个“极化”电阻来表征，其反映的是超级电容多孔电极内部传递电荷的阻力。在基于超级电容对称双电层结构的简化模型上加入极化电阻后，示意图如图 3.11 所示。在该模型中，R_S 等效的是超级电容的等效串联电阻(ESR)。与电容并联的电阻 R_1 为极化电阻，在一般情况下，放电电流的大小与极化电阻的大小成反比，但对于双电层结构超级电容，其极化效应很小，与放电电流的变化关联性也不大。

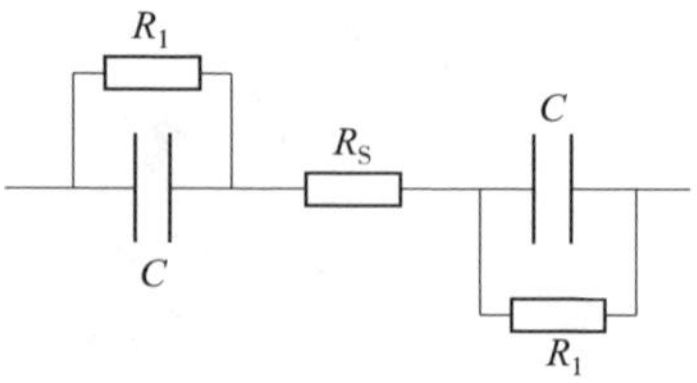

图 3.11　基于超级电容对称结构并考虑极化的模型

(二)基于外部电气特性表征的模型

单纯考虑超级电容的双电层对称结构进行建模的优点是模型中的每个参数都可以在超级电容的结构中找到特定的物理意义，而在表征超级电容外在的电气特性时，这种模型并不适用。对于超级电容的等效模型建模主要是根据超级电容的功率应用场合、物理结构和超级电容循环充放电速度等。目前较为成熟的超级电容等效电路模型主要有一阶经典 RC 模型、非线性电路模型、传输线模型、德拜极化电池模型和简化模型等。较完整的考虑超级电容外部电气特性表征而得到的简化电路模型具有电阻、电容和电感三种元件，即简化 RLC 模型。

模型电路如图 3.12 所示。其中 L 表示等效串联电感。此模型在一定程度上可以描述超级电容的工作特

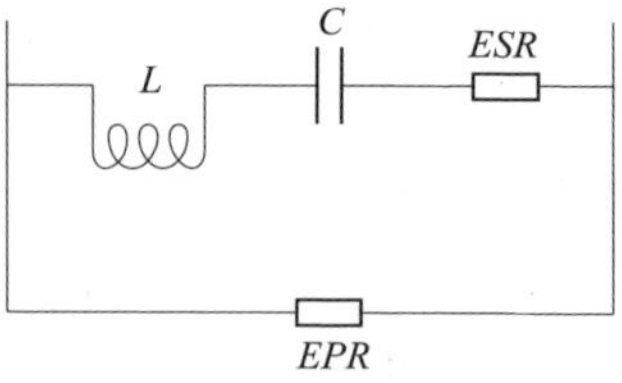

图 3.12　简化 RLC 模型

性。比如 SC 在放电很短时间内出现了非纯电阻特性；在充电过程中，电压上升的斜率不断变化；充电完成后，出现能量重新分配的现象。

由于轨道交通超级电容储能系统的运行工况通常为低频，在 0～0.35 Hz 之间，且高频时的电感参数值很小，一般为纳亨（nH）级，等效电阻在微欧（$\mu\Omega$）级，因此在后续对超级电容单体模型进行介绍时往往忽略等效电路模型中的电感元件。

1. 一阶 RC 模型

超级电容的简化电路模型又叫串联 RC 模型，其电路如图 3.13 所示。其中 R_S 是等效串联电阻，C 为理想电容。等效串联电阻的电阻值一般较小，当电容器进行充放电时，充放电电流经过等效串联电阻时会造成焦耳损失，电容器两端的电压有轻微降低，造成能量浪费。这种模型只考虑超级电容瞬时动态响应，适用于对超级电容短时充放电性能研究。

图 3.13 简化电路模型

在实际的工程应用中，一阶经典 RC 电路模型被广泛使用，其电路如图 3.14 所示。该模型中，超级电容主要由串联电阻 R_{es}、理想电容 C_1 及并联电阻 R_{ep} 组成。其中，串联电阻 R_{es} 的阻值也较小，同样在充放电时会由于电阻发热而消耗一定电能，并在一定程度上缩小了充放电电压范围。若等效串联电阻过大，则超级电容的最大电流输出能力会受到限制；在大电流充放电工况下，串联电阻会大量消耗系统功率。并联电阻 R_{ep} 又叫泄漏电阻，当电容器处于长期静置保持工况时，并联电阻的存在会导致产生泄漏电流及静态损耗。因此，为防止电容器长期静置状态导致能量亏空，应配备能量维护电路即增加另外的备用能量，降低超级电容的静态损耗的影响。这个 RC 模型只能表征超级电容的基本物理特征，但现实中电容的串并联组合会导致均压电路的平衡电阻、杂散电容的产生，且等效电容的大小随着端电压变化也在不断变化，所以实际上等效电容为一个非线性的电容。

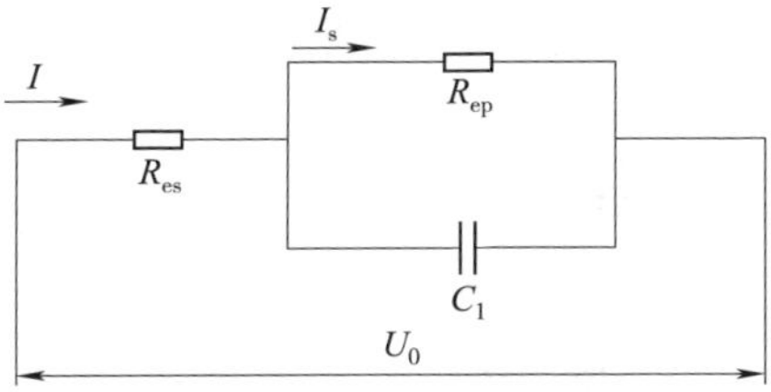

图 3.14 一阶 RC 模型

令充电时的功率 P 和电流 I 为负值，则放电时的功率 P 和电流 I 为正值。则超级电容端电压 U_0 为

$$U_0 = IR_{es} + I_s R_{ep} \tag{3.12}$$

超级电容充放电功率 P 为

$$P = I(U - U_R) \tag{3.13}$$

式中，U_0 为超级电容端电压；U 为电容器电压；U_R 为等效串联电阻 R_{es} 上电压；I 为充放电电流。

超级电容容量 C 与工作电流和工作温度有关，即

$$C=f(T,I) \tag{3.14}$$

具体函数可以通过实验测得，根据超级电容容量定义计算。

$$C=\frac{I\mathrm{d}t}{\mathrm{d}U} \tag{3.15}$$

设第 n 时刻超级电容储存的电量为 $Q(n)$，则第 $n+1$ 时刻超级电容储存的电量为

$$Q(n+1)=Q(n)-I\Delta t \tag{3.16}$$

设某时刻超级电容的工作电压为 $U(n)$，下一时刻为 $U(n+1)$，则有

$$U(n+1)=U(n)-I\frac{Dt}{c} \tag{3.17}$$

超级电容在工作状态中应考虑工作寿命，故应使其工作在合理的电压范围内 $[V_{\min},V_{\max}]$。充放电的程度（SOC）被用来反映超级电容储存电量的多少，其定义如下：

$$SOC=\frac{U-U_{\min}}{U_{\max}-U_{\min}} \tag{3.18}$$

超级电容能量输出为

$$E=\frac{1}{2}CU_{\max}^2-\frac{1}{2}CU_{\min}^2 \tag{3.19}$$

超级电容的等效内阻 R_0 即超级电容的等效串联阻抗，与工作电流和工作温度有关，即

$$R_0=f(T,I) \tag{3.20}$$

具体函数可以通过交流恒流充电法进行检测。

$$R_0=\frac{U'}{I'} \tag{3.21}$$

式中，U' 为交流充电时的压降；I' 为交流充电电流。

超级电容的效率 η 定义为充放电过程的充电能量和放电能量之比，即

$$\eta=\frac{E_{\mathrm{dch}}}{E_{\mathrm{cha}}}=\frac{\int_0^t I_{\mathrm{d}}\times u(t)\mathrm{d}t}{\int_0^t I_{\mathrm{c}}\times u(t)\mathrm{d}t} \tag{3.22}$$

式中，I_{d} 为放电电流；I_{c} 为充电电流。

充电效率 η_{c} 定义为超级电容储存能量与充入能量之比，即

$$\eta_{\mathrm{c}}=\frac{\frac{1}{2}C(U_{\mathrm{cmax}}^2-U_{\mathrm{cmin}}^2)}{\int_0^t I_{\mathrm{c}}\times u(t)\mathrm{d}t} \tag{3.23}$$

式中，U_{cmax}、U_{cmin}分别为超级电容充电时起始和截止电压。

放电效率 η_d 定义为超级电容输出能量与超级电容储存能量之比，即

$$\eta_d = \frac{\int_0^t I_d \times u(t)\,dt}{\frac{1}{2}C(U_{dmax}^2 - U_{dmin}^2)} \tag{3.24}$$

式中，U_{dmax}、U_{dmin}分别为超级电容放电时起始和截止电压。

2. 二阶 RC 模型

如图 3.15 所示，二阶 RC 模型的主支路描述充放电过程中能量的变化，第二支路用来描述充放电结束后的电压自恢复现象。

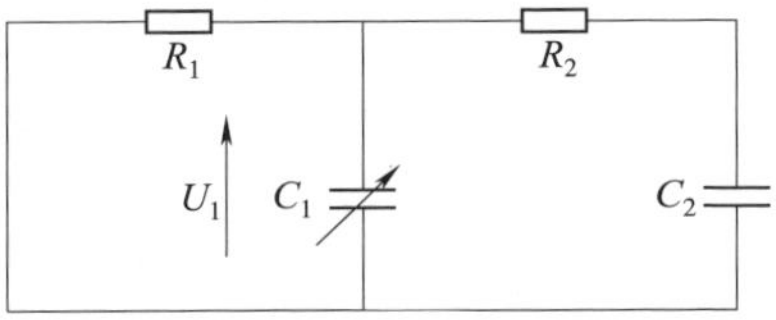

图 3.15 二阶 RC 模型

主支路的电容由式(3.25)表示。

$$C_1(U_1) = C_0 + C_v U_1 \tag{3.25}$$

式中，C_v 与具体的超级电容电压有关(F/V)。二阶 RC 模型的主要问题为主支路的敏感电压太小，其主要体现在由于双电层结构电压依赖和传输线时间依赖所导致的短时间内对储能能力的高估。此外，由于二阶 RC 模型不包含漏电阻，因此不能表现出超级电容的自放电现象。

超级电容二阶简化模型如图 3.16 所示，R_1、C_1 串联支路时间常数较小，可模拟超级电容的瞬时充放电过程；R_2、C_2 串联支路时间常数较大，可模拟充放电过程中和充放电结束后的电量再分配过程；R_L 阻值较大，用来模拟超级电容的漏电阻，表示超级电容长时间静置的工况。

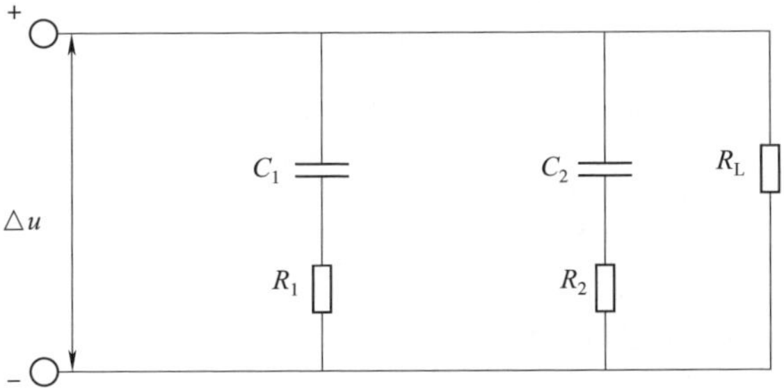

图 3.16 二阶模型

根据图 3.16 建立的超级电容等效电路，以超级电容的充电电流 i 作为输入，以两条 RC 支路中的电容电压 u_{c1}，u_{c2}作为状态向量 $\boldsymbol{x}=[u_{c1}, u_{c2}]^T$。模型参数向量设为 $\boldsymbol{\alpha}=[R_1, C_1, R_2, C_2, R_L]^T$，输出(响应)向量设置为 $\boldsymbol{y}=u_C$。超级电容单体数学模型可由式(3.26)表示

$$\begin{cases}\dfrac{\mathrm{d}x}{\mathrm{d}t}=f(\boldsymbol{x},\boldsymbol{\alpha},i)\\ y=h(\boldsymbol{x},\boldsymbol{\alpha},i)\end{cases}\tag{3.26}$$

式(3.26)中包含了超级电容的状态方程和超级电容的输出方程。根据等效电路模型，可得状态方程的具体形式为

$$\begin{cases}\dfrac{\mathrm{d}u_{\mathrm{c1}}}{\mathrm{d}t}=\dfrac{u_{\mathrm{c}}}{R_1C_1}-\dfrac{u_{\mathrm{c1}}}{R_1C_1}\\ \dfrac{\mathrm{d}u_{\mathrm{c2}}}{\mathrm{d}t}=\dfrac{u_{\mathrm{c}}}{R_2C_2}-\dfrac{u_{\mathrm{c2}}}{R_2C_2}\end{cases}\tag{3.27}$$

由以上两式可推导下面两个方程，在给定模型激励电流 i，并确定初始条件 $u_{\mathrm{c1}}(0)$，$u_{\mathrm{c2}}(0)$后，可求解出 u_{c1}，u_{c2}，进而可求出超级电容的端电压响应

$$\begin{cases}\dfrac{\mathrm{d}u_{\mathrm{c1}}}{\mathrm{d}t}=-\dfrac{(R_2+R_{\mathrm{L}})u_{\mathrm{c1}}}{C_1(R_1R_2+R_1R_{\mathrm{L}}+R_2R_{\mathrm{L}})}+\dfrac{R_{\mathrm{L}}u_{\mathrm{c2}}}{C_1(R_1R_2+R_1R_{\mathrm{L}}+R_2R_{\mathrm{L}})}+\\ \qquad\dfrac{iR_2R_{\mathrm{L}}}{C_1(R_1R_2+R_1R_{\mathrm{L}}+R_2R_{\mathrm{L}})}\\ \dfrac{\mathrm{d}u_{\mathrm{c2}}}{\mathrm{d}t}=\dfrac{R_{\mathrm{L}}u_{\mathrm{c1}}}{C_2(R_1R_2+R_1R_{\mathrm{L}}+R_2R_{\mathrm{L}})}-\dfrac{(R_1+R_{\mathrm{L}})u_{\mathrm{c2}}}{C_2(R_1R_2+R_1R_{\mathrm{L}}+R_2R_{\mathrm{L}})}+\\ \qquad\dfrac{iR_1R_{\mathrm{L}}}{C_2(R_1R_2+R_1R_{\mathrm{L}}+R_2R_{\mathrm{L}})}\end{cases}\tag{3.28}$$

$$u_{\mathrm{c}}=R_{\mathrm{L}}\left(i-C_1\frac{\mathrm{d}u_{\mathrm{c1}}}{\mathrm{d}t}-C_2\frac{\mathrm{d}u_{\mathrm{c2}}}{\mathrm{d}t}\right)\tag{3.29}$$

以上两式构成了超级电容二阶等效电路模型的数学模型。

在充电瞬间，由于等效内阻 R_{L} 的存在，超级电容的端电压会出现突变。因此 R_{L} 的大小可由充电瞬间电压突变值除以充电电流近似计算得到。

$$R_{\mathrm{L}}=\frac{\Delta u}{I}\tag{3.30}$$

R_1、C_1 串联支路相对于 R_2、C_2 串联支路时间常数较小，因此可近似认为由 R_1、C_1 串联支路表征充放电开始阶段的特性，则电容 C_1 电压电流关系如式(3.31)所示

$$i=C_1\frac{\mathrm{d}u}{\mathrm{d}t}\tag{3.31}$$

对式(3.31)进行积分，可得时间 T 和端电压 U 之间的函数关系

$$T=a_1U\tag{3.32}$$

因为采用恒电流充电，则系数 a_1 满足

$$C_1=a_1U\tag{3.33}$$

I 为超级电容充电时的恒定电流值。对超级电容的充电曲线进行拟合，如

图 3.17 所示，黑线为实测值，红线为拟合值。拟合曲线的方程如式(3.34)所示，其中斜率 p_1 的倒数即为 a_1，从而可求出 C_1。

$$f(x)=p_1x+p_2 \tag{3.34}$$

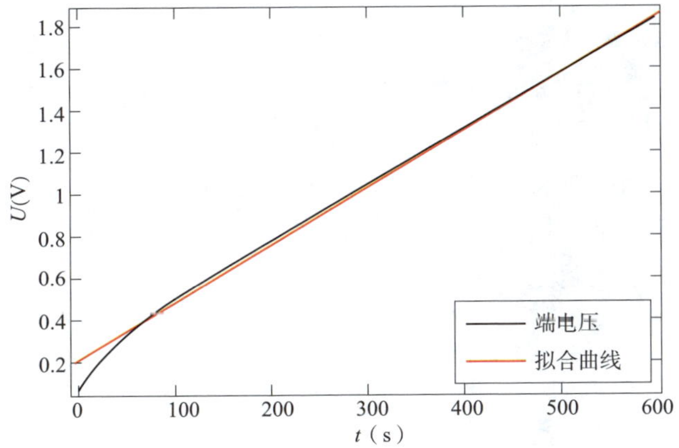

图 3.17　超级电容充电电压变化曲线及其拟合

充电完成后，端电压出现自调整现象，并逐渐趋于稳定。这一现象由时间常数较大的 R_2、C_2 串联支路表征。充电后两支路中的电容重新分配电荷，确定参数 R_2 和 C_2 值的关键在于确定该支路的时间常数 τ。可根据充电结束后的电压稳定时间确定 τ，进而确定 R_2 和 C_2。

依据时间常数的定义，超级电容的电压在经过 3τ 后基本稳定，端电压不会再大幅上升，稳定的端电压记为 U_f，则根据电荷守恒原理，可得式(3.35)。

$$Q=IT=C_1U_f+C_2U_f \tag{3.35}$$

式中，T 为充电时间；Q 为总电荷；I 为充电电流；则由式(3.35)可求得 C_2。

同样根据时间常数 τ 和 RC 支路的关系，可得 R_2 的计算公式，即

$$R_2=\frac{\tau_2}{c_2} \tag{3.36}$$

用以表征超级电容长期静置产生的漏电流大小的并联电阻 R_L 的计算公式为

$$R_L=\frac{U_n}{I_{leak}} \tag{3.37}$$

式中，U_n 为超级电容的额定电压；I_{leak}为漏电流。

3. 三阶 RC 模型

如图 3.18 所示，超级电容三阶模型包含三条支路，串联支路 R_{S1}，C_{S1} 主要用来表征电容单元在大电流恒流充放电过程中电荷分布受扩散速度限制而引起的局部短时间电荷聚集的“物理极化”现象。该现象主要对充放电瞬间的暂态过程产生影响，较

长时间的充放电和自放电工况可忽略其影响；C_i 和电压控制电压源组成充电分支电路，用来描述超级电容充放电部分。R_{S2} 和 L 主要表征独立超级电容单体串并联时的寄生参量连接电阻和连接电感，连接电感还包含来自单体内部转绕体电感。

该模型中超级电容的容量随着端电压的变化而变化。由 R_L、R_d、C_d、C_l 组成电压自恢复分支电路。三阶 RC 模型能较精确地描述超级电容充放电开始的电压陡升、陡降和充放电结束后的电压自恢复过程。缺点是由于参数较难确定，同时非线性电压源的存在导致并网过程中不利于控制。

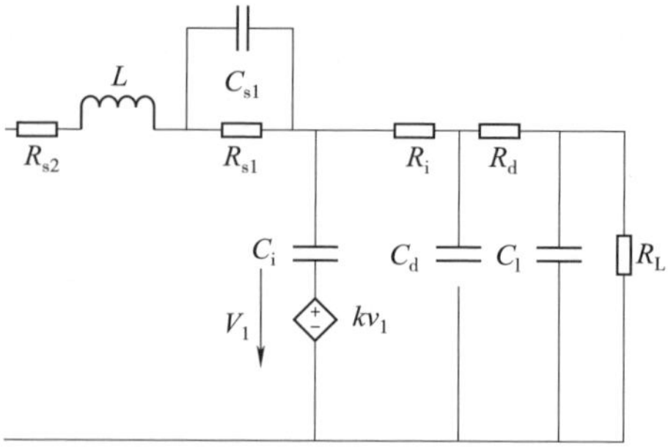

图 3.18　三阶模型

三阶模型的传递函数为

$$G(s)=\frac{U(s)}{I(s)}=\frac{b_2s^2+b_1s+b_0}{s^2+a_1s+a_0} \quad (3.38)$$

式中

$$\begin{cases} X=R_iR_l+R_dR_l+R_iR_d \\ a_1=\dfrac{(R_iC_i+R_dC_d+R_lC_i+R_lC_d)}{(XC_iC_d)} \\ a_0=\dfrac{1}{(XC_iC_d)} \\ b_2=\dfrac{(R_iR_dR_lC_iC_d)}{(XC_iC_d)} \\ b_1=\dfrac{(R_iR_lC_i+R_dR_lC_d)}{(XC_iC_d)} \\ b_0=\dfrac{R_l}{(XC_iC_d)} \end{cases} \quad (3.39)$$

4. 高阶传输线模型

超级电容的基本功能单元由一对多孔材料电极、集电板、电解质和隔离膜构成，其宏观性能模拟可由基于 De Levie 传输线模型的等效电路描述。该模型反映了沿多孔材料微孔深度方向分布的电容和电阻的串并联特征。多孔电极结构能够在单位体积产生更多的表面积，这对超级电容非常有益。传输线（transimission line）采用多孔系统，大量用于电化学阻抗谱（EIS）实验中的建模。目前传输线模型正在开发用于超级电容，以满足强大的能量传输。该模型可以应用在许多场合，包括电动和混合动力汽车的不间断电源、激光器和电力电子设备。它们的多孔材料具有非常高的表面积比，能够以相对小的体积和质量提供非常高的电容。基于传输线模型的超级电容等效电路如图 3.19 所示。

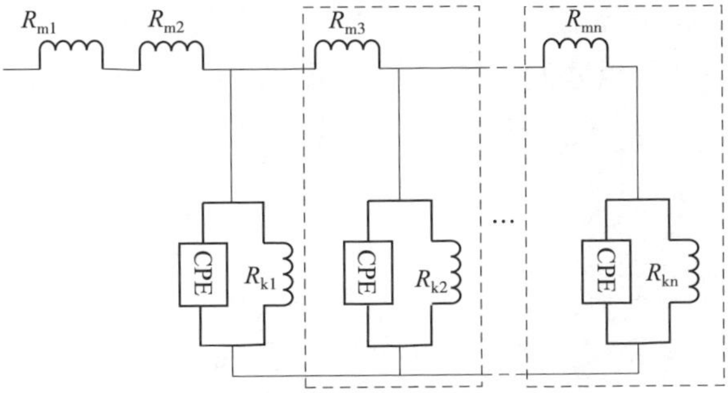

图 3.19　基于传输线模型的超级电容等效电路

其中 R_{mn} 和 R_{kn} 分别为电路中主路和并联支路上的等效阻抗。CPE 为常相位元件(constant phase element,CPE)。现假设传输线上的分布式电阻和电容是均衡的,则整个电路的等效阻抗可表示为

$$\begin{cases} Z(\omega)=\dfrac{R}{\sqrt{RC(\mathrm{j}\omega)\cdot th(RC(\mathrm{j}\omega))}} \\ Z(\omega\to 0)=\dfrac{1}{\mathrm{j}\omega C} \\ Z(\omega\to\infty)=\sqrt{\dfrac{R}{\mathrm{j}\omega C}} \end{cases} \tag{3.40}$$

式中,R 和 C 分别为超级电容多孔电极的低频电阻和电容。考虑图 3.19 所示采用 CPE 所建立的模型,可简化为

$$Z_{\mathrm{cpe}}(\omega)=\frac{1}{[C(\mathrm{j}\omega)^{p}]} \tag{3.41}$$

式中,p 为常相位元件指数,$0<p<1$。当 $p=1$ 时,超级电容阻抗特性转化为理想的纯容性阻抗。对于实际超级电容可以通过测定其阻抗谱来确定电容

$$C=\frac{-1}{[\omega Im(Z)]} \tag{3.42}$$

5. 超级电容自适应模糊神经网络建模

超级电容自适应模糊神经网络模型可以较精确地反映超级电容的时变性和非线性即实际动态工作性能,尤其是频域特性。该模型将模糊逻辑和神经网络相结合,具有易于表达推理知识、学习能力强、收敛速度快并且拟合精度高等特点。下面简要介绍采用 ANFIS 方法建立较精确的超级电容模型。

ANFIS 网络是基于一阶 Takagi-Sugeno 模糊模型,其结构如图 3.20 所示。系统由前件网络和后件网络两部分组成,前件网络可用来匹配模糊规则的前件,后件网络用来产生模糊规则的后件。前件网络包括 4 层:输入层,将输入传到下一层;模糊

化层，计算输入分量属于各语言变量值模糊集合的隶属度函数；模糊推理层，每个节点代表一条模糊规则，用以匹配模糊规则的前件；反模糊层，实现归一化计算。

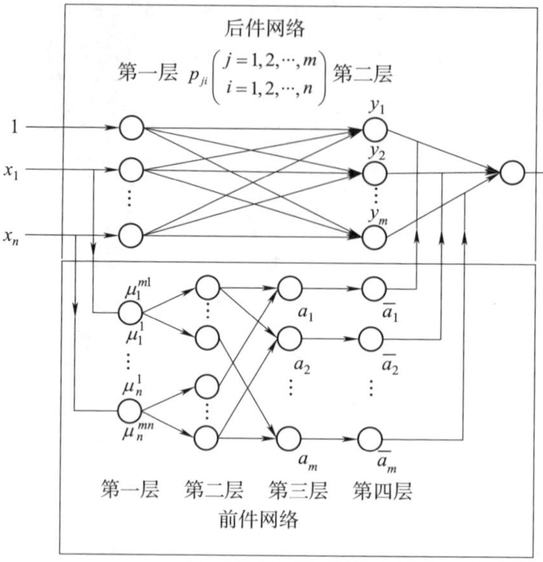

图 3.20　ANFIS 神经网络

选择建模参数时，应考虑对超级电容工作状态影响大又易于测量的输入输出量。除了电流电压等基本物理量，温度等可以影响超级电容内阻、电容量、循环寿命的参数也可选为建模参量。选择建模参量为超级电容的工作电流 i，电压 u，初始工作电压 u_0 以及工作温度 t。模型以 i,t,u_0 为输入量，以 u 为输出量。模型输入空间 X 可表示为 3 个输入变量的笛卡尔乘积

$$X = I \times T \times V_0 \tag{3.43}$$

其中

$$I = \{i \mid i_1 \leqslant i \leqslant i_u\}$$

$$T = \{t \mid t_1 \leqslant t \leqslant t_u\}$$

$$U_0 = \{u_0 \mid u_{01} \leqslant u_0 \leqslant u_{0u}\}$$

输入空间

$$Y = U = \{u \mid u_i \leqslant u \leqslant u_u\} \tag{3.44}$$

式中，i_1,t_1,u_{01},u_i 分别为电流、温度、初始电压及输出电压的下限值；i_u,t_u,u_{0u},u_u 为相应的上限值。如图 3.21 所示，根据模糊规则，将每个输入变量模糊分割为 5 级，采用梯度下降法与最小二乘法的混合算法。

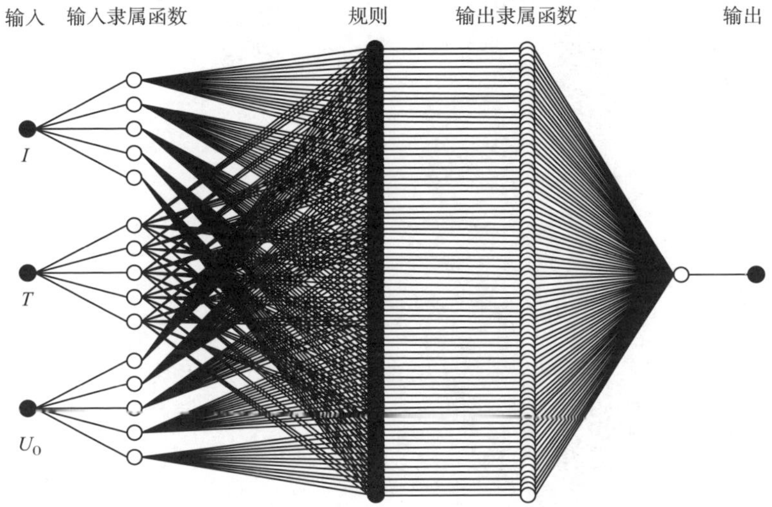

图 3.21　超级电容神经网络模型

自适应过程步骤：

(1)每次迭代输入量都可正向传递到 ANFIS 第四层，确定前提参数的初始值后，根据最小二乘法计算结论参数。

(2)根据前步的结论参数进行误差计算，采用前馈神经网络的 BP 算法，将误差由输出端反馈到输入端，用梯度下降法更新前提参数以改变隶属函数的形状。

(三)基于阻抗特性的模型

超级电容应用于城市轨道交通时，将长期工作于秒级的快速充放电状态，因此需要对它的等效电路模型进行频域分析，进而得到适合其长期工作的充放电频率段。由于超级电容电极表面弥散效应的存在，超级电容的双电层电容值并不是一个不变的量，其大小随交流信号的频率和幅值的改变而改变。同时，弥散效应主要又受电极表面的粗糙度以及电极表面分布的电流等因素的影响。因此，普通电容并不能精确表征超级电容的容性部分的特性。图 3.22 表示不同频率下的超级电容的阻抗谱。

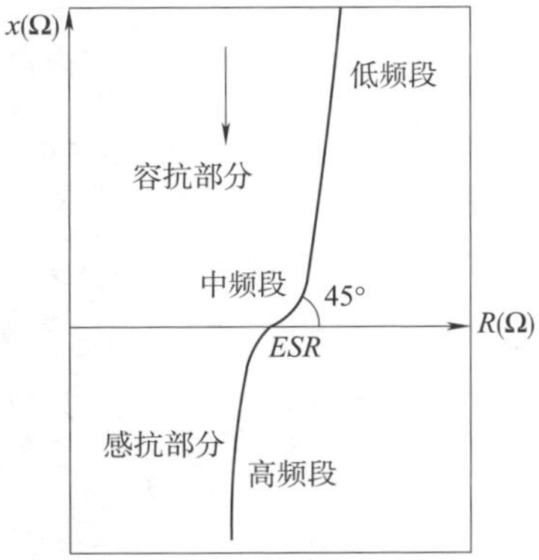

图 3.22　超级电容的阻抗谱

由该阻抗谱可知，超级电容容抗起主要作用，随着频率升高，超级电容逐渐向阻性过渡；在中频段阻抗谱可近似为斜率为 1 的阻抗线，此时超级电容表现为纯阻性；由于超级电容的 *ESR* 较小，所以超级电容在该频段可理解为短路；在高频段，超级电容进入电感特性区，超级电容对外主要表现为感性。有学者基于超级电容的这种阻抗特性提出以下模型，如图 3.23 所示。

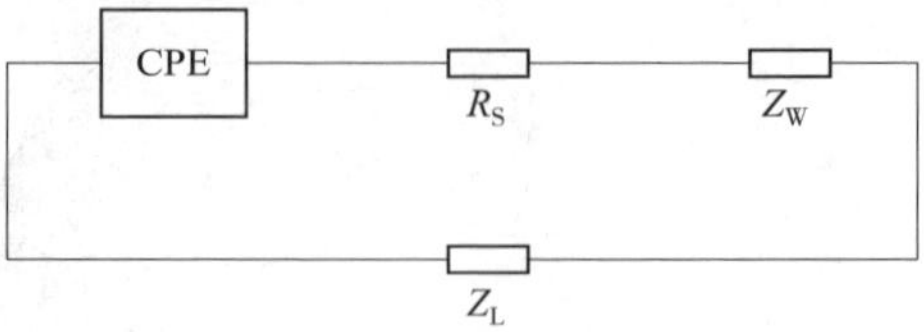

图 3.23　基于阻抗特性的超级电容建模

图 3.23 中 R_S 等效为超级电容的 ESR；Z_W 是 Warburg 阻抗。R_S，Z_W 以及 CPE 共同主导着超级电容的阻抗性能。Z_L 等效的是外接的负载阻抗。这种模型中采用了一种新的电化学元件 CPE（常相位角元件），以等效经典 RC 模型中的电容。CPE 的等效电路解析式如下

$$Z=\frac{1}{[q(\mathrm{j}\omega)^{p}]} \tag{3.45}$$

式中，Z 为一个动态量，大小随参数大小变化而变化；p、q 为人为设置的参数；ω 为频率。当 $p=1,q=C$ 时，它相当于一个普通电容；当 $p=0,q=1/R$ 时，它相当于一个普通电阻；当 $p=-1,q=1/L$ 时，它相当于一个普通电感。考虑电极表面存在弥散效应，p 可选为 0.5 到 1.0 之间。

图 3.23 所示的超级电容复数阻抗 $Z(\mathrm{s})$ 与输出电压 $U(\mathrm{s})$ 间的关系表示为

$$U(s)=I_{\mathrm{d}}(s)[R_{\mathrm{s}}+Z_{\mathrm{w}}(s)+Z_{\mathrm{cpe}}(s)] \tag{3.46}$$

对上式进行 Laplace 反变换，在时间域上描述为两个函数的卷积运算，可得

$$\begin{aligned}u(t)&=\frac{\mathrm{d}}{\mathrm{d}t}\left[i_{\mathrm{d}}(t)*\left(R_{\mathrm{s}}+erf\left(\sqrt{\frac{Rt}{C}}\right)+\frac{t^{p}}{C\Gamma(1+p)}\right)\right]\\&=\frac{\mathrm{d}}{\mathrm{d}t}[i_{\mathrm{d}}(t)*Z_{\mathrm{tot}}(t)]\end{aligned} \tag{3.47}$$

式中：$*$ 表示卷积运算符；$Z_{\mathrm{tot}}(t)$ 是超级电容的总阻抗，其中的参数（R_{s},R,C,p）决定了等效电路的结构和性能。假设 $i_{\mathrm{d}}(t)$ 和 $Z_{\mathrm{tot}}(t)$ 在每一时刻的函数值已知，则在每个离散时间点 $t=L\Delta$ 处，卷积积分计算如下

$$\begin{aligned}U(L\Delta)&=\frac{\mathrm{d}}{\mathrm{d}t}[i_{\mathrm{d}}(t)*Z_{\mathrm{tot}}(t)]_{t=L\Delta}\\&=\frac{1}{\Delta}\left[i_{\mathrm{d}}^{\mathrm{L}}Z_{\mathrm{equ}}^{1}+\sum_{\mathrm{k=1}}^{\mathrm{L-1}}i_{\mathrm{d}}^{\mathrm{L-k}}(Z_{\mathrm{equ}}^{\mathrm{k-1}}-2Z_{\mathrm{equ}}^{\mathrm{k}}+Z_{\mathrm{equ}}^{\mathrm{k+1}})\right]\end{aligned} \tag{3.48}$$

$$Z_{\mathrm{equ}}(t)=\int_{0}^{t}Z_{\mathrm{tot}}(\tau)\mathrm{d}\tau$$

式中，$i_{\mathrm{d}}^{\mathrm{L}}$、$Z_{\mathrm{equ}}^{\mathrm{L}}$ 分别为 t 时刻的充电电流和等效计算阻抗。

式(3.48)表明只要确定了超级电容的阻抗函数 $Z_{\mathrm{tot}}(t)$，则充电过程中任意时刻的工作电压 U 即可通过当前时刻的电流值与该时刻之前所有电流之和计算得到。反之也可由已知的电压值确定放电过程的电流值

$$i_{\mathrm{d}}^{\mathrm{L}}=\frac{1}{Z_{\mathrm{equ}}^{1}}\Big[\Delta\cdot U(L\Delta)-\sum_{\mathrm{k=1}}^{\mathrm{L-1}}i_{\mathrm{d}}^{\mathrm{L-k}}(Z_{\mathrm{equ}}^{\mathrm{k-1}}-2Z_{\mathrm{equ}}^{\mathrm{k}}+Z_{\mathrm{equ}}^{\mathrm{k+1}})\Big] \tag{3.49}$$

则任意时刻的输出功率可表示为

$$\begin{aligned}P(t)&=U(t)i_{\mathrm{d}}^{\mathrm{L}}\\&=\frac{1}{\Delta}\Big[(i_{\mathrm{d}}^{\mathrm{L}})^{2}Z_{\mathrm{equ}}^{1}+i_{\mathrm{d}}^{\mathrm{L}}\sum_{\mathrm{k=1}}^{\mathrm{L-1}}i_{\mathrm{d}}^{\mathrm{L-k}}(Z_{\mathrm{equ}}^{\mathrm{k-1}}-2Z_{\mathrm{equ}}^{\mathrm{k}}+Z_{\mathrm{equ}}^{\mathrm{k+1}})\Big]\end{aligned} \tag{3.50}$$

当对超级电容进行恒功率充电时，可以通过式(3.50)确定各个时刻的充电电流，而后可预测充电过程中各个时刻的端电压增量和整个充电过程的电压—时间历程。

该模型对频率的适应性较好，可以较精确地仿真超级电容的阻抗特性。同时，超级电容具有多孔性特征的电极在一定程度上可以对其阻抗造成影响。因此，利用RC网络来表征超级电容的多孔性结构可以提高建模精度，更好地仿真超级电容的阻抗特性，其对应模型如图3.24所示。此模型的缺点同样也在于需要确定的参数太多，难以应用在工程实际。

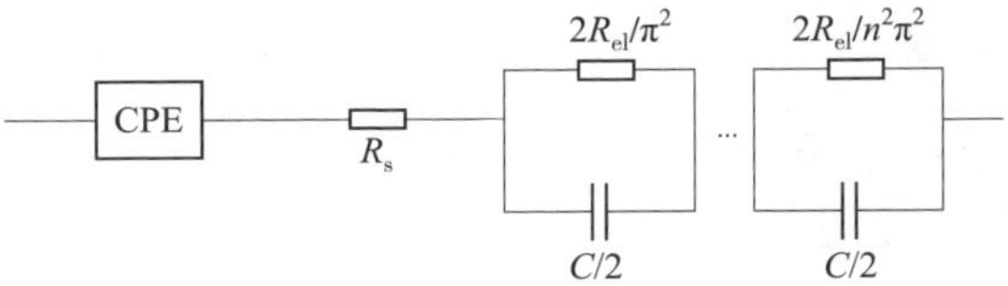

图3.24 基于 RC 网络的阻抗建模

在该模型中，R_{S} 为电极电阻和隔膜电阻的串联电阻大小；R_{el} 为电解液电阻。低频下该模型的等效超级电容阻抗值如式(3.51)所示

$$Z=R_{\mathrm{s}}+\frac{R_{\mathrm{el}}}{3}+1/(\mathrm{j}\omega)^{1-\gamma}C \tag{3.51}$$

式中，γ 相当于CPE元件解析式中的 p；C 为超级电容的容量。

超级电容组的充放电频率可表示为

$$f=\frac{1}{t_{\mathrm{charge}}+t_{\mathrm{discharge}}} \tag{3.52}$$

式中，t_{charge} 为超级电容充电时间；$t_{\mathrm{discharge}}$ 为超级电容放电时间。

超级电容组的复频域阻抗表达式为(考虑超级电容组内部等效电感)

$$Z(s)=\frac{LCs^2+RCs+1}{Cs} \tag{3.53}$$

对于城市轨道交通的应用而言，如果要保证超级电容储能系统和整个牵引网络的安全，就应使超级电容组尽量工作在电容特性区；超级电容进入电感特性区的转折频率比较高，而城市有轨电车超级电容储能系统的充放电频率一般处于低频段即在0～0.35 Hz之间，属于电容特性区。因此，在实际应用超级电容等效电路模型时可忽略内部等效电感效应。

三、超级电容组模型

超级电容单体的串并联构成超级电容组，主要研究其外部电气特性。根据前文所介绍的超级电容组的模型，拟基于单体一阶 RC 电路进行研究。则单体间的连接内阻和接触内阻、单体自身内阻共同组成了整个超级电容组的内阻。

图 3.25～图 3.27 中，R_{es}为单体等效串联电阻，包含单体集流器电阻和电解液/隔离层电阻；R_{ep}为活性炭极介质电阻；C_0 为活性炭电极电容；R_j 为连接电缆接触电阻；R_d 为连接电缆电阻。

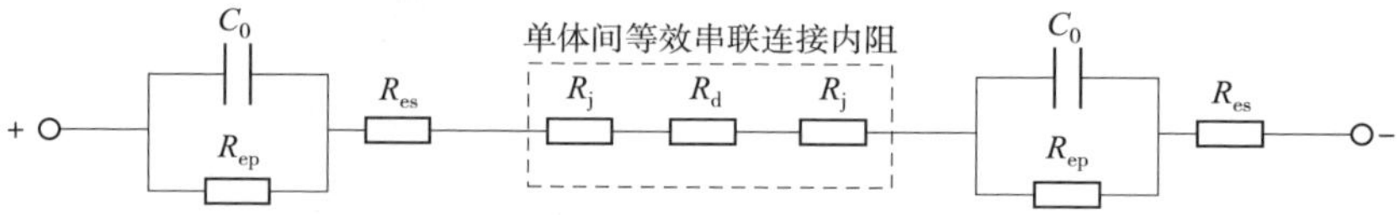

图 3.25　超级电容组串联内阻

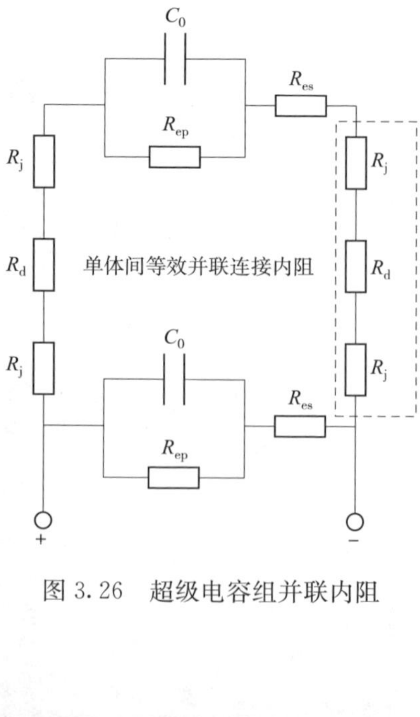

图 3.26　超级电容组并联内阻

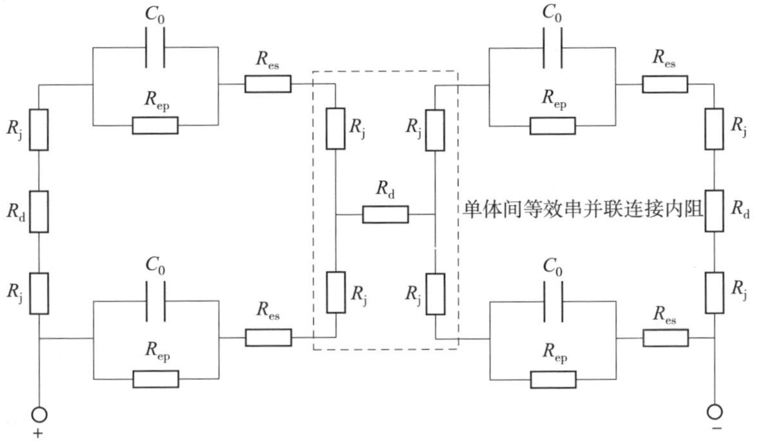

图 3.27　超级电容组串并联内阻

超级电容储能装置在工程应用中，一般采用先并再串的连接方式将超级电容单体组成模组。因超级电容单体在批量生产中存在容量差异，通过并联可以更好选配并联节的容量，提高容量的一致性。同时，并联的好处还在于若某一个支路单体在使用过程中内阻逐步变大，该支路电流会相应减小，在一定程度上可抵消降低内阻变化对发热的影响。

超级电容储能装置在城市轨道交通应用中处于正常工作状态时，充放电的时间均为秒级，且超级电容组在充放电瞬间能达到的功率等级在数百 kW 甚至 MW 级，所以采用超级电容的快速响应支路即可较为准确地描述超级电容的工作状态。

根据超级电容实际应用中通常大规模模组化、充放电频率快等特点，对通用超级电容等效电路模型进行简化，得到适合城市轨道交通应用工况的超级电容组的简化等效电路模型，如图 3.28 所示。其中 *ESR* 表示超级电容组的等效串联电阻；*EPR* 为等效并联电阻，用以表征漏电流的大小；ΔC 用以表征超级电容组应用中可能产生的电容大小变化；C_0 为超级电容组的初值电容。*ESR* 的阻值很小，因此超级电容组简化等效电路模型的终端电压近似等于电容组初值电容两端电压大小。

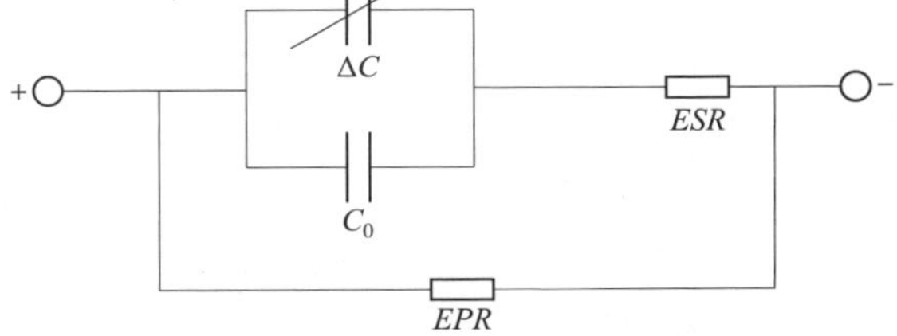

图 3.28　超级电容组简化等效电路模型

第三节 超级电容电压均衡

由于超级电容单体额定电压一般小于 2.7 V,因而通常采用多只超级电容串、并联的方式构成储能系统来满足储存能量和电压等级的需求。但是,超级电容内部结构参数不一致会导致单体间电压不一致,进而影响超级电容的使用寿命和允许设定的最高工作电压,该最高电压决定了系统的能量存储能力。因此,超级电容电压均衡对于超级电容的应用是十分必要和关键的。

超级电容储能系统的均衡策略的分类方式有两种:一种是按照均衡过程中是否存在能量耗散可以分为被动均衡、主动均衡以及兼具被动和主动的混合均衡;另一种是按照均衡的时间可以分为充电均衡、放电均衡和动态均衡。

被动型均衡的原理是采用消耗能量的方式,消耗掉电压过高单体的能量,迫使系统内部单体电压达到一致。其主要通过稳压管并联法和开关电阻法来实现,这两种均压方式具有控制简单的优点,但同时也因耗能较多导致温升大,限制了模块规模,并降低了系统的可靠性和能量利用率。因此,被动均衡法只适用于小功率级别及对能量要求不高的场合。主动型均衡主要采用能量转移的方法,其通过 DC—DC 电路、飞渡电容和开关电感等拓扑电路,将高电压单体能量转移至低电压单体,以使系统内部单体间的电压一致。由于已经实现模块化的高度集成,主动均衡法易于实现工程化应用,且也成为了一种广泛应用的方法。

目前工程领域应用较多的电压均衡主要有稳压管法、开关电阻法、DC—DC 变换法、多输出变压器法和飞渡电容法等几种思路,其特性比较见表 3.3。

表 3.3 电压均衡方法比较

均衡方法	电路结构	控制方法	均衡速度	均衡效率	能耗大小	成本
稳压管法	简单	简单	较慢	低	大	低
开关电阻法	简单	简单	慢	低	大	低
DC—DC 变换法	复杂	较复杂	快	高	较小	较高
多输出变压器法	复杂	较复杂	较快	较高	较小	高
飞渡电容法	复杂	复杂	快	高	较小	较高

一、主/被动均衡建模及策略

(一)被动均衡建模及策略

以开关电阻法为例,该方法一般是采用分流电阻来对电压过高的单体进行放电。

每个超级电容单体串联一个分流电阻与一个开关，由开关控制电阻的分流，利用电阻的分流来实现串联超级电容单体的均衡。分流电阻的取值主要根据超级电容单体所需均衡电流来计算，同时也需要兼顾均衡板和均衡电路的负载能力。在小容量、低电压场合中，由于其成本低廉、结构简单，因此在均衡电路中较为常用。但是这种方案的能量损耗大、均衡效率低，不适用于容量比较大、电压等级比较高的场合。因此这种分流电阻均衡电路往往只在对稳定性要求较高的场合下采用，比如航空航天电源等。

以开关电阻实现被动均衡的基本电路的特征为将一个功率开关管和耗散电阻串联后，再与电容模组中的每个电容单体并联，通过“分流”需要均衡的电流，来控制各电容单体的均衡过程。其具有电路结构简单可靠、性价比高的优点。被动均衡电路原理图如图 3.29 所示，其中 I 为充电电流，$U_{\text{b\_n}}$ 为各个单体电压值，i_{n} 为单体电流，R_{n} 为耗散电阻，S_{n} 为功率开关管。在超级电容模组进行充电时，若某单体电压高于均衡阈值，则导通功率开关管，对该单体充电电流 I 进行分流，从而使其充电速率慢于其他单体。

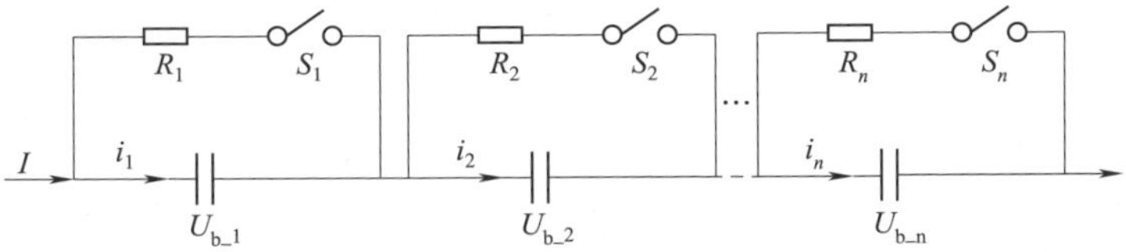

图 3.29　被动均衡建模

根据被动均衡模型，忽略功率开关管的阻抗，则单体充电电流为

$$I-\frac{U_{\text{b\_n}}}{R_{\text{n}}}\leqslant i_{\text{n}}\leqslant I, I>\frac{U_{\text{b\_n}}}{R_{\text{n}}} \tag{3.54}$$

$$0\leqslant i_{\text{n}}\leqslant I, I\leqslant\frac{U_{\text{b\_n}}}{R_{\text{n}}} \tag{3.55}$$

放电电阻的功率为

$$P_{\text{Rn}}=\frac{U_{\text{b\_n}}^2}{R_{\text{n}}} \tag{3.56}$$

式中，$U_{\text{b\_n}}$ 为对应超级电容单体的电压。

被动均衡策略中有一种较为简便的方法称为平均电压法。该方法先通过电压传感器采集所有超级电容单体的电压，然后以所有超级电容单体的平均电压为标准，当超级电容单体电压高于平均电压时，晶体管开关导通，对被过度充电的储能单体通过分流电阻进行均衡。该方法中电路器件所需电能直接由所在超级电容模组来提供，这样减少了辅助电源的配置，同时降低了系统体积。

对于模组内部限制均衡数量的均衡电路来说，可以采取如图 3.30 所示的双梯度均衡策略。即当系统上电后，首先需要通过电压传感器采集的数据计算平均电压，当平均电压大于设定的阈值时开始均衡。均衡过程中，先计算模组中所有超级电容单体的电压差值，并按照压差大小进行分级，接着利用有限的均衡资源对大梯度的单体进行优先均衡，并在每一个算法调用周期内判断是否有多余的均衡资源空出，如果有，则对低梯度的单体进行均衡。最后进行均衡结束条件判断，一般当所有单体的压差都小于设定阈值认为均衡结束。

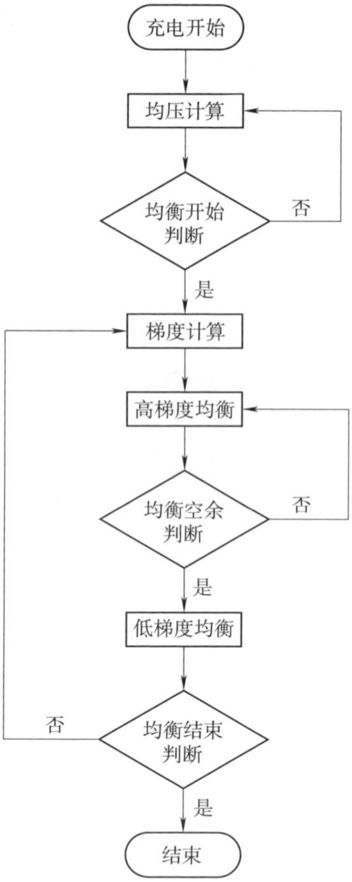

图 3.30　双梯度均衡策略

(二)主动均衡建模与策略

主动均衡方法又称能量非耗散型均衡法。这种方法的耗能比被动均衡要小，但电路结构相对复杂，其可分为能量转换式均衡和能量转移式均衡两种。

能量转换式均衡包含两种不同的方法。一种是通过开关信号由电容单体向电容组通过同轴线圈进行能量转换。当单体电容电压达到设定值时，均衡模块开始分流工作，从而降低充电电压。分出的电流经模块转换，把能量反馈回充电总线，从而达到均衡的目的。另一种是整体电压向单体电压的转换方法，由超级电容组整体向电容单体进行补充，是一种补充式充电均衡方法。在该方法中，当任意一只超级电容单体的电压过高时，主充电电路关闭，补充式均衡充电模块经过一个独立的 DC—DC 变换器开始对超级电容组充电，再通过 AC—DC 将直流电变换为交流电到同轴线圈变压器上。与此同时各超级电容单体上拥有相同的次绕组，以使电压高的超级电容单体充入更少的能量，电压低的单体充入更多的能量，从而达到均衡的目的。该方案的主要问题在于次绕组的一致性很难控制，且同轴线圈也存在一定的能量耗散。有的能量转换式均衡可通过续流电感，完成单体到超级电容组的能量转换。另外，从成本和均衡效率来考虑，能量转换式可应用于电动助力车等中小功率场合，但不适用于更大的超级电容储能系统中。

能量转移式均衡是利用电感或电容等储能元件，把超级电容组中高容量单体中的能量转移到容量较低的单体上。飞渡电容电路通过切换电容开关，由飞渡电容传递相邻超级电容的能量，将电荷从电压高的超级电容传送到电压低的超级电容上，以达到均衡的目的。此外，也可通过电感储能的方式，在相邻超级电容单体间进行双向传递能量。这种电路的能量损耗很小，但是达到均衡必须有多次传输，所以速度较慢，不适用于串联较多的超级电容储能系统组。改进的电容开关均衡方式可通过选择将电压高的超级电容单体能量直接转移到电压低的单体上，而不用通过整个超级电容组的依次转移，提高了均衡效率。在能量转移式均衡中，超级电容单体能量的判断可通过模糊控制等智能算法来实现。

主动均衡模型中，模组内均衡模式启用依据为：当电容单体电压偏低时，由控制器控制相应 DC—DC 模块使模组对电压偏低的单体进行充电，反之当电容单体电压偏高时，通过反向 DC—DC 电路实现单体向模组放电，从而降低单体电压。而当电容模组电压偏高时，系统启用模组间均衡模式，即打开 8 个 DC—DC 模块，通过功率损耗对模组进行放电，如图 3.31 所示。

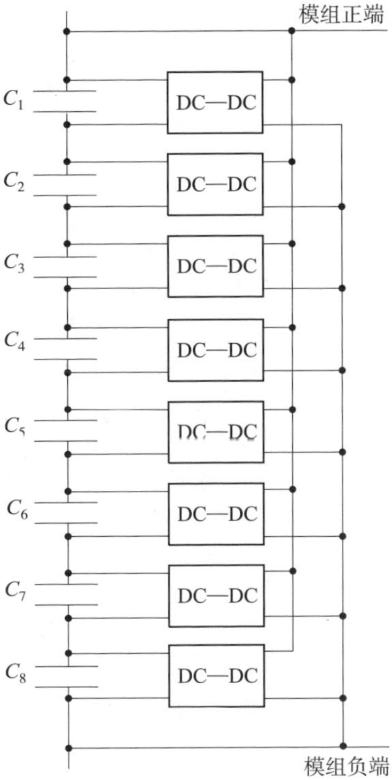

图 3.31　主动均衡建模

从图 3.31 中可以看出，电压均衡单元硬件采用 DC—DC 恒流充电电路，其最重要的指标参数是电流大小，其取值不仅直接决定了均衡的效果，也直接影响系统成本。实际应用中需要根据产品容量分散度和线路条件进行计算，以实现在下次充电前将由电容差异性导致的电压差异进行纠正的目的，即均衡电流 I_{eq}需满足

$$\frac{I_{eq}T}{C_{max}} \geqslant \max\{\Delta U\}$$

$$\max\{\Delta U\} = \frac{I_c}{3}t\frac{C_{max}-C_{min}}{C_{max}C_{min}} \tag{3.57}$$

式中，$\max\{\Delta U\}$为最大模块电压差，由超级电容单体的容量分散度决定；T 为两次充电时间间隔；I_c 为充电电流；t 为充电时间。通过主动均衡，可以在下次充电之前，使储能系统内部各超级电容单体电压差异性得到最大程度的降低。

在轨道列车的储能系统中应用较多的是采用双向 DC—DC 并联在超级电容单体两端。DC—DC 电路用来使电流正向和负向流动，以实现将电压过高的超级电容单体的电量引入到电压过低的单体，从而避免被动均衡方法中电阻放电所带来的能量耗散。其相当于一种可以实现任意单体或相邻多个超级电容单体间的高效能量转移的主动均衡系统。该系统包括开关阵列选通单元、双向 DC—DC 单元和超级电容储能单元等。在电流变化较小时，选择由电压巡检系统获取的实时电压作为均衡变量。在此引入统计概念中的均值 $\overline{U}$、极差 r 和方差 δ^2。

$$\begin{cases} \overline{U} = \dfrac{1}{n}\sum_{i=1}^{n} U_i \\ r = \max(U_i) - \min(U_j) \\ \delta^2 = \dfrac{1}{n}\sum_{i=1}^{n}(U_i - \overline{U}) \end{cases} \tag{3.58}$$

该系统以超级电容实时电压为均衡变量时，计算均值和方差反映超级电容组整体性能及超级电容电压差异，并设置一个阈值，当超级电容电压极差小于一定的阈值且没有单体出现过压和欠压时，则不进行均衡操作，从而减少超级电容能量来回转移次数，降低损耗浪费。均衡系统的工作流程如图 3.32 所示。均衡主控制器需要电压巡检模块输入检测到的电压值，判断是否有单体出现过压/欠压。如果存在，则进行电压均衡，对过压单体开启 DC—DC 正向通道，对欠压单体开启 DC—DC 反向通道。然后通过极差判断模组内超级电容单体电压的差异性，如果极差大于设定阈值，则说明超级电容电压差异性较大。此时开启电压均衡功能，对电压大于平均值的单体开启 DC—DC 正向通道，进行"削高"，对电压低于平均值的单体开启 DC—DC 反向通道，进行"补低"，从而整体改善储能系统内部各单体电压差异性。

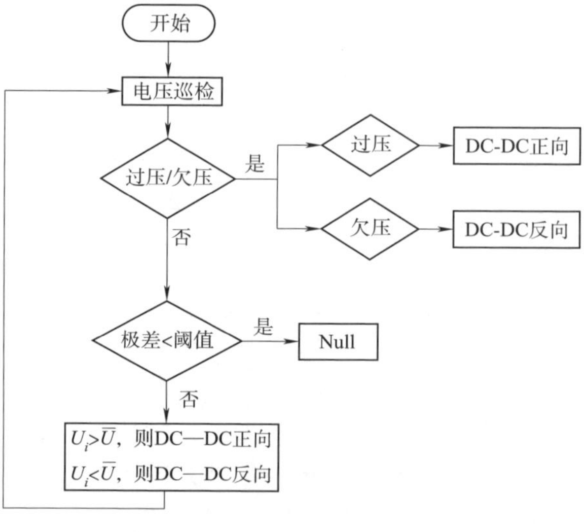

图 3.32　一种主动均衡策略

（三）主被动混合均衡的建模及策略

以应用开关电阻为代表的被动均衡技术及以应用 DC—DC 变换器为代表的主动均衡技术虽然在工程上应用较多，但仅单一地运用其中一种方法会存在一定问题：

如被动均衡技术发热量大，能量利用率低、存在安全隐患，同时因为热量大导致的环境温度升高会影响超级电容使用寿命；而主动均衡技术实现起来较为复杂，对均衡系统的可靠性及成本要求都比较高，在超级电容大规模串并联应用场合（如城市轨道交通领域），这些问题会更加突出。

为解决上述问题，可以采用一种超级电容主被动混合均衡系统有效的结合主动均衡技术与被动均衡技术，取长补短，提高超级电容均衡系统的可靠性和安全性的同时，提高超级电容的使用寿命。如图 3.33 所示，主被动混合均衡系统中，每个超级电容模组内的超级电容单体两端都会并联第一均衡模块。该模块是主动均衡模块，用于比较与其连接的两个超级电容单体的电压并将电量从电压高的超级电容转移至电压低的超级电容；每个超级电容模组的两端会并联第二均衡模块，该模块是被动均衡模块，用于对与其连接的高压模组进行降压。

第一电压均衡模块包括两个开关和一个储能电感，两个开关首先分别与两个超级电容单体的非公用端相连，然后再与储能电感相连于同一端，储能电感的另一端与两个超级电容单体的公用端相连。第二电压均衡模块主要为一个功率电阻，用于对当前超级电容模组进行放电。

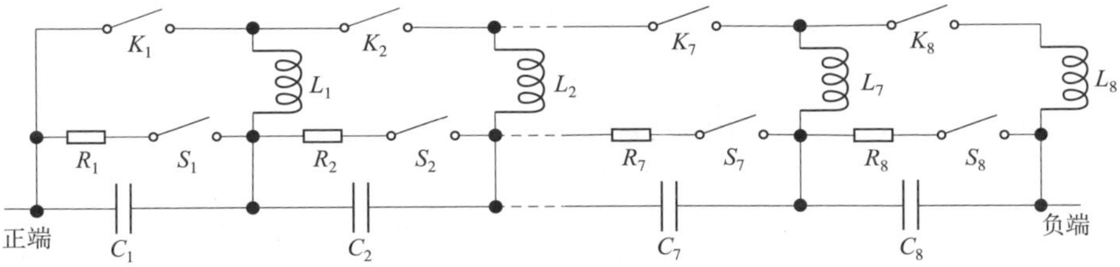

图 3.33　主被动混合均衡建模

主被动混合均衡策略如图 3.34 所示。在充电阶段，采用电压传感器采集超级电容单体的电压值，并计算单体间的压差和模组间的压差。对于模组内部的超级电容单体，若存在两个单体之间的电压差值大于第一预设阈值时，与电压较高的超级电容单体相连的开关 1 导通，部分能量转移到储能电感。随后断开开关 1 导通与电压较低的超级电容单体相连的开关 2，能量随即从储能电感转移到电压较低的超级电容单体中。随后断开开关 2，直至电容压差小于第二预设阈值，反之亦然。对于模组之间，当与第二均衡模块相连接的模组的电压高于其他模组时，导通开关 3 进行放电，并以热量形式消耗掉多余的能量，直至与其连接的模组的电压与其他模组的电压差小于第三预设阈值。

二、模组内/模组间均衡建模及策略

上文从原理上对主动/被动均衡进行了阐述，工程应用中也常从实现层面上对均

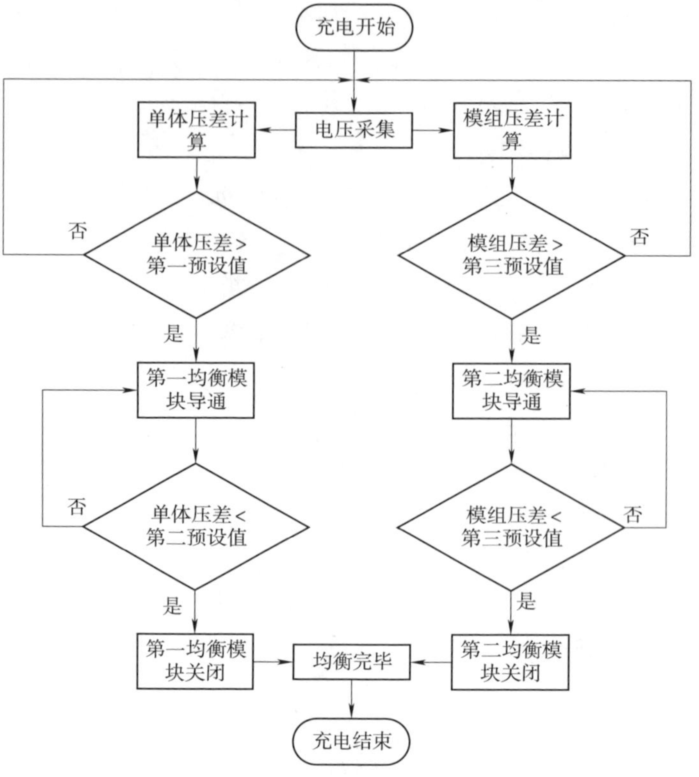

图 3.34　主被动混合均衡策略

衡进行划分，如模组内/模组间均衡。如图 3.35、图 3.36 所示，在采用单向 DC—DC 作为均衡执行电路时，其可分为模组内均衡和模组间均衡两个层次。其中，推挽逆变—高频降压—同步整流的恒流 DC—DC 电路作为均衡动作的执行电路，以模组正负极间电压作为输入，接收电压均衡控制器的指令，以恒流形式输出均衡电流，对电压过低单体实现充电，抬升其电压。

由于该方法采用的是单向 DC—DC 电路，无法直接对电压偏高模块进行放电，如何进行“削高压”操作是一个极具挑战性的问题。虽然采用双向 DC—DC 电路能够实现“削高压”，但在工程上会带来一定的成本增加。从图 3.35 可以看出，模组两端电压作为 DC—DC 电路的原边，模块正负极作为 DC—DC 电路的副边，因此对模块充电，必然会导致模组电压的下降，即变相地降低了模组内部其他模块电压。此外，如果对模组内部所有模块进行充电，受限于均衡电路工作效率和硬件电路能耗等客观因素，模组内各个模块电压不仅不能抬升，而且会降低。基于这一现象，可以巧妙地利用效率差，提出一种“开机均衡”和“强制均衡”的方法，间接达到降低过压单体电压的目的。具体如下：

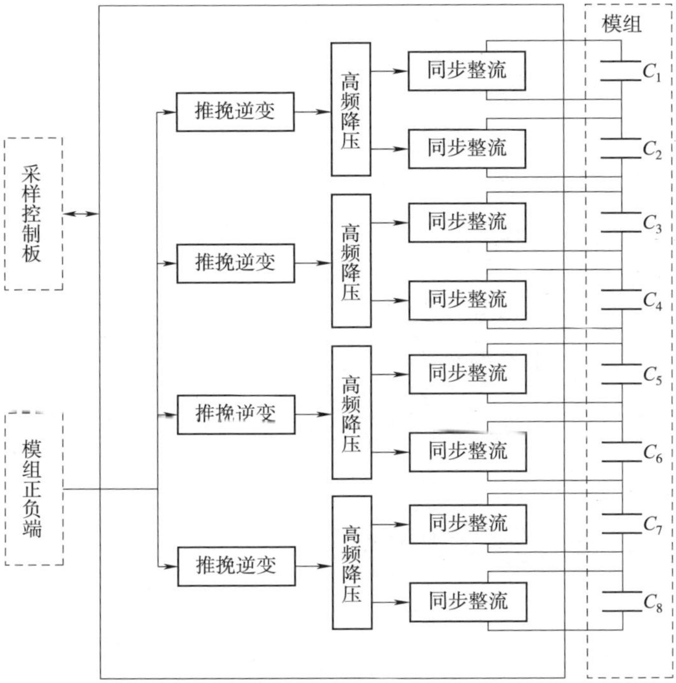

图 3.35　电压均衡单元

(1)强制均衡:对指定编号的模组,强制开启其模组内全部 DC—DC 通道,即模组对所有单体充电。

(2)开机均衡:在车辆储能系统开机上电阶段,比较系统内模组间的电压,并进行排序,对电压偏高的多个模组,实施强制均衡。

(3)模组内均衡:通过模组内均衡电路,对电压偏低模块进行补电,减少模组内部各模块之间电压差异。

(4)模组间均衡:对电压偏高的模组,开启对应模组内的均衡电路,通过 DC—DC 模块对电压偏高模组进行放电,减少储能系统内部各模组之间电压差异。

模组内均衡是用最小模块电压与模块的平均电压进行比较,当超过规定的最大阈值则开启模组内均衡,通过对低压模块充电实现模组内电压均衡的目的。均衡执行特定时间后,则关闭模组内均衡。储能电源的电容管理系统(Capacitor Management System,CMS)将均衡判断和均衡执行分开处理,当模组电压变化很小(即充放电电流很小)且没有均衡执行时才开始均衡判断。均衡判断阶段将决定是否开启均衡及开启均衡通道及各通道开启均衡的时间,具体流程如图 3.36 所示。

从图 3.36 中可以看出,在数据有效的前提下,开机均衡和强制均衡的优先级高于普通的均衡判断。这一点符合工程应用案例中车辆整备和调试的要求。另一方

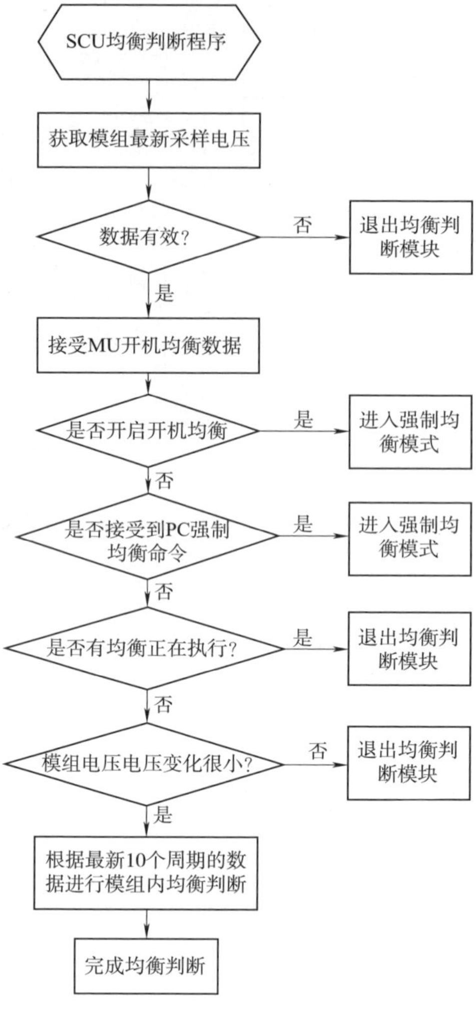

图 3.36　均衡判断流程

面，如果模组电压变化很小，说明车载用电设备没有投入使用，此时不进行均衡判断，并且基于最新一定时间周期内的数据进行均衡判断能够很好地排除采样数据和干扰的影响。

对于模组内均衡来说，一旦有模块上方 DC—DC 通道打开，即模组向模块充电，从能量守恒的角度分析，模组整体电压必然下降，即

$$\frac{1}{2}C\{(\bar{u}-\varepsilon+\Delta u)^2-(\bar{u}-\varepsilon)^2\}=\eta\frac{1}{2}\times\frac{C}{8}\{(8u)^2-(8\,\bar{u}+\Delta\bar{u})^2\} \qquad (3.59)$$

式中，C、$\bar{u}$ 分别为模块电容和模组内模块的平均电压；Δu、$\Delta\bar{u}$ 分别为在均衡电路的作用下模块和模组的电压变化；η 为均衡电路的工作效率（$\eta=0.7$）；ε 为目前均衡策略

中的低压阈值。

图 3.37 中 4 个曲面分别展示了模块充电对模组电压的影响。可以看出，一个模组内，开启的均衡通道越多，模组电压的下降越为明显。

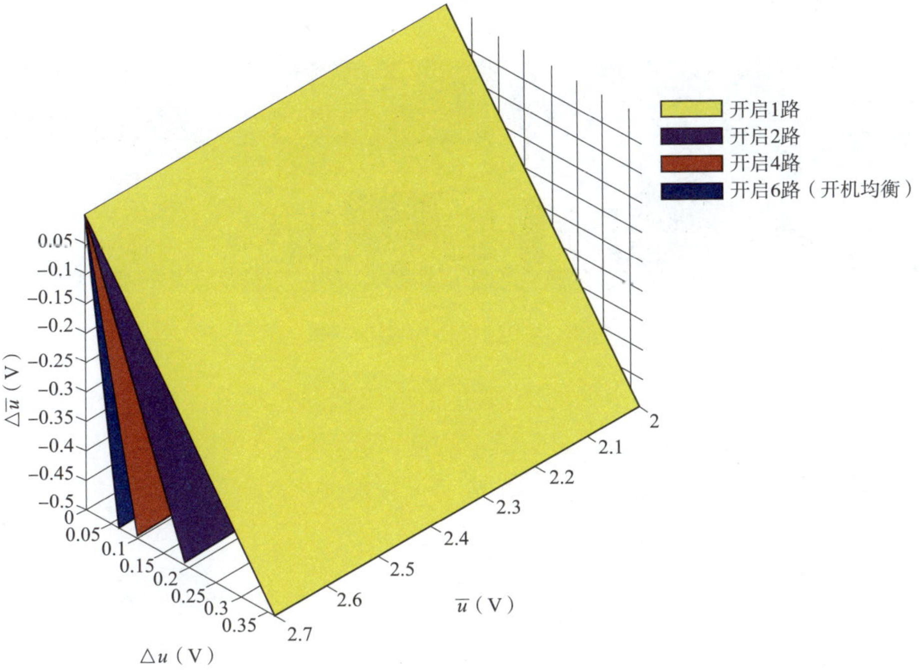

图 3.37　均衡效果

进一步分析可以发现，对这种最终状态的影响与均衡电流大小无关。基于这一机理，可以对整体电压偏高的模组开启其内部多路均衡，变相削低该模组的电压，这也是模组间均衡、开机均衡的主要原理。

模组间均衡的目的是保证储能系统内部多个模组电压的一致性，虽然均衡电路不能对模组电压直接进行调节，但是可以通过开启内部通道，变相拉低模组电压。基于这一原理，模组间均衡的判断由主控单元在开机时通过通信网络接收全部模组电压信号，标记出电压最高的数个模组，将标记过的模组编号发送到各个采样控制单元(SCU)，并在持续特定时间。SCU 根据指令确定是否全部开启均衡，以达到消耗自身模组能量、降低模组电压、减少模组间电压差的目的。

三、充电/放电/动态均衡

按均衡执行的时机，可以将其划分为充电均衡、放电均衡以及动态均衡。

充电均衡是指在充电过程中的均衡，一般是在超级电容单体电压达到设定值时开始均衡，减小充电电流从而防止过充电。其通常采用开关电阻分流或通过控制手段降低充电电流，常见于地面充电装置对车载储能系统进行充电的过程，如图 3.38 所示。在车辆进站的短时间内，地面充电装置对车载超级电容储能系统进行快速充电，一旦检测到过压状态，将迅速调整降低充电电流。

图 3.38　站台快速充电示意

放电均衡是在放电过程中的均衡，通过向电压低的超级电容单体补充能量来防止过放电。然而超级电容一般不进行放电均衡，因为其允许放电到零。如图 3.39 所示，采用该方法时，电压均衡贯穿整个车辆运行过程（包含牵引和制动工况）。

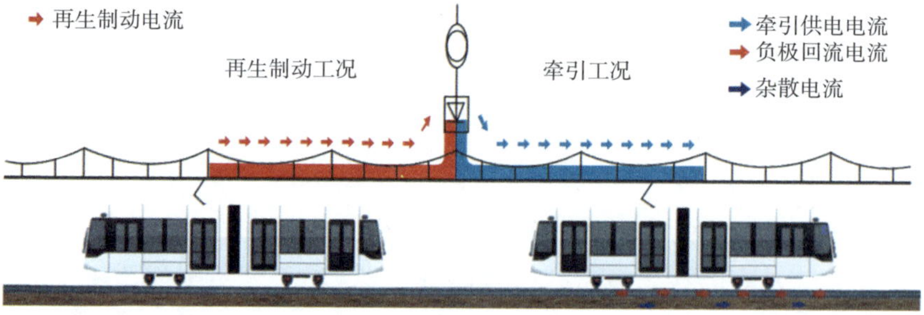

图 3.39　车辆运行过程

动态均衡结合了充电均衡和放电均衡的优点，在整个充放电过程中对超级电容组进行预判式提前均衡，避免了单一均衡法存在的滞后均衡问题。电容、电感型能量转移方式主要应用于此类均衡方式。此外，通过移除不正常超级电容单体的均衡方式，也适用于动态均衡。当充电过程中某只单体的电压大于一定值时，通过开关电路使其停止充电，直至其余单体的电压都达到该电池的电压时，它将重新加入充电；同样，在放电过程中当某只超级电容单体的电压小于一定值时，断开开关电路，其余超级电容单体继续放电，直到其他电容器电压与该电池电压相等时完成均衡。这种均衡方式可用于单体电池差异较大的电池组中，但其中的开关控制较为复杂且能耗大。

第四节　超级电容测试

超级电容测试包括四项：基本性能测试、可靠性测试、环境可靠性测试、安全性测试。本节将基于这四项测试，依照国家标准简单地介绍超级电容单体和模组的测试。

一、基本性能测试

（一）容量和储存能量测试

1. 容量测试

超级电容的容量可以直接通过放电数据来确定，而电容的大小可根据式(3.60)确定

$$C=\frac{I}{\mathrm{d}U/\mathrm{d}t} \text{或} C=I\frac{t_2-t_1}{U_2-U_1} \tag{3.60}$$

式中，1 和 2 为放电期间的两个时间点。

由于电压曲线不完全呈线性，计算得到的 C 值在一定程度上取决于所使用的 U_1 和 U_2 值。比如，由 IEC 发布的超级电容测试程序中规定，$U_1=0.8U_0$ 和 $U_2=0.4U_0$。其他可选用的电压范围是 $U_0\sim U_0/2$ 和 $U_0\sim0$。在考虑 U_0 时，需要将压降计算在内，以确定有效的 U_1 值。一般来说，选定不同的电压区间，计算得到的电容 C 的值差异并不大。

参考容量测试包括 5C 恒流率下从超级电容的最高电压到最低电压的单次放电。特定装置的 5C 倍率是指在名义上可以使装置在环境温度默认为 30 ℃下用 0.2 h(12 min)内从超级电容的最高电压放电到最低电压的电流。若电容的容量是稳定的，则 5C 倍率被定义为测试开始前随着测试一起测量的安时容量的 5 倍。此外要至少连续进行三次测试，以验证装置容量至少在短周期内是稳定的；并且在装置寿命的任何阶段要根据需要进行重复测试，以验证在全寿命阶段装置的稳定性。静电容量测试系统原理如图 3.40 所示，容量测试具体步骤如下：首先将电容器模块以恒定电流 I 充电到额定电压 U_R；再以恒定电流 I 放电到最低工作电压 U_{min}；重复以上恒电流充电放电过程 5 次，记录电容器电压从额定电压的 80% 至最低工作电压 U_{min} 的放电时间 t；应用式(3.61)计算每次循环电容器模块的静电容量，最后取其平均值即为电容器的电容量

$$C=\frac{I\times t}{0.8U_R-U_{min}} \tag{3.61}$$

其中，静电容量应为标称容量的 80%～120%。

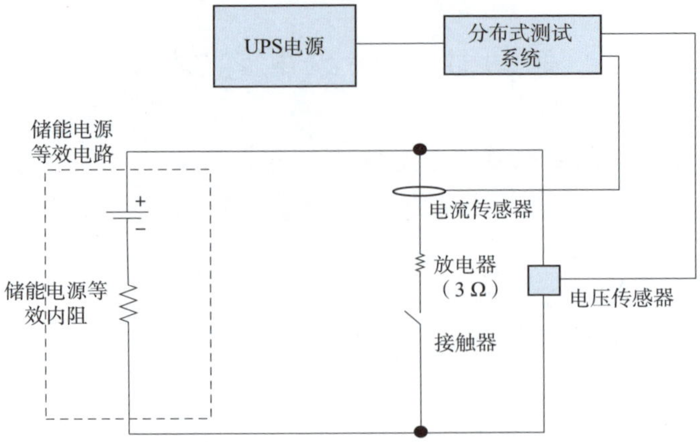

图 3.40　静电容量测试系统原理

2. 储存能量和能量密度测试

电容器的储存能量和能量密度由以下方法测量：首先将电容器以恒定电流 I 充电到额定电压 U_R，再恒压 30 min；将电容器静置 5 s 后，以恒定电流 I 放电到最低工作电压 U_{min}，实时记录电容器电压 U 和时间 t 的曲线图；重复以上步骤 3 次，分别按式(3.62)～式(3.64)计算电容器的储存能量、质量能量密度及体积能量密度，取 3 次的平均值。

$$W=\frac{I\int U\mathrm{d}t}{3\ 600} \tag{3.62}$$

$$E_{dm}=\frac{W}{m} \tag{3.63}$$

$$E_{dv}=\frac{W}{V} \tag{3.64}$$

式中，W 为电容器储存的能量(W·h)；I 为充放电电流；U 为电容器电压；E_{dm}、E_{dv} 分别为质量能量密度(W·h/kg)和体积能量密度(W·h/L)；m、V 分别为电容器的质量和体积。

（二）等效内阻和功率密度测试

1. 直流内阻测试

超级电容的简化模型包括电容、等效串联电阻、等效并联电阻。对超级电容的应用上来说，对计算其功率输出能力/电力损耗/发热等最为关键的是其等效串联电阻，下面主要介绍超级等效串联电阻的测试。由于超级电容的电极具有多孔特性，电容器电阻会随时间而变化。此外，超级电容实际的电压—时间曲线不会在放电开始时就呈线性关系。因此，通过电压—时间曲线的线性部分估算，利用电压降值来计算出等效内阻，可得到一个较好的稳态电阻估值。值得注意的是，超级电容单体和模组的等效内阻测试方法是一致的，本小节中统一用电容器表示。

内阻测试方法较多，目前应用最广泛的有以下三种方法。

方法一：恒流充电法

如图 3.41 所示，在室温 25 ℃±5 ℃的环境下，首先将电容器以恒定电流 I 充电到额定电压；再将电容器以额定电压恒压充电（时间根据超级电容的种类选择，见表 3.4）；以恒定电流 I 放电到最低工作电压 U_{min}；分别记录 $U_1=0.8U_R$ 和 $U_2=0.4U_R$ 的电压值，用最小二乘法拟合直线和初始放电时刻的交点得出电压降 ΔU_3，超级电容单体的直流内阻可由式(3.65)计算得到；重复以上步骤 3 次，取其平均值。等效内阻测试系统原理如图 3.42 所示。

$$R=\frac{\Delta U_3}{I} \tag{3.65}$$

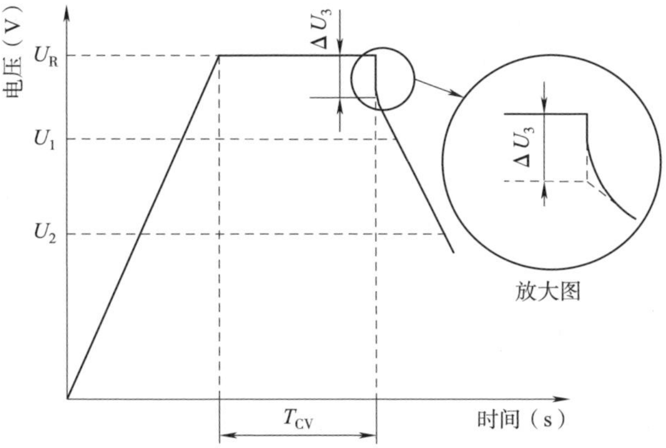

图 3.41　超级电容直流内阻计算示意

其中，U_R 为额定电压(V)；U_1 为起始电压(V)，$U_1=0.8U_R$；U_2 为终止电压(V)，$U_2=0.5U_R$；ΔU_3 为电压降(V)；T_{CV}为恒压持续时间(min)。

根据超级电容分类，对超级电容直流电阻测试条件分类见表 3.4。

表 3.4　内阻测试条件

测试条件	应用分类				
	第一类记忆型	第二类能量存储型	第三类功率型	第四类瞬时功率型	第五类大功率型
恒流充电电流(mA)	$I=(U_R/38\ R_N)$[a]				
恒流充电时间(min)	30				5
内阻计算用恒流放电电流(mA)	$10\times C_N$	$4\times C_NU_R$	$40\times C_NU_R$	$400\times C_NU_R$	$I_d=(U_R/40\ R_N)$[a]
U_1	$0.8\times U_R$				

续上表

测试条件	应用分类
U_2	$0.4 \times U_R$
[a]R_N 和 C_N 分别代表标称内阻和标称容量	

注：若 $\Delta U_3 > 0.05U_R$，放电电流值应相应减小原有值的 1/2、1/5 和 1/10；

若 $\Delta U_3 > 0.2U_R$，放电电流值应相应减小原有值的 1/2、1/5 和 1/10。

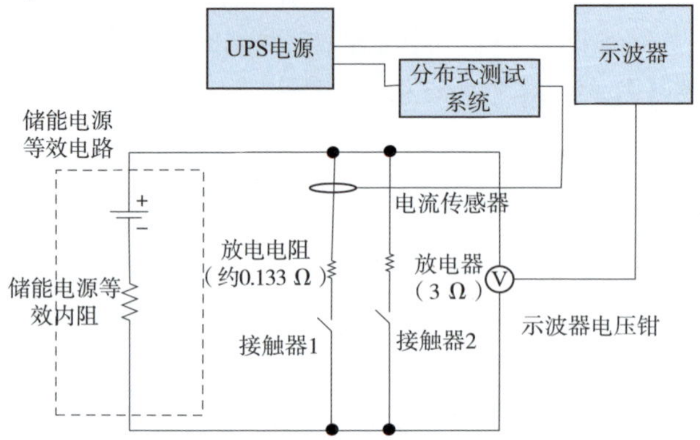

图 3.42　等效内阻测试系统原理

方法二：时间常数法

在对超级电容模组进行充电的时候，使用分布式采集系统记录超级电容模组端电压，得到电压随时间变化的曲线，拟合函数如下：

$$U_t = U(1 - e^{-t/\tau}) \tag{3.66}$$

式中，U_t 为超级电容端电压；U 为超级电容额定电压；τ 为时间常数。

当充电时间为 τ 时，$U_t = 0.632U$，从而得到超级电容充电至 $0.632U$ 的时间。然后根据式(3.67)计算出充电电阻，并由式(3.68)计算出超级电容等效串联电阻。

$$R = \tau / C \tag{3.67}$$

$$ESR = RU_0/(U - U_0) \tag{3.68}$$

式中，R 为充电电阻，U_0 为充电瞬间超低电容端电压。

方法三：交流充电法

使用交流源对超级电容进行充电，理想电容对交流等效为开路，但是因为等效串联电阻的存在，超级电容两端仍会存在一定的电压降 U。因此，得到电压降 U 与电流 I 之比可视为等效串联电阻。

2. 功率密度测试

(1)功率密度的计算方法

首先按照上一小节介绍的方法测量计算电容器的内阻，由式(3.69)计算放电电流值 I。

$$I = \frac{U_6}{R_d} \tag{3.69}$$

式中，R_d 为测量的内阻；U_6 为 20%充电电压如图 3.43 所示。

单位质量功率密度 P_d 通过式(3.70)计算而得

$$P_d = \frac{1}{2} \times (U - U_6 + U_e) \times \frac{I}{m} = (0.12 \times U_2 \times I \times R_d) \tag{3.70}$$

式中，P_d 为单位质量功率密度(W/kg)；U 为充电电压(V)；U_6 为电压下降值(V)，即 20%充电电压；U_e 为 40%充电电压；I 为通过计算得出的放电电流；m 为电容器单体质量(kg)。

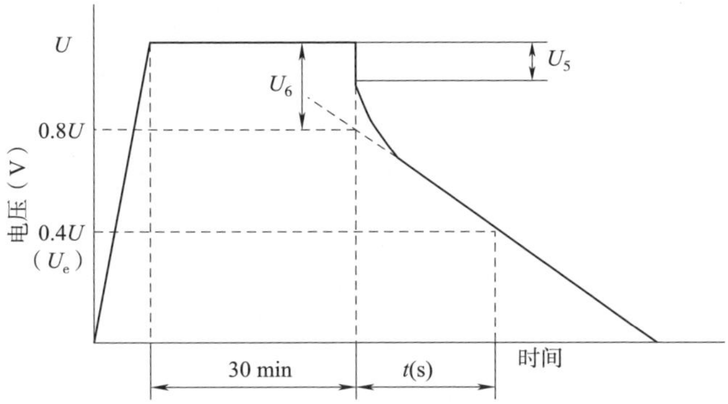

图 3.43　电容器端电压特性

当外部线路阻抗和超级电容器内阻大小相等时，在由以上方法测得超级电容器等效内阻后，可求得超级电容器最大质量功率密度 P_{dm}

$$P_{dm} = \frac{U_R^2}{4Rm} \tag{3.71}$$

式中，U_R 为额定电压；m 为电容器单体质量；R 为测得的等效内阻。

(2)单位体积功率密度的计算方式

功率密度是由体积替换式(3.70)中的质量计算而得来。此处的体积是通过电容器的标准尺寸计算而得，以升(L)为单位。电压降并不是放电开始后瞬间下降的电压值 U_5，而是放电曲线直线部分的反向延长线与放电开始时间的截距 U_6，放电电流 I 由具体规定而定，U_6 不一定是 $0.2U$。

(三)电压保持测试

1. 漏电流与电压保持

漏电流测试是测量一个未被使用的装置电流损失的一种手段。漏电流主要是指在充放电过程中，双电层离子由于受到电极上异性电荷的静电吸引力和电解液中离子浓度梯度造成的迁移力共同作用产生的。其产生的原理与分子的热运动相关,因此温度是漏电流大小的重要影响因素。其次,漏电流与电容端电压有关,在电容充电时,由于电荷均化需要一定时间,电极两端产生电荷积累,形成电荷浓度差,产生迁移力;当电容端电压升高时,电荷浓度增大,带电粒子向溶液移动的趋势增加,漏电流增大。

由图 3.14 可知,在一阶经典 RC 模型中存在一个并联电阻 R_{EP},又叫泄漏电阻,用以表征漏电流的大小。当电容器处于长期静置保持工况时,并联电阻的存在会导致泄漏电流的产生,泄漏电流流经并联电阻造成静态损耗。当电压超过限定值时,REP 的值会减小。为防止电容器长期静置状态导致的能量浪费,应配备能量维护电路即增加另外的备用能量,降低超级电容的静态损耗。漏电流越大,超级电容利用效率就越低,超级电容单位电压储存的能量越容易泄露。因此,超级电容的电压保持能力是评估超级电容性能的一个重要指标。一般来说,要求超级电容 72 h 的电压保持能力不低于 80%。

在漏电流测试中将泄漏电流 $I_L(t)$看作是将电容维持在一个指定电压 V_{LC}(通常设置为最大工作电压 V_{max})所需的电流。泄漏电流会随着时间变化,而且在电压 V_{LC} 施加到电容器上一段时间后才会接近一个恒定值。一般测试温度越低,所得的泄漏电流越小。

2. 电压保持能力测试

在室温下按照以下步骤测试超级电容系统的电压保持能力:由充电装置输出规定的直流电流 I 对超级电容系统进行充电,在充电至额定电压 U_R 后继续保持恒压充电 30 min;开路静置 72 h 后,再次测量超级电容系统的端电压 U_{OCV};按式(3.72)计算超级电容系统的电压保持率 A。

$$A = \frac{U_{OCV}}{U_R} \times 100\% \tag{3.72}$$

充放电电流选取恒定电流 I 的方式为:混合型电容器取 $I=5I_1$ 或 $8C$(或制造商提供的不低于 $5I_1$ 的电流),取其中较大者;超级电容器取 $I=40I_1$ 或 $66C$(或制造商提供的不低于 $40I_1$ 的电流),取其中较大者;电池电容器取 $I=3C$。其中 C 表示电容充放电时电流大小的比率,$3C$ 就是 3 倍电流放电;超级电容系统的测试电流可根据并联数进行倍乘;I_1 是电容器 1 倍率充放电电流,$I_1=C_R\times(U_R-U_{min})/3\ 600$,$C_R$ 和 U_R 为额定电容和额定电压。

二、可靠性测试

(一)寿命

超级电容是一种物理储能器件,理想的超级电容在充放电过程中并没有发生任何化学反应，因此其寿命是近乎无限的。但是在实际情况中，受限于制造工艺、材料的制备等引入的杂质，超级电容的寿命受到温度、电压、湿度、震动等条件的影响，尤其是温度和电压。

随着超级电容使用时间的增加，其性能逐渐衰减，称为电容器的“老化”。其等效串联电阻逐渐增加，电容量慢慢减小。老化到一定程度后的超级电容会发生损坏，无法使用。目前，判断超级电容是否到达寿命的通用标准为：当超级电容的电容量下降到额定值的 80%或其等效串联电阻增加到额定值的 2 倍时，宣布此超级电容损坏。

1. 高温耐久性

高温耐久性又被称为直流寿命，其指的是超级电容在高温环境下的可靠性和耐久性，主要目的是评价超级电容长期工作在高温环境下的基本性能保持能力以及使用寿命。

在实际使用过程中，如果超级电容充放电频率较低，且处于恒定电压、恒定温度的浮充状态，这种寿命被称之为直流寿命。直流寿命的单位一般为小时，其主要受环境温度和施加电压的影响，具体的关系如下

$$L = L_0 \times e^{\frac{E_A}{kT_a}-\frac{E_A}{kT_0}} \times 1.3^{\frac{U_r-U}{0.1}} \tag{3.73}$$

式中，L 为估计寿命(h)；L_0 为特定条件下的已知寿命(h)，从超级电容规格书中获取；T_0 为特定条件的环境温度(K)；T_a 为环境温度(K)；U_r 为额定电压(V)；U 为实际电压(V)；E_A 为活化能；k 为玻尔兹曼常数。

高温耐久性试验方法为：先将超级电容放置在 65 ℃±2 ℃的恒温箱中，保持额定电压储存 1 500 h，然后在室温下放置 24 h。最后通过基本性能测试小节中介绍的方法测试其电容、储存能量和内阻，且测试值应达到以下规定值：电容不低于初始值的 80%；储能能量不低于初始值的 80%。

2. 循环寿命

如果在实际使用过程中，如果超级电容充放电频率较高，且处于充放电循环状态，这种寿命称之为循环寿命。循环寿命的单位一般为循环次数，其主要受环境温度，冷却方式，电流大小，电压范围，充放电深度等影响。

循环寿命中环境温度对寿命的影响与直流寿命中的影响类似。电流大小对寿命的影响主要是在充放电过程中，内阻消耗的功率产生热量，造成超级电容温度高于环境温度。冷却方式的不同将导致相同电流条件下产品的温升不同。电压对循环寿命的影响与直流寿命类似，由于不同电压对寿命的影响不同，需要对不同的电压范围进行校正。充放电深度对循环寿命同样重要。

电流和散热方式的影响规律如下：

充放电循环中，内阻消耗的功率用式(3.74)计算

$$P = I^2 \times R \tag{3.74}$$

式中，I 为充放电过程中电流的有效值(A)；R 为超级电容的直流等效串联电阻。

超级电容的温度变化为

$$\Delta T = P \times R_{th} \tag{3.75}$$

式中，ΔT 表示产品的温度变化(℃)；R_{th}表示产品的热阻抗。

在开放的环境中，没有任何冷却措施情况下，产品的热阻抗可以从规格书中查找，如果产品增加了冷却措施，产品的实际温升需要进行实际测量。如果已知在某有效电流条件下产品的温升，可以通过下式计算其他电流条件下的温升

$$\Delta T = \left(\frac{I}{I_0}\right)^2 \times \Delta T_0 \tag{3.76}$$

式中，I_0 为已知有效电流(A)；I 为实际有效电流(A)；ΔT_0 为在已知有效电流 I_0 条件下产品的温升。

电流的有效值是指实际电流的均方根值，两种典型的电流有效值如图 3.44 所示。

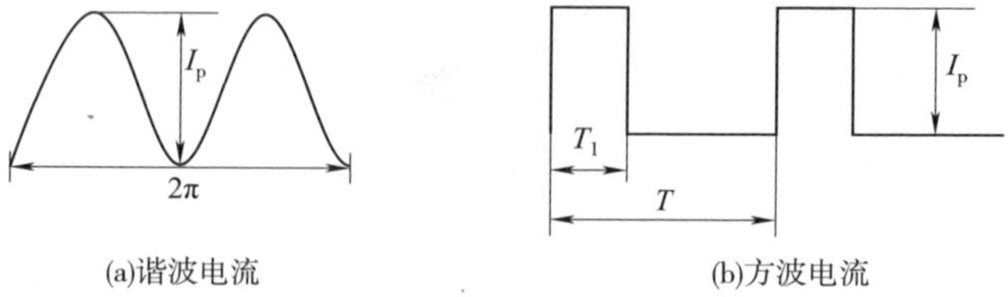

图 3.44　两种典型的电流有效值

图 3.44(a)中电流的有效值计算为

$$I = \frac{I_p}{\sqrt{2}} = 0.707 I_p \tag{3.77}$$

图 3.44(b)中电流有效值的计算为

$$I = I_p \times \sqrt{\frac{T_1}{T}} \tag{3.78}$$

在充放电过程中，电压处于变动过程，可通过以下公式将电压范围校正为标准电压

$$U_c = -0.1 \times \log_{1.3} \frac{1.3^{-10V_t} - 1.3^{-10V_h}}{10 \times (U_h - U_l) \times \ln 1.3} \tag{3.79}$$

式中，U_c 为校正后的标准电压(V)；U_h 为充放电过程中电压最高值(V)；U_l 为充放电过程中电压最低值(V)。

经过电压校正后，循环寿命可用式(3.80)进行评估

$$N = N_0 \times \frac{\Delta U_0 \times I \times \eta}{\Delta U_0 \times I_0 \times \eta_0} \times e^{-\frac{E_A}{k} \times (T - T_0 + (I/I_0)^2 \times \Delta T_0 - \Delta T_0)} \times 1.3^{\frac{V_{c0} - V_{c1}}{0.1}} \quad (3.80)$$

式中，N 为估计循环测试；N_0 为特定条件下的已知循环次数；ΔU_0 为特定条件下充放电循环时电压范围(V)；ΔU 为实际充放电电压范围(V)；E_A 为活化能；k 为玻尔兹曼常数；I_0 为特定条件下充放电电流有效值(A)；I 为实际充放电电流有效值(A)；η_0 为特定条件下方波电流占空比[图 3.44(b) 中，T_1/T]；η 为实际工作方波电流占空比。

3. 循环寿命测试实例

(1)超级电容单体循环寿命测试

超级电容的使用寿命在温度或电压应力条件下会下降。当超级电容进行循环充放电时，由于外加电流而导致的超级电容内部电荷转移，进一步引起电压在额定值的一半以及全值上波动。因此，循环状态下的电压不是一个稳定值，并且在每个电压等级上持续的时间也不同。超级电容的循环寿命测试步骤为：在室温 25 ℃±5 ℃的环境下，用恒定电流 I 对电容器单体充电到额定电压 U_R，静置 10 s；再以恒定电流 I 对电容器单体放电到最低工作电压 U_{min}；静置 10 s。重复以上步骤 2 000 次。静置 12 h；按上一节中等效内阻和电容测试方法检测电容器单体直流内阻和容量。重复以上测试步骤次数根据超级电容的种类确定。

图 3.45 所示为三种不同容量的超级电容寿命测试图。

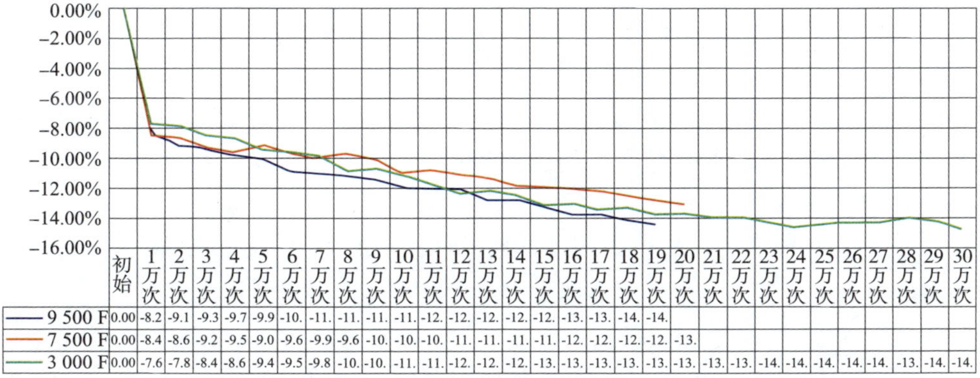

	初始	1万次	2万次	3万次	4万次	5万次	6万次	7万次	8万次	9万次	10万次	11万次	12万次	13万次	14万次	15万次
9 500 F	0.00	-8.2	-9.1	-9.3	-9.7	-9.9	-10.	-11.	-11.	-11.	-11.	-12.	-12.	-12.	-12.	-12.
7 500 F	0.00	-8.4	-8.6	-9.2	-9.5	-9.0	-9.6	-9.9	-9.6	-10.	-10.	-10.	-11.	-11.	-11.	-11.
3 000 F	0.00	-7.6	-7.8	-8.4	-8.6	-9.4	-9.5	-9.8	-10.	-10.	-11.	-11.	-12.	-12.	-12.	-13.

	16万次	17万次	18万次	19万次	20万次	21万次	22万次	23万次	24万次	25万次	26万次	27万次	28万次	29万次	30万次
9 500 F	-13.	-13.	-14.	-14.											
7 500 F	-12.	-12.	-12.	-12.	-13.										
3 000 F	-13.	-13.	-13.	-13.	-13.	-13.	-13.	-14.	-14.	-14.	-14.	-14.	-13.	-14.	-14.

图 3.45　超级电容单体循环测试容量变化率

由超级电容单体循环测试曲线可以看出：在循环次数较小时，容量衰减与超级电容的初始电容值关联较少；超级电容的循环寿命随着初始电容值增大而减小。

(2)储能系统寿命测试

高温耐久性和循环寿命都是一种对超级电容寿命的估计和预测，但是由于温度等环境状态的变化，超级电容在实际运行中的寿命是环境温度、产品电压在时域上的加权平均的结果。

装车运行的储能系统在实际线路运行中，由于超级电容单体的一致性，单体电压存在一定的偏差。同时由于环境温度的、空调废排散热及器件布局的影响，超级电容温升存在一定的偏差。为预估整组或整车或整条线路车辆储能系统的使用寿命，可以采取固定时间周期如1年、不同位置（根据温度分布情况，对典型位置进行抽样）、同一模组重复进行模组抽样检测。测试模组的容量、内阻，计算其平均值，绘制容量和内阻变化曲线，进行变化趋势预测。通过预计模组平均使用寿命来预计储能系统在实际线路运营中的使用寿命。

（二）温度特性

超级电容的温度特性测试分为高温特性和低温特性。有别于高温耐久性，温度特性测试需要的时间短，主要评价指标为超级电容在短期的高温和低温的条件下容量和内阻的变化。高温耐久性测试的是超级电容的稳态性能，而温度特性测试的是其在高温和低温环境下的瞬态性能。

1. 高温特性试验

将温度箱温度设定为上限温度类别或国标等规定的不低于上限温度类别的最高工作温度；将电容器置于此温度下的恒温箱中6 h；在此环境下按照上述方法检测电容器的电容、储存能量预计内阻。

电容器的各测试值一般应满足：电容和储存能量不低于初始值的80%，内阻小于初始值的2倍（由于高温作用，内阻会增大）。

2. 低温特性试验

将温度箱温度设定为下限温度类别或国标等规定的不高于下限温度类别的最高工作温度；将电容器置于此温度下的恒温箱中16 h；在此环境下按照上述方法检测电容器的电容、储存能量预计内阻。

电容器的各测试值一般应满足：电容和储存能量不低于初始值的70%，内阻小于初始值的2倍。

三、环境可靠性测试

（一）温度循环测试

温度循环测试是为了测试超级电容在温度变化剧烈环境中的可靠性。在该测试中，高温和低温循环变化，观察电容器的各电学量的变化。温度循环测试方法为：首先对电容器以恒定电流 I 充电至额定电压；将电容器放置在室温下，待稳定后放入温度循环箱中，温度循环箱的试验温度按照表3.5进行调节；温度变化循环30次；观察1 h。在该项测试中和测试后，观察电容器样品，应不爆炸、不起火、不漏液，并且时刻观测各电学量的变化，容量一般应不低于初始值的 80%，内阻不高于初始值的 120%。

表 3.5 温度循环中温度冲击和时间

温度(℃)	时间增量(min)	累计时间(min)
25	0	0
−40	60	60
−40	90	150
25	60	210
85	90	300
85	110	410
25	70	480

(二)温度冲击测试

首先对电容器以恒定电流 I 充电至额定电压；将电容器放置在室温下，待稳定后放入温度冲击箱中，温度冲击箱的试验温度先设置为低温−40 ℃，中途设置为高温 70 ℃，高低温持续时间共 1 h；温度冲击循环 10 次；最后将样品放置到室温环境下，待温度降至室温，再完全放电，搁置 24 h 后测试内阻及容量。中车某型超级电容温度冲击测试过程和测试结果见表 3.6。

表 3.6 超级电容温度冲击测试结果

编号	温度冲击前		温度冲击后		比例	
	内阻(mΩ)	容量(F)	内阻(mΩ)	容量(F)	内阻	容量
25	1.035	392	1.042	379	100.7%	96.7%
26	1.115	389	1.155	376	103.6%	96.7%

(三)机械振动和冲击测试

振动测试通过模拟超级电容在使用中受到的振动，从而评价其可靠性，通常超级电容单体和模组都需要进行振动测试。具体的试验方法为：选取表面无断裂、裂纹，紧固件无松动，结构框架五边形的超级电容，首先将电容器以恒定电流 I 充电至额定电压；将电容器紧固到振动试验台上，确保超级电容重心位于振动台重心，如图 3.46 所示，振动频率为 10～55 Hz；振动方向为上下振动；最大加速度为 30 m/s^2；振动时间设置 3 h；扫频循环 10 次。振动试验过程中，观察有无异常现象出现。壳体应无变形、开裂，电解液应无泄露，并保持连接可靠、结构完好。在测试过程中需要时刻监控超级电容内部电特性参数，观察有无异常，电容量变化不能超过 10%。

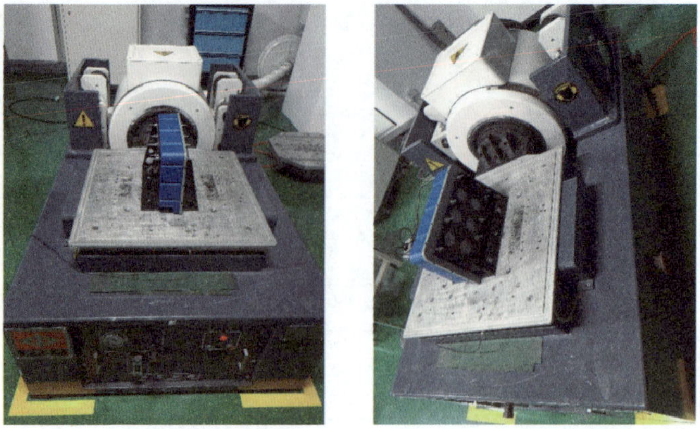

图 3.46　超级电容振动和冲击测试(蓝色的箱体为电容器)

冲击测试的过程为:首先将电容器以恒定电流 I 充电至额定电压;将电容器紧固到振动试验台上,确保超级电容重心位于振动台中心,进行冲击试验,如图 3.46 所示。对振动台施加加速度为 25 g 的半正弦波冲击波,脉冲施加周期为 15 ms,冲击方向为在垂直和水平两个方向各冲击 6 次;振动试验过程中,观察有无异常现象出现。壳体应无变形、开裂,电解液应无泄露,并保持连接可靠、结构完好。在冲击结束后需要测试超级电容容量和内阻等内部电特性参数,观察有无异常,容量一般要求不低于初始值的 80%,内阻不高于初始值的 120%。

(四)跌落测试

跌落试验的测试方法为:首先对电容器单体以恒定电流 I 充电至额定电压;将电容器竖直地向下从 1.5 m 高度处自由跌落到水泥地面上,使得电容器端子接触地面;观察 1 h,注意试验人员应保持一定的距离观察;跌落后 1 h 内应不爆炸、不起火、不漏液。如图 3.47 所示为某型超级电容器跌落测试后的结果。

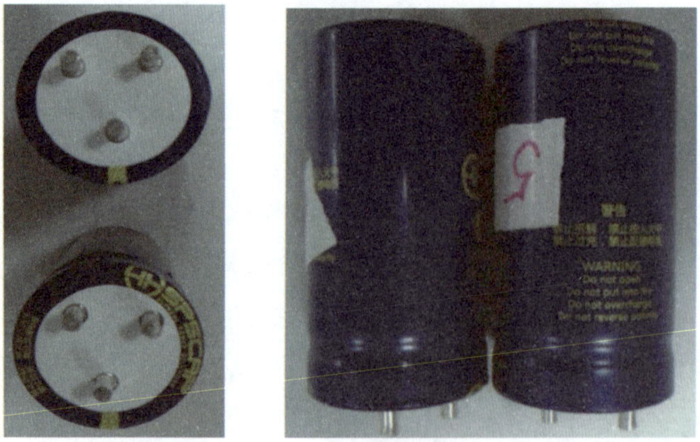

图 3.47　跌落后的超级电容器

四、安全性测试

安全性测试在超级电容实际应用前进行，是保证安全应用不可缺少的步骤，其通过模拟超级电容实际中可能遇到的一些极端情况，来评估超级电容的性能极限。安全性试验主要包括挤压试验、穿刺试验和燃烧试验。对于超级电容单体和模组都需要进行此项测试，但测试方法有细微的差别，本小节将分别介绍单体和模组的安全性测试。

(一)挤压试验

挤压测试的目的是模拟超级电容在极端情况或者发生事故时的安全性，单体和模组的测试方法略有不同，本小节将分别介绍。

1. 单体：首先将电容单体以恒定电流 I 充电至额定电压；用半径为 75 mm 的半圆柱体挤压板按照垂直于电容器引出线方向挤压电容器，如图 3.48 所示。注意半圆柱体的长度(L)应大于被挤压电池的尺寸，直到电容器电压达到 0 V 或者单体破裂后停止挤压；观察 1 h，注意试验人员应保持一定的距离观察。试验后电容器应不爆炸、不起火。

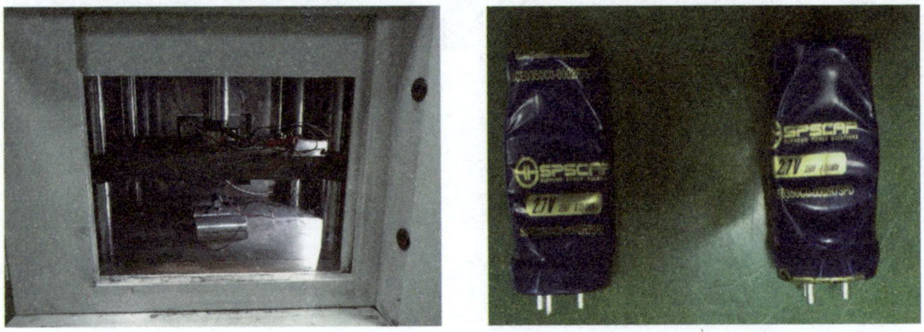

图 3.48　某型超级电容器挤压测试过程和结果

2. 模组：首先将对电容单体以恒定电流 I 充电至额定电压；用半径 75 mm 的半圆柱体挤压板挤压电容器，注意挤压板长度(L)大于被挤压电容器的尺寸，但不超过 1 m；挤压方向与电容器模块在整体布局上最容易受到挤压的方向相同，如果最容易受到挤压的方向不可获得，则垂直于电容单体排列方向施压；直到电容器模块变形量达到 30%或挤压力达到电容器模块重量的 1 000 倍和表 3.7 所列数值中较大值，保持 10 min；观察 1 h，注意试验人员应保持一定的距离观察。试验后电容器应不爆炸、不起火。

表 3.7　挤压测试挤压力数值

挤压面接触单体数 n	挤压力(kN)
1	200
2～5	$100n$
＞5	500

（二）穿刺试验（图 3.49）

对电容单体或模组以恒定电流 I 充电至额定电压。

对于超级电容单体，用直径为 5～8 mm 的耐高温钢针（针尖的角度 60°，针的表面光洁、无锈蚀、氧化层及油污）、以（25±5）mm/s 的速度，从垂直于电容器极板的方向贯穿（钢针停留在电容器单体中），贯穿位置宜靠近电容器单体的几何中心。

对于超级电容模组，则使用直径为 6～10 mm 的耐高温钢针，以（25±5）mm/s 的速度，从垂直于电容器极板的方向穿刺，直至至少贯穿 3 个电容器单体（钢针停留在电容器模组中）。

观察 1 h。注意试验人员应保持一定的距离观察，测试后应不爆炸、不起火。

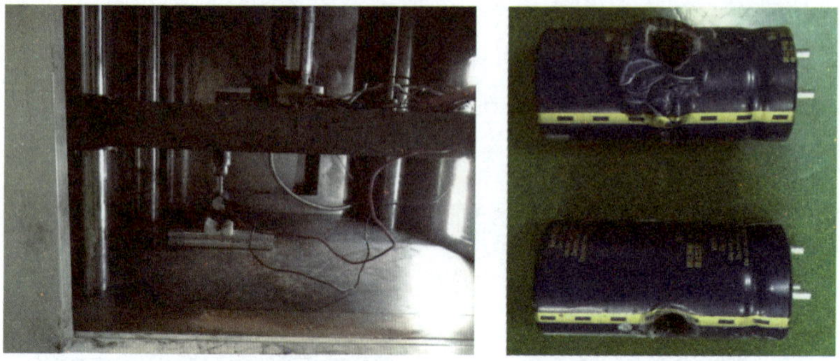

图 3.49　某型超级电容器穿刺试验过程和结果

（三）燃烧和加热试验

对于超级电容单体，可以进行燃烧试验，将电容器以最易燃的方式放置在火焰上，燃烧时间不超过表 3.8 规定的数值，每一个电容器单体应只暴露于火焰一次。需要注意的是，燃烧试验可能是破坏性，因此并不是所有的超级电容单体都要进行该项试验，通常在一批超级电容成品中选取外壳尺寸最小的、最大的和中间的电容器。每个尺寸中，选择电容量最大和最小的各 3 个样品进行测试。

表 3.8　不同体积的超级电容器在火焰中的燃烧时间

类别	不同体积 V（mm^3）的超级电容器在火焰中的暴露时间（s）				最大燃烧时间（s）
	$V \leqslant 250$	$250 < V \leqslant 500$	$500 < V \leqslant 1\ 750$	$1\ 750 < V \leqslant 12\ 000$	
A	15	30	60	120	3
B	10	20	30	60	10
C	5	10	10	30	30

由于超级电容模组会进行封装，火焰燃烧试验只会作用到封装壳体上，因此对于模组，通常只进行加热试验，加热试验也经常用于超级电容单体的测试。具体方法

为:对电容器以恒定电流 I 充电至额定电压;将电容器置于温度箱内,温度箱按照 5 ℃/min 的速率升温至 130 ℃±2 ℃,并保持此温度 30 min 停止加热;观察 1 h。被测超级电容器应不爆炸、不起火。如图 3.50 所示为某超级电容单体的加热测试。

图 3.50　超级电容单体加热试验结果

第四章　车载储能系统方案设计

车载储能系统是储能式列车的关键系统，其在很大程度上决定了车辆的性能。车载储能系统的设计要综合考虑车辆的主电路拓扑结构、约束条件、能量匹配、散热冷却以及安全保护等方面的要求。本章将从储能式车辆主电路拓扑结构、车载储能系统的主要约束条件、车载储能系统设计三个方面来说明车载储能系统的设计流程。最后，以广州海珠线设计为案例，对超级电容模组和储能系统结构进行设计。

第一节　储能式车辆主电路拓扑结构

传统的城市轨道交通车辆主要是通过受电弓从沿轨道架设的接触网上获取电能，驱动车辆行驶。车辆系统由多部分组成，如车体、受电弓、通风系统、制动系统、牵引系统、内装系统等。

接触网供电技术兴起于 19 世纪末城市轨道交通领域，它是在与其他各种供电技术（如电池供电、地面导管供电等技术）的竞争中脱颖而出的。在当时的技术条件下，它具备了相对简单、经济、可靠及安全的特点。

自城市轨道交通出现后，架空的接触网系统一直承担着向有轨电车或轻轨车辆供电的重任。然而，架空接触网系统由于所需要的支柱、支撑结构及导线等对城市景观的影响一直受到争议。近些年来，随着技术的进步，其他供电技术日渐成熟，并开始替代接触网系统的作用。目前，有可能替代接触网系统的技术主要分为三类：

（1）车载储能系统（包括燃料电池、超级电容、电池及其组合）；

（2）地面开关式接触系统（轨道中心的“第三轨”）；

（3）地面感应式供电系统。

一、适用于局部无网的主电路拓扑结构

不同于上述的接触网供电技术，局部无网是在某些无法使用架空接触网的地段（如历史古迹、著名景点、重点景观规划区域等）采用无架空接触网由储能系统提供动力，而在有接触网的路段，仍靠受电弓从接触网导线上受取电流，并将其通过车顶母线传送至机车内部供机车使用，此时储能系统承担回收制动能量作用。适用于局部

无网的主电路拓扑结构如图 4.1 所示。

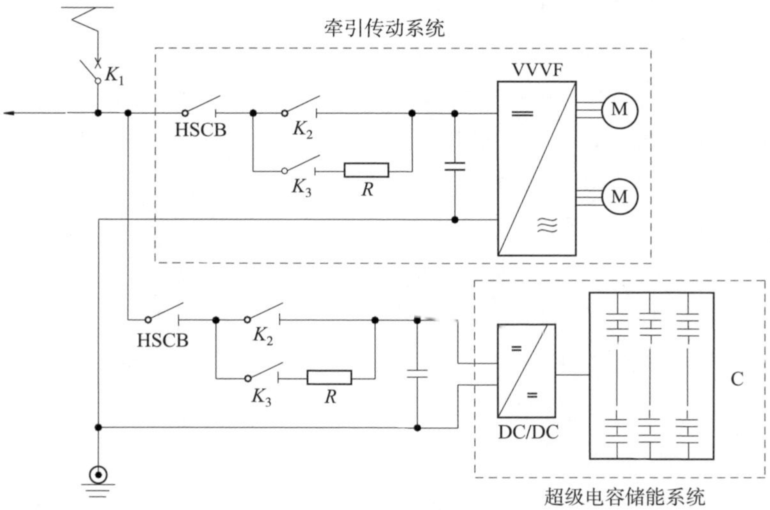

图 4.1 适用于局部无网的主电路拓扑结构

HSCB—高速断路器;R—预充电电阻;K_1—主断路器;K_2—主接触器;

K_3—预充电接触器;VVVF—逆变器;M—电机;C—超级电容

从图 4.3 可以看出,局部无网轨道交通动力系统主要由牵引传动系统和超级电容储能系统组成。其中,超级电容和双向 DC—DC 变换器构成超级电容储能系统。超级电容的作用是在无网运行时释放能量,在制动时回收收能量;双向 DC—DC 变换器的作用是完成列车与超级电容间的能量转换。超级电容储能系统和牵引传动系统是并联连接,当列车在启动或者加速阶段时,超级电容储能系统放电补偿下降的牵引网电压;当列车在再生制动时,超级电容储能系统充电吸收再生制动产生的能量。总的来说,超级电容储能系统起到稳定牵引网电压的作用。

轨道交通车辆按电力驱动方式主要分为直流电机驱动和交流电机驱动。列车牵引网一般使用直流 750 V 或者 1 500 V,因此首先需要从高压电网中引入三相电源,将三相交流电整流为直流电。对于交流电机驱动系统,牵引网直流电还需经过列车上逆变器逆变为三相交流电,为电机提供交流驱动电源。运行过程中,牵引网电压有上下起伏的情况时,双向 DC—DC 变换器进行工作,使超级电容进行充放电,以稳定牵引网电压。

有轨电车局部无网的实现很大程度上依赖于双向 DC—DC 变换器的作用。双向 DC—DC 变换器主要有隔离和非隔离式两种形式。目前,列车牵引系统中主要应用的是非隔离式 DC—DC 变换器,其具有结构简单、效率高、系统损耗小的特点,且在功能上相当于 Boost 变换器和 Buck 变换器的组合。图 4.2 为一种常见的非隔离式双向 DC—

DC 变换器电路。

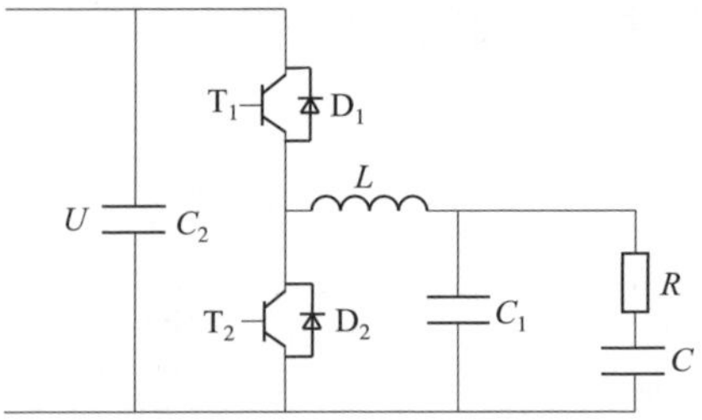

图 4.2 双向 DC—DC 变换器电路

当列车制动时，牵引网电压升高，双向 DC—DC 变换器进入充电状态，开关管 T_1 导通，T_2 关断，开关管 T_2 的反向二极管续流。电流经开关管 T_1 流到储能电感 L 上，流过电感的电流向超级电容进行充电。当开关管 T_1 关断时，由于电感中的电流不会马上变为零或反向，电感电流经续流二极管 D_2 继续为超级电容进行充电，此时超级电容储存列车再生制动产生的能量。当牵引网电压过低时，双向 DC—DC 变换器进入放电状态，开关器件 T_2 处于工作状态，T_1 关断，T_2、L 和 D_1 构成 Boost 电路，和充电过程一样。通过以上双向 DC—DC 变换器的工作状态变换，牵引网的电压被有效地控制，避免了大范围波动，改善了电能质量。与此同时，列车再生制动能量也能够被回收利用，实现节能的目的。

二、适用于全程无网的主电路拓扑结构

（一）直连电网的单能量主电路拓扑结构

与局部无网储能式城市轨道交通系统相对应的是全程无网储能式轨道交通系统，即整个运行区间无接触网，车站设有地面充电系统，当车辆进站时，通过车辆上的被动式受电器对储能系统进行快速充电，车辆利用储能装置实现无接触网运行。全程无网储能式轨道交通系统的拓扑结构如图 4.3 所示。

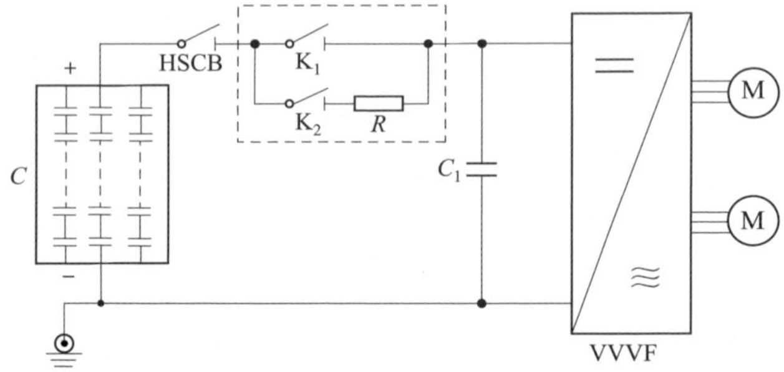

图 4.3 适用于全程无网的单能量主电路拓扑结构

C—超级电容；HSCB—高速断路器；K_1—主接触器；K_2—预充电接触器；

R—预充电电阻；C_1—中间支撑电容；VVVF—逆变器；M—电机

从图 4.5 可以看出，在全程无网储能式轨道交通系统中，超级电容是唯一的能量源，没有受电弓，也没有双向 DC—DC 变换器等模块。整车运行过程分为预充电和正常牵引。预充电时，超级电容输出的能量经过高速断路器，经预充电接触器和预充

电阻实现预充过程。预充完成后，预充电接触器断开，主接触器闭合，超级电容输出能量经高速断路器和主接触器给 VVVF 逆变器供电，从而为驱动电机提供动力，驱动电机牵引整车行驶。

由于储能式车辆充电方式为站台充电，所以不同于传统地铁车辆的受电弓，全程无网城市轨道交通系统采用的是受电器，主要负责在站台区域与供电轨接触，将充电站与储能系统相连，完成储能系统的停站充电。

(二)双能量耦合主电路拓扑结构

相比于全程无网储能式轨道交通系统以超级电容为单一能量源的方式，复合储能系统考虑了电池和超级电容特性差异及其各自的充放电特性，可更好地满足城市轨道交通车辆运行的要求。图 4.4 所示为电池和超级电容的特性曲线图。从图 4.4 可以看出，相较于锂离子、镍氢、铅酸电池，超级电容的功率密度最高。

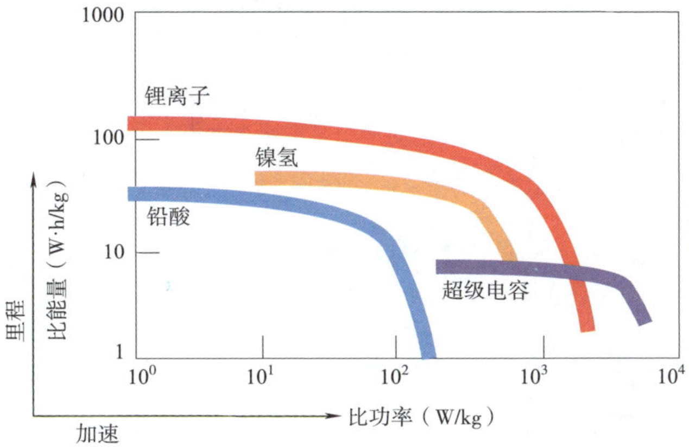

图 4.4　电池和超级电容的特性

表 4.1 为目前车载电源系统在全球范围内成功应用的案例。从表中可以看出，目前多数无接触网行驶距离小于 1.6 km，且主要使用电池和超级电容的复合储能或电池单独储能这两种方案。由此可知，电池和超级电容复合储能系统已获得了很大的关注，且具有广阔的应用前景。

表 4.1　车载电源系统在世界一些城市的应用情况

系统	无接触网行驶距离＞1.6 km	无接触网行驶距离＜1.6 km	无接触网行驶距离＜0.8 km	使用技术
里斯本—西门子	●			电池、超级电容
尼斯—阿尔斯通		●		电池
慕尼黑—斯塔德勒		●		电池
西雅图—爱尼康		●		电池

续上表

系统	无接触网行驶距离＞1.6 km	无接触网行驶距离＜1.6 km	无接触网行驶距离＜0.8 km	使用技术
达拉斯—布鲁克维尔	●			电池
塞维利亚—CAF			●	电池、超级电容
萨拉戈萨—CAF			●	电池、超级电容
多哈—西门子			●	电池、超级电容

根据电池和超级电容双能量耦合系统工作原理，可得如图 4.5 所示的主电路拓扑结构。

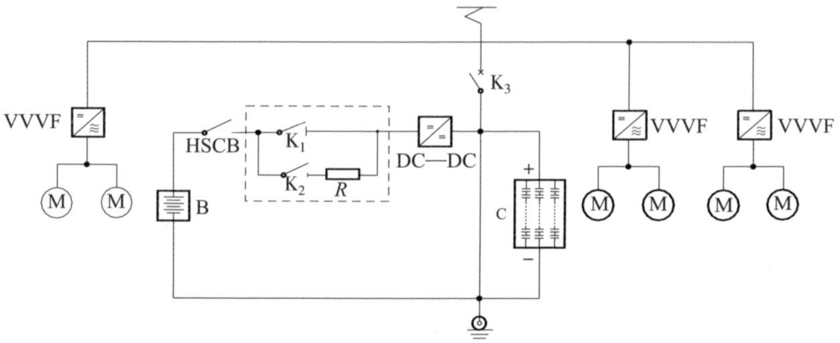

图 4.5　双能量耦合主电路拓扑结构

VVVF—逆变器；HSCB—高速断路器；R—预充电电阻；B—蓄电池；

K_1—主接触器；K_2—预充电接触器；K_3—主断路器；C—超级电容；M—电机

从图 4.5 可以看出，复合储能式轨道交通系统主要是以电池和超级电容作为储能系统，它既可以用于局部无网储能式轨道交通系统，也可以用于全程无网储能式轨道交通系统。

（三）全程无网储能式车辆的优点

1. 全线区间无接触网

在列车运行的全线区间内无接触网，车辆利用储能装置实现无接触网运行。车站设有地面充电系统，当车辆进站时通过车辆上的被动式受电器对储能系统进行快速充电，充电时间（含动态及停车充电）不大于 30 s，现场实际运行时间一般为 10～15 s。

2. 能量高效及循环利用

遵循能量守恒原理，通过储能器件，实现能量在牵引、制动工况的过程循环转换与循环利用。制动能量可由超级电容回收，再生制动能量回收率达到 80%以上，与传统有网受电式低地板车辆相比，系统节能 30%以上，更加高效绿色环保。

3. 对城市环境影响少

（1）噪声低：采用弹性车轮及其他整车降噪技术，结构优化与材料组合技术，获得轻量化和声学性能最优平衡点，打造城市路面“静音”公共交通工具。

(2)由于采用了无化学反应的物理型大容量超级电容，无爆炸、起火危险，其充放电次数可达 100 万次，使用寿命可达 10 年。车辆节能环保，可缓解城市交通压力并减少环境污染。车辆顶部采用进站受电的方式，可有效消除供电网的视觉污染，避免暴雨季节漏电的危险。

4. 采用绿色轻量化材料，车载设备质量轻

采用结构优化设计技术及碳纤维、铝镁合金、铝蜂窝等新型绿色轻量化材料，严格控制车载设备质量，车辆轴重不超过 10 t。

5. 建设和维护成本低

走行轨不再作为回流通路，对沿线城建设施无电腐蚀；常规接触网受流系统仅杂散电流一项，每公里需要 30～50 万元整治费用。无网储能式车辆因其能实现无接触网运行，全线路无接触网，线路建设投入和维护成本低。

2014 年 12 月 31 日，全球首创全线无接触网的超级电容储能式现代有轨电车在广州海珠线投入商业运营，如图 4.6 所示。该车的动力来源于 7 500 F 超级电容单体储能供电，车辆在站台区 30 s 内快速充电完成。充电一次可运行 2～3 km，制动时能回收 80%以上的制动能量，实现能量的循环利用。超级电容快充快放的特点非常适合在城市公共交通中应用。后续投入商业运营的有轨电车车载超级电容单体容量逐步提升为 9 500 F/12 000 F。

图 4.6　全程无网超级电容有轨电车

第二节　车载储能系统的主要约束条件

选择合适的储能器件，充分利用储能器件的性能能够解决架空接触网存在的牵引网电压波动大、再生失效、能量回收利用率低的问题。城市有轨电车的最显著的特点就是：站间距短，发车密度大，需频繁启动、制动，且启动和制动能量呈高功率脉冲

型;要想把车辆再生制动产生的能量储存起来,储能系统必须和再生制动高功率的特性相符;超级电容具有循环寿命长,功率密度大,充放电速度快,效率高,充放电周期损耗低等特点。这些特性恰好(或正好)满足有轨电车对储能系统的需求,因此超级电容比其他储能方式具有更高的性能匹配度和性价比。

2012 年,株机公司成功研发了运用超级电容储能系统作为动力牵引的有轨电车,并建设了试验线路进行列车试验。2014 年,广州珠海投入运营了世界首列采用由株机公司自主研发的超级电容储能式 100%低地板有轨电车,这种有轨电车是一种新型的交通工具,其采用了新型创新设计储能系统,运行过程中既没有污染的废气排放,也不需要架高空受电网。

制动时,其能把 80%的制动能量转成电能储存在超级电容储能系统。分析表明,在同样运行条件下,含超级电容的有轨电车比接触网供电的有轨电车最多可节约一半的牵引电能。

通过在第一章对各种储能元件性能进行了对比分析可知,超级电容是目前最适合城市轨道交通,特别是现代有轨电车的储能方式。综合上一节对局部无网、全程无网的结构以及特点分析,本章最终以前景较为广泛的全程无网储能式轨道交通系统作为研究对象,以超级电容作为储能元件,进行储能式轨道交通系统方案设计。

一、车辆对储能系统的基本要求

储能系统的主要功能表现为在车辆到站时从地面充电系统吸收并存储电能,车辆离站后给车辆供电,制动时吸收制动能量。根据列车运行条件,储能系统设计要求主要包括充电时间、功率、效率、环境、寿命、安全这几个方面。

(1)功率

储能式有轨电车需要采用大功率储能元件作为牵引动力电源,以满足车辆运行和辅助系统的功率需求。以海珠线项目为例,牵引电机的额定功率为 700 kW,加上辅助系统的功率需求,最终要求储能系统的放电功率不低于 848 kW,最高充电功率 1 620 kW。

超级电容充放电过程是一种物理过程。因此超级电容具有很高的功率密度,达到蓄电池的十倍以上,目前商业化的超级电容比功率能达到 10 kW/kg 以上。此外,超级电容的质能比和体能比都比较大,在储能足够的情况下能减少储能系统的质量和体积以实现车辆的轻量化、小型化。

(2)充电时间

储能系统应保证车辆正点连续运行。一般为了确保发车间隔,车辆到站后停靠的时间很短,储能系统从最低工作电压充电至最高工作电压的充电时间不大于 30 s。

超级电容能够应对大电流快速充电的高功率冲击，其较小的等效串联电阻使得在充放电工作过程中损耗能量较小，可保证有轨电车高效、快速充电。在允许大电流充电的情况下，超级电容可在 10～30 s 内充电到额定容量的 95%以上，而蓄电池充电需数十分钟完成。

(3)效率

轨道交通车辆作为一种城市交通工具，在运行过程中，由于站间距离较短，车辆启动、制动频繁，所以制动能量相当可观。全程无网储能式轨道交通系统要求储能系统的再生制动能量回收率不低于 80%，一般牵引传动系统总效率约为 85%。根据该要求可反推出储能系统效率必须达到 95%以上。

超级电容作为一种新型的储能器件，内阻几乎不受环境温度影响，有着比蓄电池高 10 倍以上的功率密度和充放电倍率。其可自由组成高电压、大电流、大容量的电容器阵列来迅速地吸收和释放制动再生能量，作为储能系统可实现 95%以上的高效率。与之相比，蓄电池充放电倍率小，内阻大且受环境温度影响大，储能系统效率一般在 80%～90%左右。

(4)环境

储能式有轨电车对储能系统工作环境有温度的要求，因此，要求储能系统能适应的较宽工作温度范围。

超级电容充放电过程为电荷移动的物理过程，该过程受温度影响很小。因此，超级电容的适用温度范围较宽，其能在－40～＋70 ℃的环境下工作而不损坏（蓄电池一般为－25～＋45 ℃)，完全满足城轨车辆工作温度要求。此外，与蓄电池相比，超级电容使用的材料安全、无毒、环保。其电极材料主要由炭组成，不含铅、氟等重金属，不会对环境带来污染，也不会对生产或使用人员造成伤害。

(5)寿命

作为一种公共交通服务系统，储能式轨道交通系统车辆单日工作负荷大、服务年限长。针对这一特点，其要求储能系统的寿命达到 10 年以上，与车辆大修周期匹配。

超级电容在快速充放电过程中不会造成内部电极结构损坏，可以无伤害的多次重复充放电，其循环寿命可高达数十万次以上，而一般蓄电池的充放电次数也就能够达到数千次。并且与蓄电池等储能元件相比，超级电容不会快速老化，运行稳定，所需维护费用较小。假设有轨电车每天充放电数百次(牵引、制动、充电)，10 年就是 100 万次以上，而实际运营中每个循环不会耗尽能量，因此设计上可以确保超级电容使用十年以上。蓄电池寿命较短，一般 3～5 年就会出现性能衰减，影响车辆性能发挥，因此更适合作为车辆的辅助动力(配合超级电容给辅助系统供电)。一般轨道交通车辆设计寿命超过 30 年，约每 10 年大修一次，大修时可更换超级电容器。目前国外混合动力大巴采用超级电容器最长使用达 12 年，国内大巴强制报废周期短但仍能使用 8 年以上，证明可以满足有轨电车的使用需求。

(6)安全

储能系统作为储能式轨道交通车辆的动力源，其必须安全可靠。储能系统的火灾危险和安全性能已经成为车载储能系统商业化运输的重点研究方向之一，因此储能系统必须满足车辆相关防火要求和安全防护要求。

超级电容相比蓄电池而言，一方面，对电路结构要求低，不需要设置特殊的充电电路和控制放电电路。另一方面，电极材料主要是活性炭，不含铅、铼等有害金属，在实际的应用中不会产生化学污染，对于环境和生产使用人员不会造成伤害。此外，超级电容使用时不会受到过放的影响，可放电到零，安全系数高，且维护时可放电到零，通过短接，实现无电维护。

二、线路对储能系统的基本要求

储能式轨道交通系统中，车辆对储能系统的要求主要体现在功率、效率、环境、寿命、安全等方面，而线路对储能系统的要求主要体现在能量上。

现代有轨电车正常运行过程主要分为牵引和制动两种工况。针对全程无网储能式轨道交通系统，车辆全程在无受电网区域，会经历牵引—恒速—制动过程。车载超级电容装置中的能量必须足以支持车辆克服启动及运行过程中的启动阻力、基本运行阻力、弯道阻力、坡道阻力等。此外，在车辆加速过程中，超级电容装置还需要为车辆的速度变化提供相应的能量。而在车辆制动时，其还需要吸收牵引逆变器传递的再生制动能量。综上，以线路的最大能量需求区间作为基本能耗需求，并考虑储能系统十年以后最大 20％的容量衰减，设计储能装置时预留的能量余量系数一般为 1.5～2 倍。

三、运营对储能系统的基本要求

除了储能式轨道车辆和线路对储能系统有要求外，交通系统的运营对车载储能系统也存在相应的要求。

红绿灯等待时间：在此期间，牵引系统停止工作，车载储能系统负责给辅助负载(如空调等)供电。其对应的能量配置应在保证车辆在红绿灯最大等待时间内辅助系统的正常工作的前提下，支持车辆完成区间的正常运营。

发车间隔：如果列车最短行车间隔为 3 min，那么终点储能系统最长折返充电时间也不能超过 2 min，否则会对运营造成影响。

救援运行：当一列车因动力系统故障无法运行时，需要一列空车将故障车救援至停车场。此时虽然可以采取限速、降低辅助负载等措施降低车辆能耗，但储能系统能量必须足以保证两列车救援行动的顺利完成。

第三节　车载储能系统设计

储能系统的主要功能为:牵引时工作在放电模式，通过主电路给车载牵引逆变器提供动力电源;制动时工作在充电模式，通过主电路吸收牵引逆变器转化的再生制动能量;储能系统主要由模组、电容管理系统(CMS)、保护电路及柜体等组成。其中，CMS负责对超级电容的监控、管理、以及与车辆的通信。储能系统的设计主要包含储能系统的配置计算、结构设计、散热设计、寿命评估和安全保护设计等。

一、储能系统的配置计算

(一)储能系统所需能量计算

储能式有轨电车的运行主要包括牵引、制动和充电过程，其对应的电流—时间曲线如图4.7所示。在本节中记储能系统的初始可用能量为W_0，储能系统牵引能耗为W_1，辅助能耗为W_2，车辆制动储能系统回馈能量为W_3，充电能量为W_4。若初始储能系统电压为U_0，储能系统最低允许工作电压为U_{min}，储能元件采用超级电容，则初始可用能量为

$$W_0 = C\times\frac{U_0^2 - U_{min}^2}{2\times 1\ 000\times 3\ 600} \tag{4.1}$$

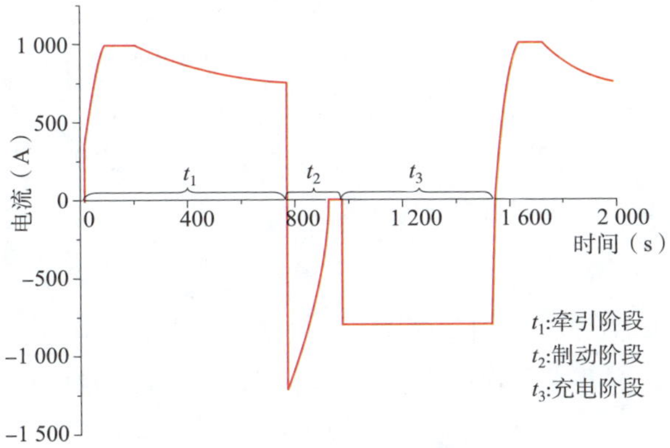

图4.7　电流—时间曲线

式中，W_0为初始可用能量(kW·h);C为储能系统容量(F)。同时，能量计算要从全寿命周期来考虑，储能系统容量C要按初始容量的80%来进行计算。

如采用混合型超级电容，能量和电压则不符合上述关系，须通过能量一电压曲线换算得到 W_0。

牵引能耗又可称为轮周能耗，其可通过牵引仿真计算得到。在计算储能系统能耗时要考虑逆变器传动效率，齿轮传递效率及电机传动效率。设计过程中，综合考虑三个效率之后一般取值为 85%，如牵引计算得到牵引能耗为 W，则储能系统对应牵引能耗为

$$W_1 = \frac{W}{85\%} \tag{4.2}$$

则储能系统剩余能量 W_s 为

$$W_s = W_0 - W_1 - W_2 f(t_1) \tag{4.3}$$

其中，W_s 要大于零。

经过制动后，储能系统吸收回馈能量，回馈能量 W_3 可以通过牵引仿真（计算）所得，计算时也要考虑轮周效率，如牵引计算得到反馈能量为 W，则储能系统吸收的能量为

$$W_3 = W \times 85\% \tag{4.4}$$

综上，则储能系统剩余能量 W_s 为

$$W_s = W_0 - W_1 + W_3 - W_2 f(t_1 + t_2)$$

到了设置充电系统的站台后，车辆进行充电，一般充电系统对储能系统恒流限压充电，充电到储能系统最高工作电压后，进行浮充或停止充电。

则此时储能系统剩余能量 W_s 为

$$W_s = W_0 - W_1 + W_3 + W_4 - W_2 f(t_1 + t_2 + t_3) \tag{4.5}$$

W_s 不能超过储能系统处于最高工作电压时对应的能量。

充电完成后，车辆又开始进行牵引、制动、充电过程。以上一阶段的 W_s 作为初始能量，重复上面的计算过程。因为需要确保车辆在制动之前可用能量大于零，车辆在线路各站点运行时储能系统 W_s 要大于零。

（二）储能系统功率的计算

储能系统的功率主要有平均功率和短时功率，平均功率可以根据牵引仿真计算的电压—电流曲线积分得到，积分计算时，充放电电流取绝对值

$$P = \int_0^T U|I|\,\mathrm{d}t \tag{4.6}$$

牵引仿真计算一般不会考虑辅助能耗，因此储能系统总的平均功率要加上辅助供电的功率。

在实际工程计算时，也可以通过总的充放电能量除以时间来进行估计。如以一

个牵引、制动、充电过程为例，平均功率计算如下

$$P = 3\ 600 \times \frac{W_1 + W_3 + W_4 + W_2 \times f(t_1 + t_2 + t_3)}{t_1 + t_2 + t_3} \tag{4.7}$$

其中，P 的单位为 kW；W_1、W_3、W_4、W_2 单位为 kW·h；t_1、t_2、t_3 单位为 s。

储能系统在牵引加速、制动回馈和到站充电时，充放电功率较大，因此主要从这三个方面来综合进行短时功率的评估。可以取一个时间段(如 10 s)，按式(4.8)进行计算

$$P_{max} = \int_0^{t_1} U|I|\,dt \tag{4.8}$$

t_1 的取值可以根据超级电容规定的技术参数选取，取三种工况的最大值作为储能系统短时功率值。

(三)超级电容单体的选择

根据车辆使用需要，选择适合项目的超级电容单体，超级电容的主要技术参数见表 4.2。

表 4.2　超级电容主要技术参数

项目	符号	单位
额定容量	C	F
额定电压	U_N	V
浪涌电压	U_{max}	V
额定电流	I_N	A
直流内阻	R	mΩ
30 s 内最大持续电流	I_{max}	A

(四)串并联数的设计

1. 串联数的确定

根据车辆的技术参数，确定储能系统的工作电压范围 $U_1 \sim U_2$，根据储能系统的最高工作电压确定串联数 N。

$$N = \frac{U_0}{U_N} \times K \tag{4.9}$$

式中，N 为超级电容串联数；U_N 为超级电容单体额定电压；U_0 为储能系统最高工作电压；K 为修正系数。

由于储能系统由多个超级电容单体串联，存在电压不均衡性，根据串联数、电压均衡能力、单体过电压能力等综合考虑，修正系数可以在 1.05～1.1 范围内选择。

2. 并联数的确定

首先计算单串的可用能量 W_n

$$W_n = \frac{C \times (U_1^2 - U_2^2)}{2 \times 1\,000 \times 3\,600 \times N} \times K_C \tag{4.10}$$

式中，W_n 为单串的可用能量；C 为超级电容单体容量(F)；U_1 为储能系统最高工作电压(V)；U_2 为储能系统最低工作电压(V)；K_C 为容量全寿命周期衰减系数，一般按 80%计算。

如采用混合型超级电容或蓄电池，以上计算公式不适用，单串可用能量可直接用串联数乘以单体可用电量得到，但也要进行系统系数和容量衰减系数修正。

并联数 M 的计算：

$$M = \frac{W}{W_n} \tag{4.11}$$

式中，M 为并联数，进行取整处理，逢小数加 1；W 为线路对储能系统需求的最大可用能量；W_n 为单串支路的总可用能量。

如采用混合型超级电容或蓄电池，以上计算公式的 W 不能采用线路对储能系统最大可用能量，必须结合下面功率核算确定，一般是需求能量的数倍甚至十倍以上。这主要是因为其充放电倍率较低，使用寿命短，必须通过增大配置能量来提高功率、延长寿命。

3. 功率核算

完成串、并联数设计后，根据单体额定电流，车辆的最低、最高工作电压核算储能系统功率，如果小于车辆牵引制动功率需求，需进行优化串并联设计。一般超级电容充放电倍率可达 100 C，只要满足能量需求并考虑一定的裕量即可，无需进行功率核算。但混合型超级电容或蓄电池作为主动力需进行功率核算，其最小需求能量可由车辆最大制动功率或充电功率除以单体允许的额定充放电倍率得出

$$W = P/C \tag{4.12}$$

式中，P 为最大使用功率；C 为充放电倍率，例如最大使用功率 1 MW，蓄电池单体倍率 7C，至少须配置 143 kW·h 以上能量；超级电容单体倍率 100C，只需要配置 10 kW·h 以上能量。

二、储能系统结构及散热设计

(一)储能系统结构设计

储能系统主要由模组(包含电压均衡单元)、电容管理系统(CMS)、电压电流检测系统、过流保护系统、连接母排及柜体等组成。在进行柜体设计时，主要考虑柜体

机械强度、绝缘耐压及散热性等。

1. 模组设计

模组结构主要由超级电容单体、模组框架、电气连接件和电压均衡板等构成。因为超级电容单体处于带电状态，所以需对模组进行绝缘、防火设计；同时，虽然超级电容有较宽的工作温度范围，但过高的温度对其依然有致命的影响，所以模组结构设计必须充分考虑其散热需求；另外，模组由多个单体组成，单体之间的电压均衡设计，必须合理、有效。

(1)绝缘设计

根据系统的工作电压、过电压水平等因素，结合相关标准确定模组的最小电气间隙和爬点距离。同时，在模组设计时，非金属材料要采用防火阻燃无卤的材料。

(2)散热设计

超级电容在 25 ℃环境下工作，寿命较稳定，环境温度每提升 10 ℃，则超级电容寿命减少一半。模组工作时的发热主要由 3 部分引起：电接触面的接触电阻产生的热量、电容内阻消耗产生的热量、模组连接铜排电阻产生的热量。由于以上电阻阻值较小，模组一般采用强迫风冷的散热方式。

(3)均衡设计

超级电容单体存在自放电现象，由于自身内阻存在差异，为保持模组内单体电压一致性，需要对超级电容电压进行管理，即对每个模组均设置电压均衡单元。电压均衡单元包含采样控制板、电压均衡板等。其中，采样控制板具有采集超级电容单体电压、温度等信息的功能；电压均衡板具有对超级电容单体电压均衡的功能。

(4)设计案例

图 4.8 所示是某有轨电车项目的模组结构。

图 4.8　超级电容模组外观

为保证电气间隙和爬电距离，模组采取了如下绝缘措施：①超级电容单体自身外壳有一层绝缘膜；②模组底板、侧板和隔离件均采用绝缘材料；③单体通过连接铜排串并联后，正、负极之间的电气间隙大于 5.5 mm；④模组上部的两根拉杆外面包覆绝缘热缩套管，电容单体外壳和模组拉杆之间的爬电距离为 17 mm；⑤模组侧板下端的挡板保证电容单体外壳与侧板紧固螺栓之间的爬电距离为 20 mm。

为使冷却风流经每个超级电容单体的表面带走热量，模组内相邻的电容单体之间均用绝缘隔离件，并保证了 3 mm 的间隙，且模组底板、绝缘底板和电压均衡单元均在对应位置开设了通风口。冷却风自模组底板的风口进入、垂直向上流经电容单体表面后，从上部的电压均衡单元风口排入大气环境。

2. 储能系统设计

储能系统主要由箱体、模组、主控单元、检测与保护电路、散热系统等构成，其中模组的电压均衡单元、主控单元、检测与保护电路等构成电容管理系统（CMS）。开展储能系统设计时，应遵循下列原则：

①储能系统的设计应满足安全性要求、功能性要求和可靠性要求；

②储能系统应优先采用平台方案；

③储能系统应便于生产组装；

④方便检修人员进行日常及规程检修和维护；

⑤在满足要求的前提下，力求结构简单、制造容易、成本低廉；

⑥提高零部件的通用化、系列化、标准化水平；

⑦积极采用新技术、新工艺、新材料，且部件材料应满足安全环保性要求。

某储能式现代有轨电车储能系统的结构与基本骨架如图 4.9 所示。

图 4.9　储能系统结构

为了验证储能系统骨架的强度，需根据 IEC 61373-2010《铁路应用一机车车辆设备一冲击和振动试验》、EN 12663-1：2010《铁路应用一铁路车辆车身的结构要求 第 1 部分：机车和客运车辆》和 UIC-566：1990《客车车体及其零部件的载荷》标准，对储能系统骨架进行强度计算。

强度计算内容主要包括建立储能系统骨架的有限元模型、计算载荷及工况、根据材料确定其强度、冲击强度计算、静强度计算及疲劳强度计算等内容。

（二）散热设计

要进行散热分析，首先要完成等效电流计算、内阻计算、发热功率计算；然后根据储能系统发热功率、允许温升、储能系统使用环境，综合选择散热冷却方式。常见的冷却方式主要有风冷和水冷。

1. 等效电流计算

如图 4.7 所示，t_1 是牵引阶段，t_2 是制动阶段，t_3 是充电阶段，等效电流 I 的计算公式

$$I = \sqrt{\frac{\int_0^T I^2 \mathrm{d}t}{T}} \tag{4.13}$$

2. 内阻计算

储能系统由模组串并联组成，因此储能系统的内阻 R 主要包含模组内阻、铜排（电缆）电阻、模组与铜排（电缆）连接接触电阻。

铜排（电缆）的电阻 R_t 按式(4.14)计算

$$R_\mathrm{t} = \frac{\rho l}{s} \tag{4.14}$$

接触电阻 R_j 可按式(4.15)进行计算

$$R_\mathrm{j} = \frac{K_\mathrm{j}}{(0.102F)^m} \tag{4.15}$$

式中，F 为接触压力；m 为与接触形式、压力范围和实际接触点的数目等因素有关的指数（在压力不太大的范围内，对于点接触取 $m=0.5$，线接触取 $m=0.7$，面接触取 $m=1$）；K_j 为与接触材料、表面状况等有关的系数（取 $m=1$，$K_\mathrm{j}=0.98$，$F=1\ 000$ N）。

3. 发热功率计算

主回路发热功率 P_1 计算

$$P_1 = I^2 R \tag{4.16}$$

储能系统的控制回路主要有主控单元、辅控单元和电压均衡单元。记其计算发热功率为 P_2，则储能系统的发热功率 P 为

$$P = P_1 + P_2 \tag{4.17}$$

由于控制回路发热功率较小，一般比主回路小 1～2 个数量级，因此可以忽略其影响或乘以系数 1.1。以上发热核算适用于超级电容，若采用混合型超级电容或蓄电池，由于极化效应的影响发热将大幅增加，需考虑极化发热的影响，一般发热功率为上述核算值的 1.5～2 倍。

4. 允许温升核算

根据超级电容过温能力、储能系统寿命要求、储能系统安全性能等综合确定储能系统的允许温升 ΔT。

（三）散热仿真

根据前面计算的发热功率、允许温升、通风散热方案及结构设计方案，并考虑车辆运行外界流场、太阳辐射等对散热的影响，进行热力学建模和计算。计算储能系统系统每个超级电容的温升情况及温度分布情况，保证储能系统整体温升满足设计要求，且超级电容单体温升较均匀。

散热仿真的主要过程：

1. 储能系统模型简化

储能系统箱包含很多螺栓、螺母等非常细小的零部件，各部件之间的空隙最小的只有 2 mm，内部结构非常复杂。为了生成较高精度的规则的全六面体计算网格，在仿真计算时，要对储能系统进行一些简化与假设，如忽略螺栓螺母等细小部件对流场的影响、不考虑装配偏差造成的细小缝隙、忽略电容单体内部液体流动、忽略储能系统箱内部空气与电容箱壁面的对流换热等。

2. 计算条件

采用理想气体进行计算，空气物理属性近似地认定为常量。计算超级电容单体发热功率和风扇风量。确定各种材料热物理属性。另外，还需确定入口空气温度及出口压强。计算对应的环境温度为 27 ℃，运行压力为 101 325 Pa，电容箱壁面为无滑移绝热边界条件。

3. 储能系统散热仿真

以储能系统的结构尺寸参数建立储能系统的仿真模型，得到储能系统温度分布云图。在仿真过程中，可以调节风道等参数，进行散热仿真优化。

三、寿命评估

储能系统寿命主要是考虑容量衰减和内阻增大因素。一般对于超级电容来说，容量衰减到初始值 80%，内阻增大到出厂值 200%，就认为寿命终结。影响储能系统寿命的主要因素有工作温度，使用电压，储能系统的充放电电流，通风散热设计，环境温度等。寿命的详细评估方法可以参见本书第七章相关内容。

四、安全保护设计

(一)过流保护

为保证超级电容的使用符合安全标准,使用过程中在其两端各增加了一个熔断器,如图 4.10 所示。其作用主要是实现外部、内部短路及接地保护。若采用混合型超级电容或蓄电池还需要在正负极接入直流接触器保护。

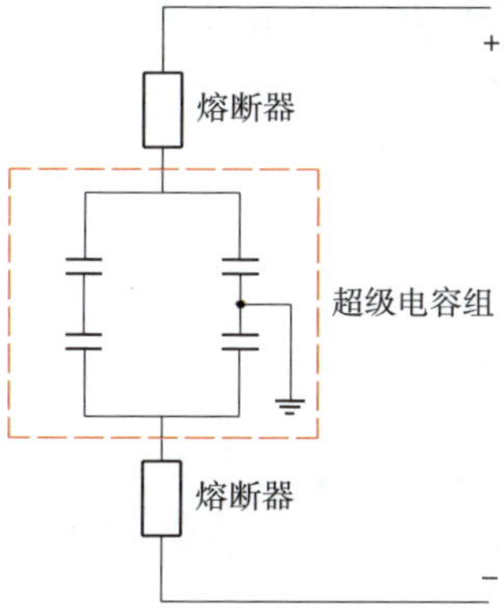

图 4.10　过流保护电路

(二)欠压、过压保护

储能系统的所有单体电压均由电压均衡单元专用采集芯片(6803)进行采样,单体电压高于或低于设定值时,CMS 管理系统会进行报警,并把相关信息发送给车辆。若采用混合型超级电容或蓄电池,BMS 管理系统会进行报警并切断直流接触器。

(三)过温保护

过温保护是由电压均衡单元对单体温度进行采集,并由 CMS 管理系统实现保护。若采用混合型超级电容或蓄电池,BMS 管理系统会进行报警并切断直流接触器。

第五章　储能式轨道交通车辆系统建模

根据应用场景的不同，储能式轨道交通分为局部无网和全程无网两种。对于储能式轨道交通车辆而言，都可以分成动力电源系统和牵引驱动系统两个主要模块，本章针对全程无网场景下由车载超级电容单独供能的有轨电车的车辆模块进行系统分析。

第一节　储能式车辆框架

全程无网储能式有轨电车的主电路主要由高速断路器、逆变器、牵引电机以及站内接触充电受电器等构成。在站点与站点之间，车辆完全依靠超级电容事先储存的能量和制动过程回收的能量进行行驶。在牵引状态时，电能由超级电容经主断器 F、隔离开关 IES、高速断路器 HSCB、线路接触器 LIK 传递，由 VVVF 逆变器转换成直流电驱动牵引电机。制动工况时，牵引电机作为发电机工作，VVVF 逆变器充当整流器将制动能量转换成直流电，进而给超级电容充电，实现制动能量回收。图 5.1 给出了列车主电路原理图。图中，超级电容储能系统除了超级电容模组外，还包括电容管理系统(CMS)、电压均衡单元(Voltage Balanced Unit，VBU)和分断隔离设备(接触器、断路器、熔断器等)。

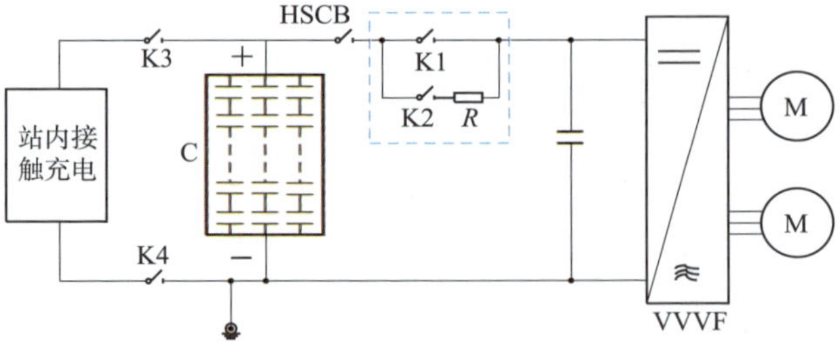

图 5.1　全程无网储能式有轨电车主电路原理

超级电容系统、高速断路器和逆变器等布置在轨道车辆顶部。车厢的驱动方式为三动一拖，站内充电模块布置在站台内，轨道车辆进站时通过站内电网给超级电容系统快速充电。本章只介绍车载受电部分，站内充电模块将在第九章中详细介绍。

第二节 车载储能系统建模

由第四章的分析可知，本书研究的储能式有轨电车超级电容器储能系统主要由6并344串共2 064个超级电容单体组成，其中每节驱动车厢上的超级电容箱包括2并344串共688个单体，每个箱体内都包含电压均衡单元，三节车厢的超级电容箱并联。整个储能系统的控制、检测、故障信息发送、状态信息和故障信息的存储，以及与车辆、调试上位机的通信等均通过电容管理系统（CMS）实现。

根据储能系统的空间、超级电容单体的尺寸和数量等情况，将每个超级电容箱的主体划分为43个模组。每个模组包含2并（称之为模块）8串共16个电容单体和电压均衡单元，是一个能够独立工作的部件。

一、超级电容储能系统数学模型

如前所述，全程无网式轨道交通超级电容储能系统由超级电容模组串并联组成。每个箱体由43个超级电容模组串联组成，分为两层，上层有21个模组串联，下层有22个模组串联，上下两层之间串联。箱体内的模组之间连接电路图如图5.2所示，其中，R_{26}～R_{69}表示43个模组的等效内阻，其余为由金属连接件导致的连接电阻。图5.3给出了三个超级电容箱并联组成的储能系统。

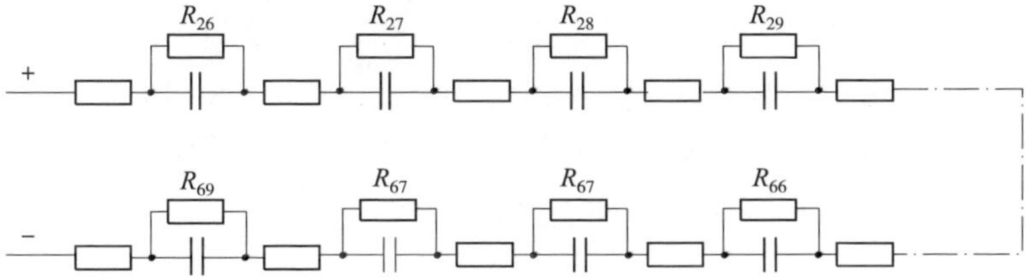

图5.2 超级电容箱体内的模组连接电路

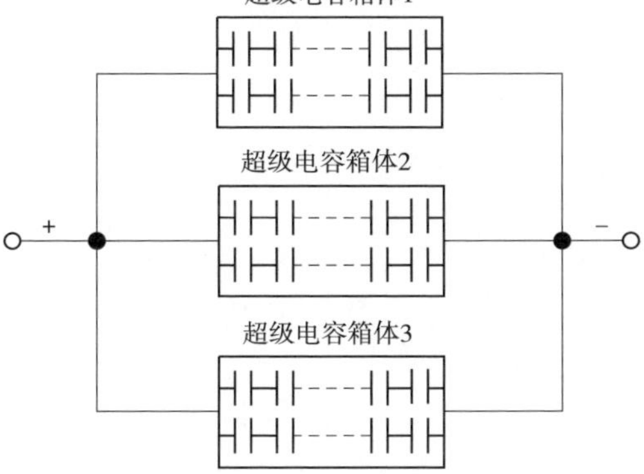

图5.3 城市轨道交通车辆超级电容系统

在确定了超级电容储能阵列需要的超级电容单体个数后，超级电容的串并联组合方式不影响储能阵列的释能效率。对于由 n 个超级电容串联、m 个超级电容并联组成的 $n\times m$ 超级电容阵列，假设超级电容储能阵列的放电功率为 P_{array}。该阵列中储能阵列的端电压为 $n\cdot u(t)$，电流为 $m\cdot i(t)$，则每只超级电容的放电功率为 $P_{\text{c}}=u(t)\cdot i(t)$。超级电容阵列总的放电功率 P_{array} 可以表达为

$$P_{\text{array}}=n\cdot u(t)\cdot m\cdot i(t)=\frac{n}{k}\cdot u(t)\cdot k\cdot m\cdot i(t)=n\cdot m\cdot P_{\text{c}} \tag{5.1}$$

由式(5.1)不难看出，每个超级电容的功率输出贡献相同。若并联支路增加 k 倍，则相应的串联支路减小 k 倍，结果并不影响每个超级电容上的电压、电流值的变化。但此时超级电容的串并联组合形式的改变，却使超级电容储能阵列整体表现出电压减小 k 倍，电流增加 k 倍，因此，超级电容储能阵列的串、并联设计，可以从有利于双向直流变换器工作的角度进行优化。在输出功率一定时，如果储能阵列的超级电容串联个数过多，则双向直流变换器的功率开关器件承受的电压应力较大，所选器件的电压等级较高；如果超级电容并联个数较多，则开关器件的电压应力降低，但流过开关管的电流较大，线路阻抗及开关器件的导通损耗都会相应增大。所以在设计超级电容储能阵列时，要考虑实际应用，灵活确定储能阵列中超级电容的串、并联个数。

由第二章的超级电容数学模型理论，假设所有超级电容单体型号相同、性能一样、内阻一致，不考虑超级电容系统的杂散电容、电阻和电感，则图 5.3 表示的超级电容系统可等效为图 5.4(a)所示的线性模型。其中 ESR，EPR 分别为等效串、并联电阻。在研究超级电容系统的充放电特性时可以不考虑 EPR，超级电容系统的模型可进一步简化为如图 5.4(b)所示，r 为超级电容系统内阻。

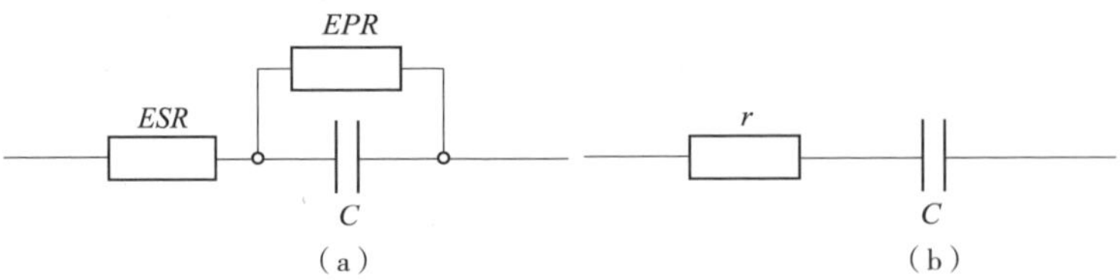

图 5.4　超级电容系统等效电路

由图 5.5 可得，超级电容储能系统总容量为

$$C=\frac{C_{\text{cell}}\times m}{n} \tag{5.2}$$

等效串联电阻为

$$r=\frac{R_{\text{cell}}\times n}{m} \tag{5.3}$$

工作电压为

$$U = n \times U_{cell} \tag{5.4}$$

容许电流为

$$I = m \times I_{cell} \tag{5.5}$$

式中，C_{cell}、R_{cell}、V_{cell}、I_{cell}分别为超级电容单体电容量、内阻、额定电压、额定电流；C、r、V、I 分别为超级电容储能系统的电容量、等效串联电阻、额定电压、额定电流。

当将超级电容单体通过串并联构成超级电容储能系统后，设电压变化范围为 U_1 到 U_2，根据电容的特性，超级电容储能系统释放的总能量可表示为

$$E = \frac{1}{2}C(U_1^2 - U_2^2) \tag{5.6}$$

二、超级电容储能系统充放电特性

超级电容的等效串联电阻（ESR）是超级电容的关键参数，影响着超级电容的充放电速度和最大电流，而等效并联电阻（EPR）表征超级电容的保持电量的能力，对于研究超级电容的充放电特性来说不是关键参数。理论上超级电容系统的充放电曲线为直线，但是由于超级电容的非线性，实际应用中充放电曲线并不是直线。

超级电容储能系统在充电时端电压 $u_c(t)$、充电电流 I_{charge}与时间 t 的关系可以表示为

$$\begin{aligned} u_c &= U_s\left[1 - e^{-\frac{t}{\tau}} \cdot \left(1 + \frac{r}{R_{充}}\right)\right] \\ I_{charge} &= \frac{U_s}{R_{充}} e^{-\frac{t}{\tau}} \end{aligned} \tag{5.7}$$

式中，τ 为时间常数（$\tau = ESR \cdot C$）；ESR 为超级电容系统的等效串联电阻；$R_{充}$ 为充电等效电阻，在不考虑电感时，$R_{充} = ESR$。

超级电容储能系统在放电时端电压 $u_c(t)$、放电电流 $I_{discharge}$与时间 t 的关系可以表示为：

$$\begin{aligned} u_c &= U_s\left[1 - e^{-\frac{t}{\tau}} \cdot \left(\frac{r + R_{eq}}{R_{放}}\right)\right] \\ I_{discharge} &= \frac{U_s}{R_{放}} e^{-\frac{t}{\tau}} \end{aligned} \tag{5.8}$$

式中，R_{eq}为输出回路的等效电阻；$R_{放}$ 为放电等效电阻，在不考虑电感时，$R_{放} = ESR + R_{eq}$。

三、超级电容储能系统充放电效率

超级电容的一个优点是充放电效率高，这是因为超级电容内阻小和充放电过程中不存在其他能量转化形式。对超级电容充放电效率进行讨论和分析，有助于更好

地发挥超级电容的特性优势。本节将从恒电流充放电和恒功率充放电两方面对超级电容充放电效率进行分析和讨论。

(一)恒电流充放电

假设超级电容储能系统工作在恒流充放电工况，充放电电流为 I，充放电时间为 t，电压从 U_1 到 U_2，在整个过程中超级电容输入输出的能量为

$$E_{充}=\frac{1}{2}C(U_2^2-U_1^2)$$

$$E_{放}=\frac{1}{2}C(U_1^2-U_2^2) \tag{5.9}$$

消耗在等效串联电阻上的能量为

$$E_{R充}=I^2rt=rC^2(U_2-U_1)^2/t$$

$$E_{R放}=I^2rt=rC^2(U_1-U_2)^2/t \tag{5.10}$$

定义 $\tau=rC$ 为时间常数，充放电深度定义 $d=1-\gamma$，其中 $\gamma=U_1/U_2$（充电），$\gamma=U_2/U_1$（放电）。由以上两式可得充电效率 η_c 和放电效率 η_d 为

$$\eta_c=\frac{E_{充}}{E_{充}+E_{r充}}=\frac{\frac{1}{2}C(U_2^2-U_1^2)}{\frac{1}{2}C(U_2^2-U_1^2)+rC^2(U_2-U_1)^2/t}=\frac{t}{t+2\tau[d/(2-d)]} \tag{5.11}$$

$$\eta_d=\frac{E_{放}-E_{r放}}{E_{放}}=\frac{\frac{1}{2}C(U_1^2-U_2^2)-rC^2(U_1-U_2)^2/t}{\frac{1}{2}C(U_1^2-U_2^2)}=1-\frac{2\tau}{t}\cdot\frac{d}{(2-d)} \tag{5.12}$$

由以上两式可得时间常数 τ 相同时，放电深度 d 越大，效率 η_c 和 η_d 越小；放电深度 d 相同时，充电时间 t 越大，则充电电流 I 越小，效率 η_c 和 η_d 越大，且充电效率 η_c 永远大于放电效率 η_d；时间常数 τ 越小，即内阻越小，效率 η_c 和 η_d 越高，因此超级电容系统内阻越小越好。

恒流充放电的曲线图如图 5.5 所示。

(二)恒功率放电

假设超级电容以恒功率 P_c 进行充电，以恒功率 P_d 进行放电，充放电示意如图 5.6 所示。

充电时，图 5.6 中电压 U 为超级电容系统理想电容的端电压，U_C 为整个超级电容系统的端电压，U 和 U_C 之间的关系如下

$$U=U_C-ri_c=U_C-r\frac{P_c}{U_C} \tag{5.13}$$

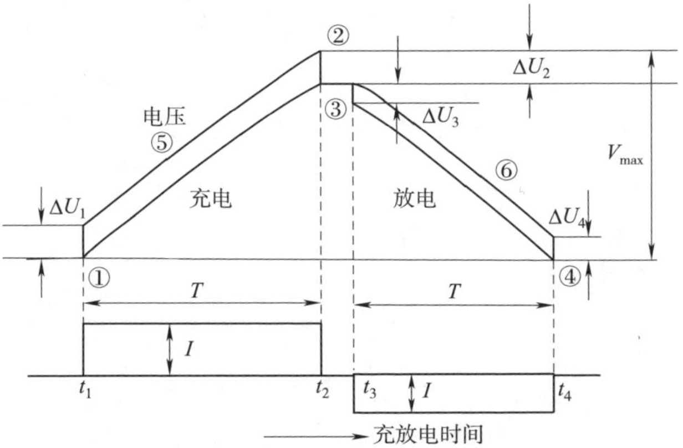

①ΔU_1电压急升，恒电流充电开始时内部阻抗的电压；
②ΔU_2电压急跌，恒电流充电结束时内部阻抗的电压；
③ΔU_3电压急跌，恒电流放电开始时内部阻抗的电压；
④ΔU_4电压急增，恒电流放电结束时内部阻抗的电压；
⑤电压波形，超级电容恒流充电电压波形；
⑥电压波形，超级电容恒流放电电压波形。

图 5.5　恒电流充放电时电压曲线

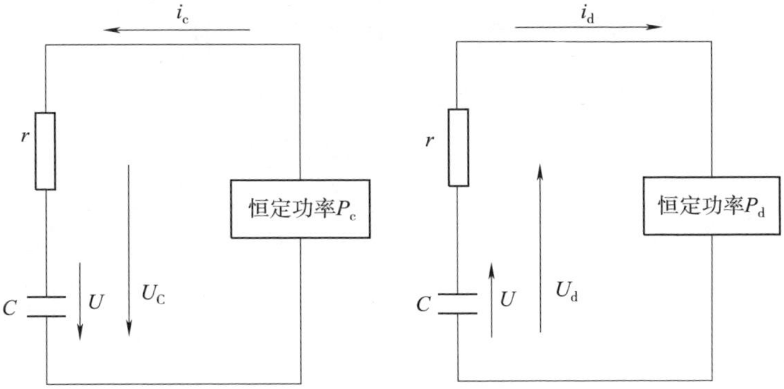

（a）　　　　（b）

图 5.6　恒功率充放电

上式对时间求导可得超级电容储能系统的充电电流如下

$$i_c = C\frac{\mathrm{d}U}{\mathrm{d}t} = \frac{P_c}{U_C} = C\left(1 + r\frac{P_c}{U_C^2}\right)\frac{\mathrm{d}U_C}{\mathrm{d}t} \tag{5.14}$$

充电功率满足如下关系

$$P_c\mathrm{d}t = U_C i_c = U_C C\left(1 + r\frac{P_c}{U_C^2}\right)\mathrm{d}U_C \tag{5.15}$$

充电时间为 T_c，则超级电容系统端电压从 U_1 变化为 U_2 时，充入超级电容系统的能量为

$$W_c = \int_0^{T_c} P_c\mathrm{d}t = \frac{(1-\gamma^2)CU_2^2}{2} - rCP_c\ln(\gamma) \tag{5.16}$$

实际充入超级电容系统内理想电容 C 的能量计算式需要减去系统内阻 r 消耗的能量，计算如下

$$W=\int_0^{T_c} Ui_c\mathrm{d}t=\int_{U_1}^{U_2} CU\mathrm{d}U \tag{5.17}$$

式(5.17)可写成如下形式

$$W=\int_{U_1}^{U_2} C\left(U_C-\frac{rP_c}{U_C}\right)\left(1+\frac{rP_c}{U_C^2}\right)\mathrm{d}U_C=\frac{(1-\gamma^2)CU_2^2}{2}\left(1-\frac{r^2P_c^2}{\gamma^2U_2^4}\right) \tag{5.18}$$

综合式(5.13)～式(5.18)，可得充电效率为

$$\eta_c=\frac{W}{W_c}=\left(1-\frac{r^2P_c^2}{\gamma^2U_2^4}\right)\left(1-\frac{2rP_c\ln(\gamma)}{(1-\gamma^2)U_2^2}\right)^{-1} \tag{5.19}$$

在放电时有

$$U=U_C+ri_d=U_C+r\frac{P_d}{U_C}$$

$$\mathrm{d}U=\mathrm{d}U_C\left(1-r\frac{P_d}{U_C^2}\right) \tag{5.20}$$

放电时间为 T_d，从超级电容系统释放到外部电路的电能为

$$W_d=P_dT_d=\frac{(\gamma^2-1)CU_1^2}{2}-rCP_d\ln(\gamma) \tag{5.21}$$

超级电容系统内部理想电容释放的电能为

$$W_d=\int_0^{T_d} Ui_d\mathrm{d}t=\int_{U_1}^{U_2} CU\mathrm{d}U \tag{5.22}$$

将式(5.20)代入式(5.22)可得

$$W=\int_{U_1}^{U_2} C\left(U_C+\frac{rP_d}{U_C}\right)\left(1-\frac{rP_d}{U_C^2}\right)\mathrm{d}U_C=\frac{(\gamma^2-1)CU_1^2}{2}\left(1-\frac{r^2P_d^2}{\gamma^2U_1^4}\right) \tag{5.23}$$

则系统放电效率为

$$\eta_c=\frac{W_d}{W}=\left(1-\frac{2\mathrm{r}P_d\ln(\gamma)}{(\gamma^2-1)U_1^2}\right)\left(1-\frac{r^2P_d^2}{\gamma^2U_1^4}\right)^{-1} \tag{5.24}$$

由以上充电效率和放电效率的计算公式可得，超级电容系统的充放电效率主要由等效串联电阻 r、最大充电电压 U_1、放电深度 d、充放电功率决定。并且内阻越小，放电深度越小(即放电电压比率 γ 越大)，充放电效率越高。

第三节　牵引传动模块建模

全程无网储能式有轨电车牵引传动系统包括 VVVF 逆变器，牵引电机及齿轮减速机构。由于齿轮减速机构采用的是两级固定减速机构，其能量传递效率基本保持恒定，且实测结果显示，齿轮减速机构能量传递效率约为 97.5%。因此，为了进一步

分析整车牵引传动链的效率，需要对 VVVF 逆变器和牵引电机做细致分析。

一、VVVF 逆变器

逆变器的逆变过程是将直流电变为交流电的过程。逆变器根据电容器与电抗器的不同可以分为两种，即电压型逆变器和电流型逆变器。因为电流型逆变器中谐波成分大，并且控制困难，现代城市轨道列车交流传动系统的逆变器大多采用电压型逆变器，如我国城市轨道列车主传动系统普遍采用 VVVF 逆变器。

VVVF 逆变器是城市轨道交通列车上的重要设备，其安装在列车底部，主要功能是将来自超级电容的直流电变换为三相交流电，用以驱动交流异步电机转动，从而带动轨道交通列车正常行驶。图 5.7 为紧凑型逆变器单元。

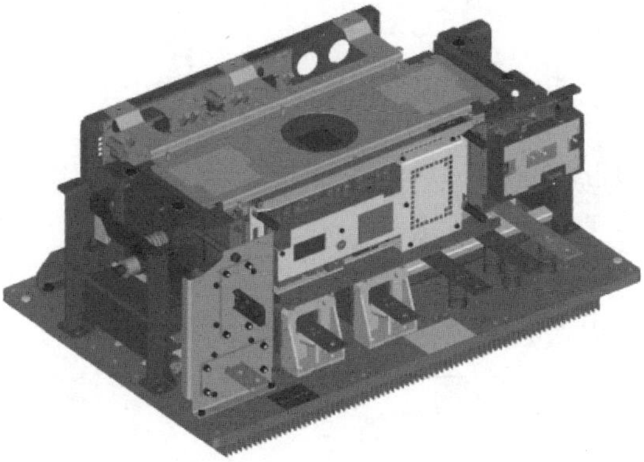

图 5.7　逆变器

逆变器单元的主要元件如下：

(1)逆变器电源部分(包括 IGBT 栅极驱动装置、直流环节电容器和放电电阻)；

(2)制动斩波器电源部分(包括 IGBT 栅极驱动装置)；

(3)逆变器相关功能的逆变器控制单元(包括接触器控制功能)。

(一)VVVF 逆变器工作原理

传统车辆主电路一般由受电装置(受电弓/受流器)、高速断路器、电抗器、制动电阻、牵引逆变器、牵引电机及辅助电源(含 DC—AC 及 DC—DC)等构成。牵引系统逆变器主电路原理如图 5.8 所示，其中电抗器用来限制直流侧的电流波动，滤除高次谐波。而在储能式轨道车辆中，车辆高压电由车载储能系统提供，是纯净的直流电，再增加滤波设备已无必要，所以储能式车辆不需要电抗器，在降低重量的同时也降低了车辆对外电磁辐射，消除了对带有心脏起搏器乘客的潜在干扰源。

车辆牵引 VVVF 逆变器将来自超级电容的直流电变换为三相交流电，为每个动力转向架上的牵引异步电机提供交流电，其频率和电压是可调的。储能式车辆采用车载储能系统，制动时采用再生制动回收能量，整车可实现 1.1 m/s^2 的减速度。因此，常规制动可以全部用再生制动，但由于有轨电车在运行过程中储能系统的电压不断降低，在紧急制动时电机不能提供超高的紧急电制动力，所以仍需保留制动电阻以在紧急制动时使用，从而使制动电阻的功率大幅降低。储能式有轨电车牵引系统逆变器主电路如图 5.9 所示。

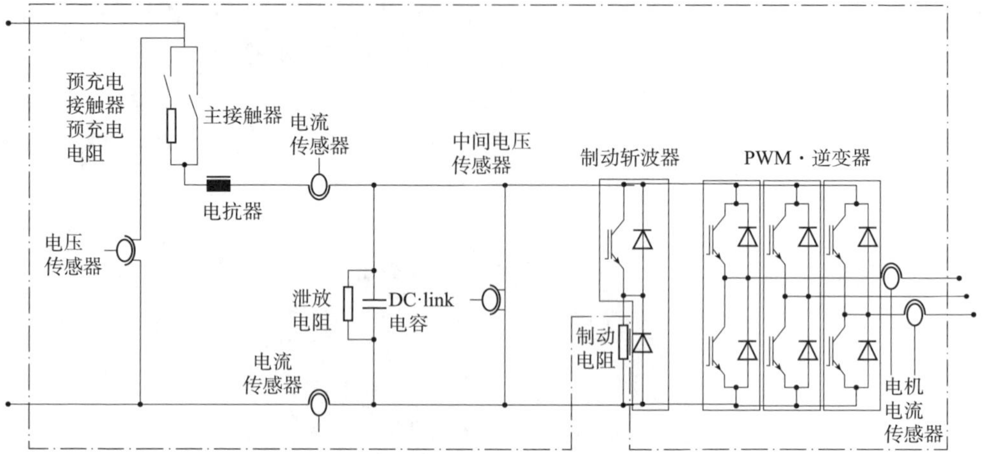

图 5.8　传统接触网牵引系统逆变器主电路

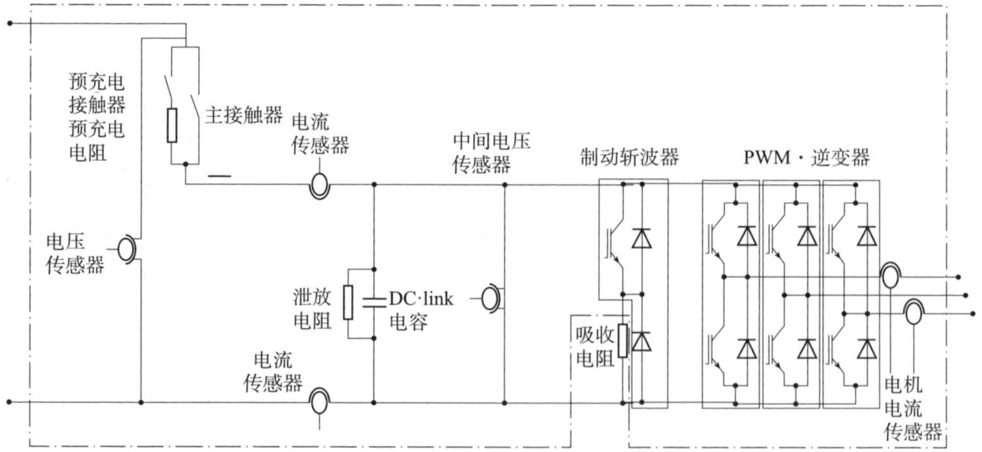

图 5.9　储能式有轨电车牵引系统逆变器主电路

图 5.10 为 VVVF 逆变器电气原理图，其中包含有熔断器、高速断路器、隔离开关、中间支撑电容和 IGBT 等。VVVF 逆变器不可作为单独的设备使用，其通常作为一个部件安装到牵引逆变器箱内，额定电压为 DC 750 V，采用强制通风的冷却方式。VVVF 逆变器使用的基本特征见表 5.1。

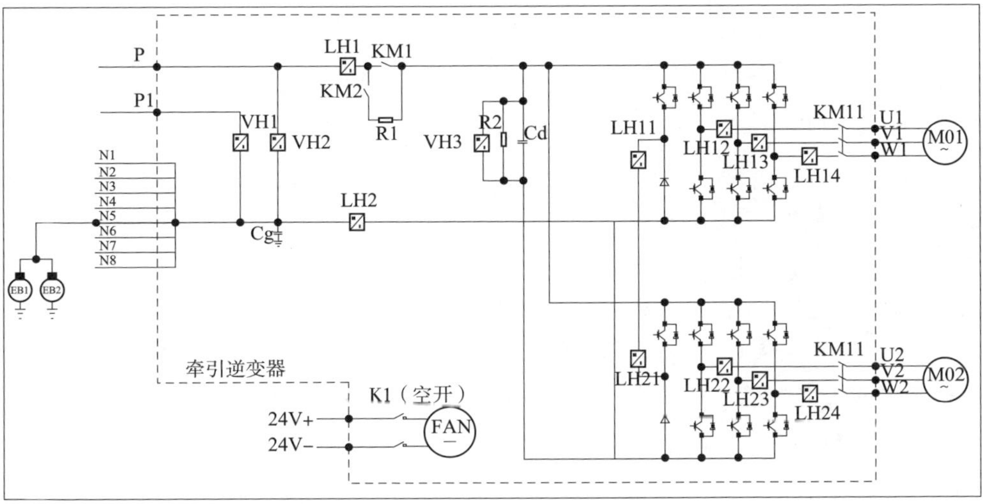

图 5.10　VVVF 逆变器工作原理

表 5.1　VVVF 逆变器使用的基本特征

类型	特　　性	要　　求
紧凑型逆变器单元	运行	紧凑型逆变器单元不能单独自运行
	工作温度范围(室内)	−40～+70 ℃
	冷却方法	强制风冷
	冷却空气温度	−40～+45 ℃(无降额) +45～+55 ℃(降额)
	进气	箱体应具有防止外部污染的功能
	最大工作高度	海拔 2 500 m
	保护等级	最低 IP54(通过牵引箱实现)
逆变器控制单元	含箱体尺寸(长×宽×高)	455 mm×180 mm×150 mm
	质量	1 900 g
	安装到紧凑型逆变器单元上的方式	4 颗 M8 防丢失大头六角螺栓
	逆变器控制单元电源电压连接器×1	±24 V,±3%,最大 300 W

PWM(Pulse Width Modulation)技术是通过对一系列脉冲的宽度进行调制,来等效地获得所需要的波形形状和幅值的电路调控方法。VVVF 逆变器的直变交功能是通过 PWM 控制实现的。PWM 的控制方式包括单极性 PWM 调制与双极性 PWM 调制。其中单极性 PWM 调制过程中参加调制的载波三角形和正弦波参考信号极性不变。此外,在 PWM 的控制电路之中,载波频率 f_c 与调制信号频率 f_r 之比 $N=f_c/f_r$ 叫做载波比。根据载波和调制波是不是同步以及载波比的变化情况,可以

将 PWM 的调制方式分为异步调制和同步调制两种。其中,载波信号和调制信号不保持同步的调制方式为异步调制。在异步调制时,开关频率一般是固定的,随着工作频率的提高,每个周期中开关次数随之减少。同步 PWM 时,在某一个工作频率范围内,每个周期中的开关次数是一定的,即所谓分频数一定。

车辆实际运行过程中,一般在恒转矩区段低频 f_r 小于 10 Hz 时采取异步调制,在恒转矩区段高频区采用分段同步调制。当列车进入恒功率工况时,逆变器在方波工况,此时调制仍然通过 PWM 实现。当调制深度 $m>3.24$ 时,逆变器 PWM 调制输出电压波形近似为方波电压,可以将其看作方波调制。

图 5.11 为 VVVF 逆变器主电路图,其中 $T_1\sim T_6$ 为大功率开关元件,如 IGBT(绝缘门极双极晶体管)、GTO(门极可关断晶闸管)等。D 为大功率快速二极管,在电路中起到续流作用。牵引电机在恒功率运行时,逆变器工作在三相方波工况。在对 VVVF 逆变器工作原理分析时,需要定义 3 个理想开关元件。

$$
\begin{gathered}
S_A=\begin{cases}1 & T_1\text{ 导通}\\ 0 & T_4\text{ 导通}\end{cases}\\
S_B=\begin{cases}1 & T_3\text{ 导通}\\ 0 & T_6\text{ 导通}\end{cases}\\
S_C=\begin{cases}1 & T_2\text{ 导通}\\ 0 & T_5\text{ 导通}\end{cases}
\end{gathered}
\tag{5.25}
$$

图 5.11 所示的逆变器主电路图将逆变器采用理想开关等效,牵引电机用值为 R_a、R_b、R_c 的感抗等效,并假设牵引电机三相负载平衡即 $R_a=R_b=R_c$。则可将牵引逆变器的主电路图 5.11 简化为图 5.12 所示的牵引逆变器等效电路图。从图 5.13 中可以看出,S_A、S_B 和 S_C 组成 8 种工作模式:当 $S_A=S_B=S_C$ 时,牵引电机不工作。当 S_A、S_B 和 S_C 不全相同时,逆变器在方波工况按照开关器件每 60°切换一次,由此逆变器的六种工作模式如下。

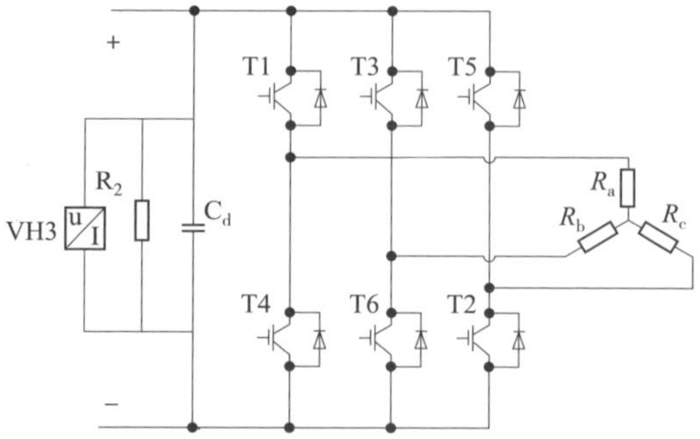

图 5.11 逆变器主电路图

(1)工作模式 1($S_A=0,S_B=0,S_C=0$):开关 T_4、T_5、T_6 导通,T_1、T_2、T_3 断开,a,b,c 端相电压为 $U_{AO}=-U_d/3$,$U_{BO}=-U_d/3$,$U_{CO}=2U_d/3$;相应的输出电压 $U_{AB}=0$,$U_{BC}=-U_d$,$U_{CA}=U_d$。其等效电路如图 5.13(a)所示。

(2)工作模式 2($S_A=0,S_B=1,S_C=0$):开关 T_2、T_3、T_4 导通,T_1、T_5、T_6 断开,a,b,c 端相电压为 $U_{AO}=-U_d/3$,$U_{BO}=2U_d/3$,$U_{CO}=-U_d/3$;相应的输出电压 $U_{AB}=$

$-U_d, U_{BC}=U_d, U_{CA}=0$。其等效电路如图 5.13(b)所示。

(3)工作模式 3($S_A=0, S_B=1, S_C=1$):开关 T_3、T_4、T_5 导通,T_1、T_2、T_6 断开,a,b,c 端相电压为 $U_{AO}=-2U_d/3, U_{BO}=U_d/3, U_{CO}=U_d/3$;相应的输出电压 $U_{AB}=-U_d$, $U_{BC}=0, U_{CA}=U_d$。其等效电路如图 5.13(c)所示。

(4)工作模式 4($S_A=1, S_B=0, S_C=0$):开关 T_1、T_2、T_6 导通,T_3、T_4、T_5 断开,a,b,c 端相电压为 $U_{AO}=2U_d/3, U_{BO}=-U_d/3, U_{CO}=-U_d/3$;相应的输出电压 $U_{AB}=0$, $U_{BC}=U_d, U_{CA}=-U_d$。其等效电路如图 5.13(d)所示。

(5)工作模式 5($S_A=1, S_B=0, S_C=1$):开关 T_1、T_5、T_6 导通,T_2、T_3、T_4 断开,a,b,c 端相电压为 $U_{AO}=U_d/3, U_{BO}=-2U_d/3, U_{CO}=U_d/3$;相应的输出电压 $U_{AB}=U_d, U_{BC}=-U_d, U_{CA}=0$。其等效电路如图 5.13(e)所示。

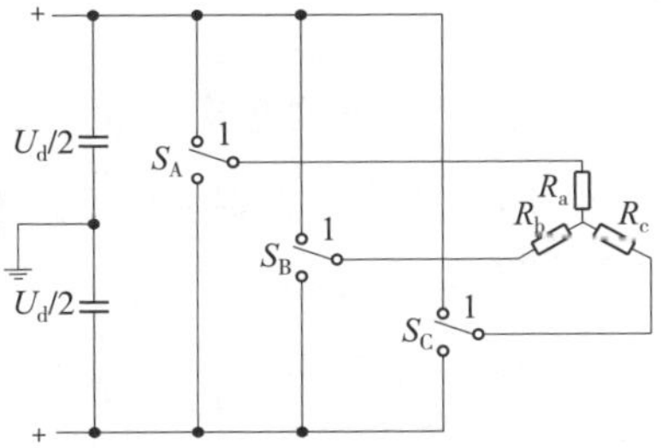

图 5.12　逆变器等效电路

(6)工作模式 6($S_A=1, S_B=1, S_C=0$):开关 T_1、T_2、T_3 导通,T_4、T_5、T_6 断开,a,b,c 端相电压为 $U_{AO}=U_d/3, U_{BO}=U_d/3, U_{CO}=-2U_d/3$;相应的输出电压 $U_{AB}=U_d, U_{BC}=0, U_{CA}=-U_d$。其等效电路如图 5.13(f)所示。

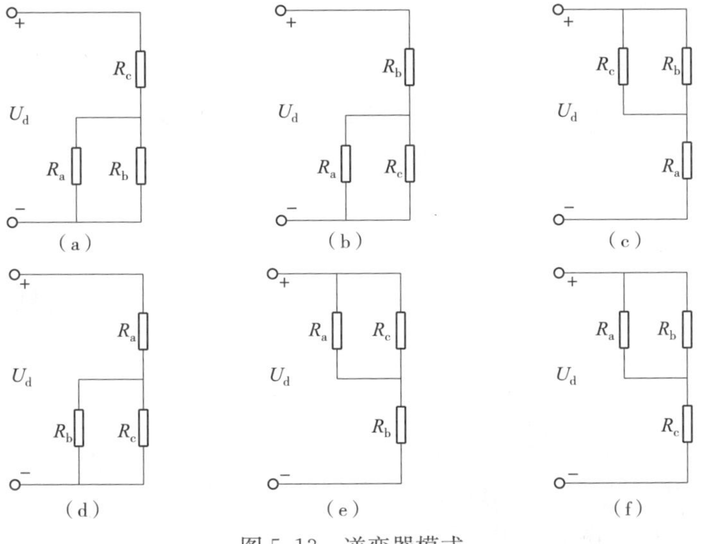

图 5.13　逆变器模式

逆变器输出侧电压 u_{AO} 为六阶梯波,将傅里叶级数展开可以得到

$$u_{AO}=\frac{2}{\pi}U_d\left(\sin\omega t+\frac{1}{5}\sin 5\omega t+\frac{1}{7}\sin 7\omega t+\frac{1}{11}\sin 11\omega t+\cdots+\frac{1}{n}\sin n\omega t\right) \tag{5.26}$$

逆变器输出相电压 u_{AO} 基波幅值为

$$U_{AOM}=\frac{2}{\pi}U_d=0.637U_d \tag{5.27}$$

线电压 U_{AB} 基波幅值为

$$U_{AB}=\sqrt{3}U_{AOM}=1.1U_d \tag{5.28}$$

线电压 U_{AB} 基波有效值为

$$U_{AB1}=\frac{U_{AB}}{\sqrt{3}}=0.78U_d \tag{5.29}$$

(二)VVVF 逆变器效率分析

VVVF 逆变器能量传递效率是整个牵引传动链的关键,其重点在于计算逆变器的功率损耗。VVVF 逆变器损耗主要包括 IGBT 等开关器件的通态损耗和开关损耗[8]。通态损耗取决于管压降和负载电流,而开关损耗取决于开关频率和负载电流。于是 VVVF 逆变器功率损耗可表示为

$$P_{inv-loss}=k_1I_s^2+k_2I_s \tag{5.30}$$

式中,k_1、k_2 为由开关器件决定的相关系数;I_s 相电流为有效值。

由此可知,VVVF 逆变器的效率可表示为

$$\eta_{inv}=\frac{P_{inv}-P_{inv-loss}}{P_{inv}}\times 100\% \tag{5.31}$$

式中,P_{inv} 为 VVVF 逆变器的输入功率;$P_{inv}=UI$;$P_{inv-loss}$ 为逆变器自身损耗功率;η_{inv} 是逆变器能量传递效率,当有轨电车正常运行时,其效率约为 95%～98%。

二、牵引电机

对于城市轨道交通列车的电驱动系统,无 DC—DC 换向器电动机驱动呈现出了优于传统有换向器直流电动机驱动的许多优点。目前,在各种无换向器电动机驱动中,异步电动机驱动技术最为成熟。与直流电动机驱动相比,交流异步电机具有如质量轻、体积小、低成本和高效率等优点。这些优点对于轨道交通列车尤为重要,因此本节将以异步电机为对象对城轨交通车辆中牵引电机进行介绍。图 5.14 为异步电动机的断面图,其中,在定子槽中放置着三相绕组 a-a′、b-b′和 c-c′,每个绕组的线束分布使绕组中的电流在沿气隙周上产生近似正弦分布的磁通密度,其绕组空间按 120°位差分布。

(一)牵引电机工作原理

如图 5.14 所示,三相两级异步电动机的每相由一个频率为 ω,相邻两相相位差

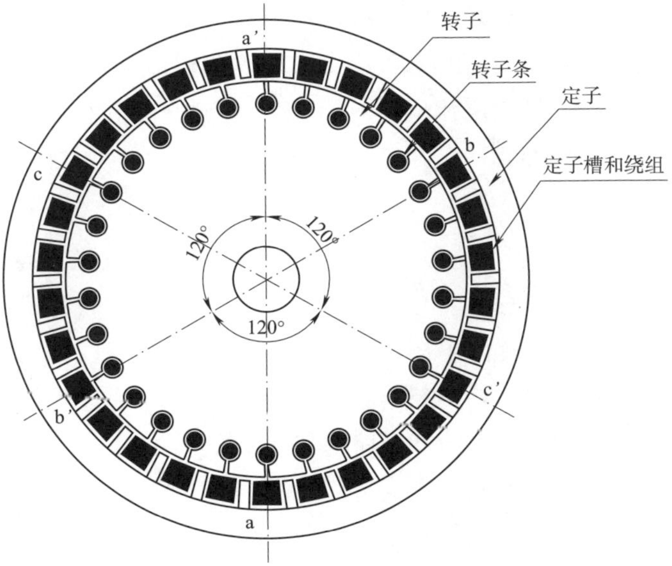

图 5.14　异步电机断面

为 120°的正弦交流电供电，电流 i_{as}，i_{bs}，i_{cs} 产生的交流磁动势为 F_{as}，F_{bs}，和 F_{cs}，这些磁动势是空间矢量，其合成的定子磁动势 F_S 是相磁动势矢量的矢量和。

定子磁动势合成矢量 F_s 表示为

$$
\begin{aligned}
&F_s^s = F_{as}e^{j0^\circ} + F_{bs}e^{j120^\circ} + F_{cs}e^{j240^\circ} \\
&F_{as} = F_{as}\sin\omega t \\
&F_{cs} = F_{bs}\sin(\omega t - 120^\circ) \\
&F_{cs} = F_{cs}\sin(\omega t + 120^\circ)
\end{aligned}
\tag{5.32}
$$

式中，频率 ω 为旋转的定子磁动势，仅取决于定子交变电流的频率，也称为电角速度。对于两级电机，旋转的定子磁动势电角速度等于其机械角速度。

对于多极电机而言，机械角速度不等于电角速度，因此，其间的关系可表示为

$$\omega_{ms} = \frac{2}{P}\omega = \frac{4\pi f}{P}(\text{rad/s}) \tag{5.33}$$

式中，f 为交变电流的频率或旋转的定子磁动势角速度(rad/s)。

若转子转速为 ω_m，则定子旋转磁场与转子之间的相对转速为

$$\omega_{sl} = \omega_{ms} - \omega_m = s\omega_{ms} \tag{5.34}$$

式中，ω_{sl} 被称为转差速度，对应的转差率为

$$s = \frac{\omega_{ms} - \omega_m}{\omega_{ms}} = \frac{\omega_{sl}}{\omega_{ms}} \tag{5.35}$$

当 $\omega_m > \omega_{m1}$ 时，转子与定子磁场之间的相对速度为正，转子产生的感生电压与定

子电压相序相同，产生稳定的转矩；当 $\omega_m = \omega_{m1}$ 时，转子与定子磁场之间的相对速度为零，没有感生电动势，输出转矩为零；当 $\omega_m < \omega_{m1}$ 时，转子与定子磁场之间的相对速度为负，转子感生电压与感生电流也反向，且相序与定子相序相反，产生的转矩为负，意味着电机工作在发电状态。

（二）牵引电机数学建模

异步电机作为电力牵引交流控制系统中实现电能与机械能转换的关键装置，其高性能的控制策略是机车安全稳定运行的保证。异步牵引电机是变频电机，采用的是脉宽调制方式进行驱动，输入电压（或电流）都带有大量谐波，使得定转子、气隙之间的电磁关系复杂，磁场、电磁转矩和转速同时变化。再加上电机的动态性能受转差瞬时调节的瞬态电流、温度场效应和磁路饱和等非线性因素影响，异步牵引电机是一个典型的高阶非线性系统，并具有多变量（多输入多输出）、强耦合等特点。

为了分析方便，一般在建立异步电机模型与研究异步电机时做如下理想化假设：

(1)忽略谐波影响，电机定转子 H 相绕组互差 120°，完全对称；

(2)忽略齿槽效应，定转子表面光滑，所产生的气隙磁动势在空间上按正弦规律分布；

(3)忽略磁饱和、铁芯损耗和祸流效应，将各绕组的自感、互感作为常数；

(4)不考虑绕组电阻受湿度和频率变化的影响。

轨道交通列车使用的异步牵引电机作为控制对象，其属性见表 5.2。

表 5.2 轨道交通车用异步电机属性

名称	属性
驱动方式	集成式纵向驱动
电机类型	笼型式异步电机
电机个数	6
冷却方式	封闭式自通风
持续功率	100 kW(1 580 r/min)
最大转速	4 000 r/min
减速方式	两级固定减速
齿轮平均效率	97.5%
减速比	5.444

根据异步电机的原理可知，由每相绕组自感、绕组之间的互感和 H 相电流可以得到对应相的磁链，其关系可表示如下：

$$
\begin{bmatrix} \psi_{sa} \\ \psi_{sb} \\ \psi_{sc} \\ \psi_{ra} \\ \psi_{rb} \\ \psi_{rc} \end{bmatrix} = \begin{bmatrix} L_{AA} & L_{AB} & L_{AC} & L_{Aa} & L_{Ab} & L_{Ac} \\ L_{BA} & L_{BB} & L_{BC} & L_{Ba} & L_{Bb} & L_{Bc} \\ L_{CA} & L_{CB} & L_{CC} & L_{Ca} & L_{Cb} & L_{Cc} \\ L_{aA} & L_{aB} & L_{aC} & L_{aa} & L_{ab} & L_{ac} \\ L_{bA} & L_{bB} & L_{bC} & L_{ba} & L_{bb} & L_{bc} \\ L_{cA} & L_{cB} & L_{cC} & L_{ca} & L_{cb} & L_{cc} \end{bmatrix} \begin{bmatrix} i_{sa} \\ i_{sb} \\ i_{sc} \\ i_{ra} \\ i_{rb} \\ i_{rc} \end{bmatrix} \tag{5.36}
$$

可将其表示成向量形式：

$$
\boldsymbol{\psi} = \boldsymbol{L}\boldsymbol{i} \tag{5.37}
$$

式中，ψ_{sx}，$\psi_{rx}\{x=a,b,c\}$为定转子绕组磁链的瞬时值；$L_{xx}\{x=A,B,C,a,b,c\}$为绕组自感；$L_{xy}\{x,y=A,B,C,a,b,c;x\neq y\}$；$i_{sx}$和$i_{rx}\{x=a,b,c\}$为定转子相电流的瞬时值。

漏磁通和主磁通是电机绕组产生交链磁通的主要方式，只与一相绕组交链而不穿过气隙的磁通为漏磁通，穿过气隙的互感磁通对应为定转子互感。对各相绕组来说，与它交链的磁通为主磁通与漏磁通之和。

异步电机定转子绕组的电压转矩方程可表示为

$$
\begin{bmatrix} u_{sa} \\ u_{sb} \\ u_{sc} \\ u_{ra} \\ u_{rb} \\ u_{rc} \end{bmatrix} = \begin{bmatrix} R_s & 0 & 0 & 0 & 0 & 0 \\ 0 & R_s & 0 & 0 & 0 & 0 \\ 0 & 0 & R_s & 0 & 0 & 0 \\ 0 & 0 & 0 & R_s & 0 & 0 \\ 0 & 0 & 0 & 0 & R_s & 0 \\ 0 & 0 & 0 & 0 & 0 & R_s \end{bmatrix} \begin{bmatrix} i_{sa} \\ i_{sb} \\ i_{sc} \\ i_{ra} \\ i_{rb} \\ i_{rc} \end{bmatrix} + \frac{d}{dx} \begin{bmatrix} \psi_{sa} \\ \psi_{sb} \\ \psi_{sc} \\ \psi_{ra} \\ \psi_{rb} \\ \psi_{rc} \end{bmatrix} \tag{5.38}
$$

可将其表示成向量形式

$$
\boldsymbol{u} = \boldsymbol{R}\boldsymbol{i} + \frac{d\psi}{dt} \tag{5.39}
$$

式中，u_{sx}，$u_{rx}(x=a,b,c)$为定转子相电压的瞬时值。

在线性电感的条件下，基于机电能量转换原理，可得到磁场储能为

$$
W_m = 0.5i^T\psi = 0.5i^T Li \tag{5.40}
$$

由此可得到电磁转矩为

$$
T_e = n_p \frac{\partial W_m}{\partial \theta} \tag{5.41}
$$

将式(5.41)展开后电磁转矩可表示为

$$
\begin{aligned} T_e = n_p L_m [& (i_{sa}i_{ra} + i_{sb}i_{rb} + i_{sc}i_{rc})\sin\theta + (i_{sa}i_{rb} + i_{sb}i_{rc} + i_{sc}i_{ra})\sin(\theta + 120°) \\ & + (i_{sa}i_{rc} + i_{sb}i_{ra} + i_{sc}i_{rb})\sin(\theta - 120°)] \end{aligned} \tag{5.42}
$$

由此可知，电磁转矩与定转子电流和角位移 θ 有关，是一个多变量、强耦合且非线性的函数。

异步电机的运动方程可表示如下

$$T_e - T_L = \frac{J}{n_p}\frac{d\omega_r}{dt} + \frac{D}{n_p}\omega_r \tag{5.43}$$

式中，T_L 为负载转矩；J 为转动惯量；D 为阻尼系数。如果是恒转矩负载，$D=0$，则有

$$T_e - T_L = \frac{J}{n_p}\frac{d\omega_r}{dt} \tag{5.44}$$

（三）牵引电机控制方法

异步牵引电机控制方法经历了转差电流控制、磁场定向控制和直接转矩控制三个发展历程，其间又派生了许多发展分支。早期的转差电流控制方法基于异步电动机的稳态数学模型，其动态性能远不足以与直流调速系统相媲美；20 世纪 70 年代磁场定向控制理论被提出来，它基于直流调速系统的控制思想对异步电动机进行矢量解析，实现磁链和转矩独立调节，达到了与直流调速系统同样的动态响应性能；最新的直接转矩控制基于定子磁场定向，数学模型简单，有更优良的动、静态性能，其优势越来越明显。

(1)滑差频率控制方法

早期，用电流型或电压型逆变器供电异步牵引电机的交流传动系统都是采用滑差频率控制方法来实现调速，其要点是保持压频比 U/f 恒定，控制滑差就可以调节转矩。由调速理论可知，U/f 恒定(即保持气隙磁通近似不变)，当滑差不变时，便可实现恒转矩启动与调速。为充分发挥电机功率，当达到额定转速后再维持额定电压不变，速度继续上升，进入弱磁恒功区。滑差频率控制属于标量或稳态量控制，因而调节时都有一个进入稳态的过渡过程，因此动态性能不够好。

(2)转差—电流控制

转差—电流控制思想是在稳态条件下，建立定子电流幅值和转差频率与电动机转速及转矩的控制函数，由此推算各种运行条件下的转差频率，并与电动机转速相加，可得到定子频率。根据电压与频率的线性关系得到电动机端电压(即逆变器输出电压)的基波幅值，同时由转速、转矩计算出的定子电流给定值与实际反馈值形成闭环控制，补偿电动机端电压基波幅值。转差—电流控制实现了电动机调速控制过程中对电压、频率的平稳调节，控制原理简单，易于实现。但该方法不能对动态过程解耦，动态响应不理想。其只在早期的交流传动机车上得到应用，我国第 1 台交流传动

电力机车 AC 4000 原型车就采用了这种控制方法。

(3)磁场定向控制

磁场定向控制是模拟直流电动机的控制原理，通过磁场定向方式，借助矢量变换，将交流电动机三相动态方程变换为旋转坐标系下的两相正交模型，从而使控制变量分解成磁链分量和转矩分量。在控制系统中，往往通过前馈解耦实现磁链、转矩分量的独立控制。

(四)牵引电机工作特性

城市轨道交通车辆与常见铁路车辆运行工况的不同，决定了城市轨道交通列车和铁路车辆的牵引特性各不相同。由于城市轨道交通系统的站间距一般比较短(一般 1 km 左右)，决定了城市轨道交通列车的运行方式是分段的，具体包括：启动加速—运行—制动减速—停站，各站区间重复进行。因此，城市轨道交通列车牵引电机的工作方式是间断式的，短时间段内重复。如图 5.15 所示为城市轨道交通列车在某一运行区段内的转矩、速度、功率、电压及电流的变化情况。

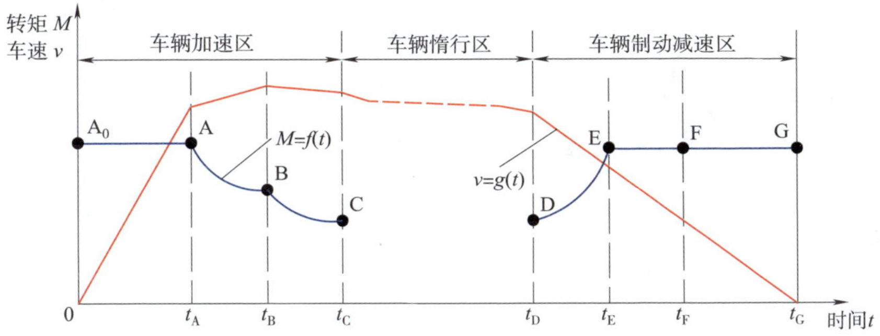

图 5.15　城市轨道交通列车运行参数变化情况

如图 5.16 所示，整段运行工况可分为车辆加速区、车辆惰性区和车辆制动减速区。其中，车辆加速区可分为恒转矩区、恒功率区和自然特性区，车辆制动减速区可分为自然特性区和恒转矩区。因此，城轨车辆的运行就是短时间不断重复这个过程。于是，牵引电机的工作方式也是不断地重复恒转矩段、恒功率段、自然特性段和制动段。由于城轨车辆的站间距离较短，且停靠车站较多，为了缩短区间的运行时分，提高旅行速度，要求城轨车辆应具有较大的加速性能，能够在短距离内达到要求的最高运行速度，一般为 60～70 km/h；同理，制动距离也尽可能短，要求制动减速性能好。因此，总结以上分析城市轨道交通列车的牵引性能可以概括为加减速快、正常运行平稳。

恒转矩区表示列车在运行过程中，输出转矩保持不变，随着输出转速的增大，输

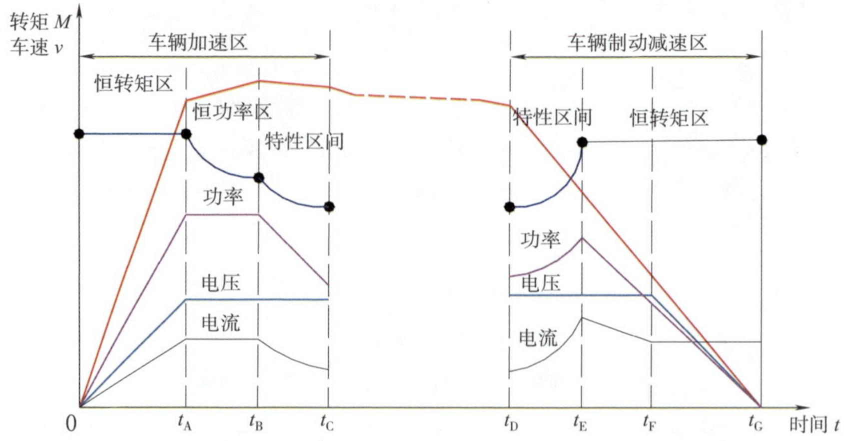

图 5.16　城市轨道交通列车各部件运行状态

出功率增大，直至到达电机的额定转速，具体可表示为

$$\begin{cases} T_m = T_{max} \\ P_m = \dfrac{T_m n_m}{9\ 550} \end{cases} \qquad n_m \leqslant n_e \tag{5.45}$$

式中，n_e 为额定转速(r/min)。

恒功率区表示列车在运行过程中，输出功率保持不变，随着输出转速的增大，输出转矩逐渐减小，具体可表示为

$$\begin{cases} P_m = P_{max} \\ T_m = \dfrac{9\ 550\ P_m}{n_e} \end{cases} \qquad n_e < n_m \leqslant \frac{P_e n_e}{P_m} \tag{5.46}$$

自然特性区表征为电机的固定电压和频率区。当牵引电机转速超过其额定转速，电压到达其额定值且不随着牵引电机频率增加而增加时，电压固定在其额定值，而频率继续随着电机转速增加而增加，电机进入弱磁运行状态。转差率固定在额定频率对应的额定值，转差速度随着转速的增加而增加，具体可表示为

$$P_m = \frac{P_e n_e}{n_m} \qquad \frac{P_e n_e}{P_m} < n_m \leqslant \frac{P_{max} n_{max}}{P_m} \tag{5.47}$$

（五）牵引电机效率分析

列车运行过程在保证良好动力性的同时，需要满足一定的经济性能。牵引电机是一个多变量强耦合的系统，其转速、电磁转矩和电压、频率磁链等相互影响。同一负载转矩和给定转速，可以通过不同电压、电流、磁链、频率的组合来得到，且不同的组合消耗的输入功率各不相同。牵引电机节能控制实质是在保证输出功率不变的前提下，在整个电机稳定运行范围内寻找一个最优状态点。电机运行在此状态点时，输

入功率最小，效率最高。图 5.17 为某款牵引电机的工作效率曲线，其高效区主要集中在高负荷和高转速区。

牵引电机效率是指电机输入功率与输出功率的比，具体可表示为

$$\eta_m = \frac{T_m n_m}{9\ 550\sum_{i=1}^{3} U_i I_i} \times 100\% \quad (5.48)$$

式中，T_m 为牵引电机输出轴转矩；n_m 为牵引电机输出轴转速；U_i 为牵引电机各项输入电压有效值，同时也是逆变器输出电压的有效值；I_i 为各牵引电机各项输入电流有效值，同时也是逆变器输出电流的有效值。

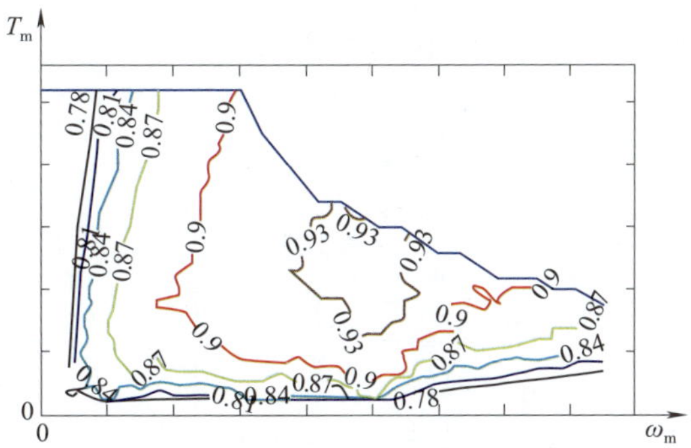

图 5.17 某款牵引电机工作效率曲线

运用于城市轨道交通的牵引电机包括异步电机和永磁同步电机，异步电机额定效率一般在 91%～93%，永磁同步电机额定效率高达 95%以上，但其成本相对较高，高转矩控制难度大，目前较少采用。

图 5.18～图 5.23 分别为不同车轮半径不同直流电压对应的牵引电机转矩、牵引电机转频、牵引电机效率和牵引电机相电压。表 5.3 为以上不同测试条件下牵引电机的平均效率。由表中可知牵引电机平稳牵引时的平均效率维持在 91%～93%附近。

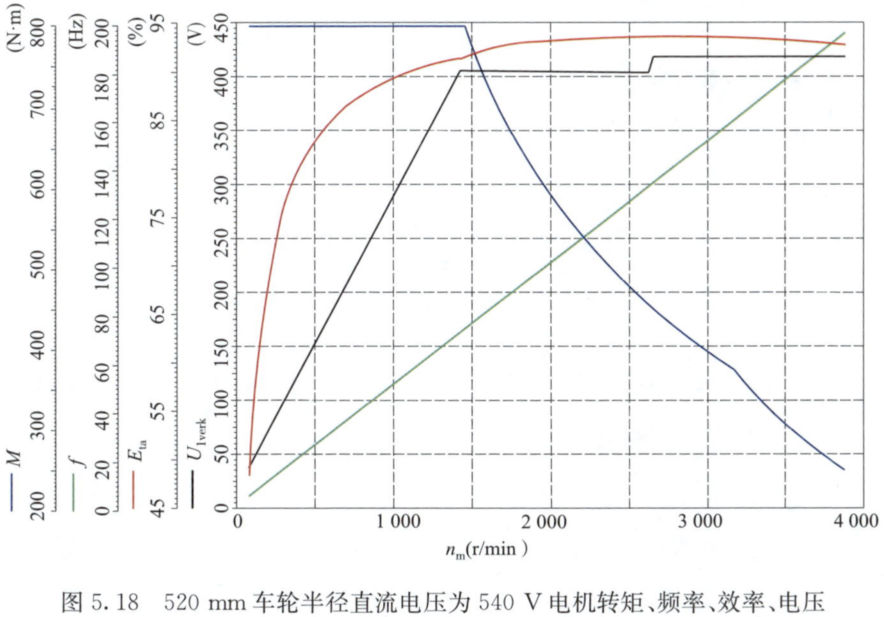

图 5.18 520 mm 车轮半径直流电压为 540 V 电机转矩、频率、效率、电压

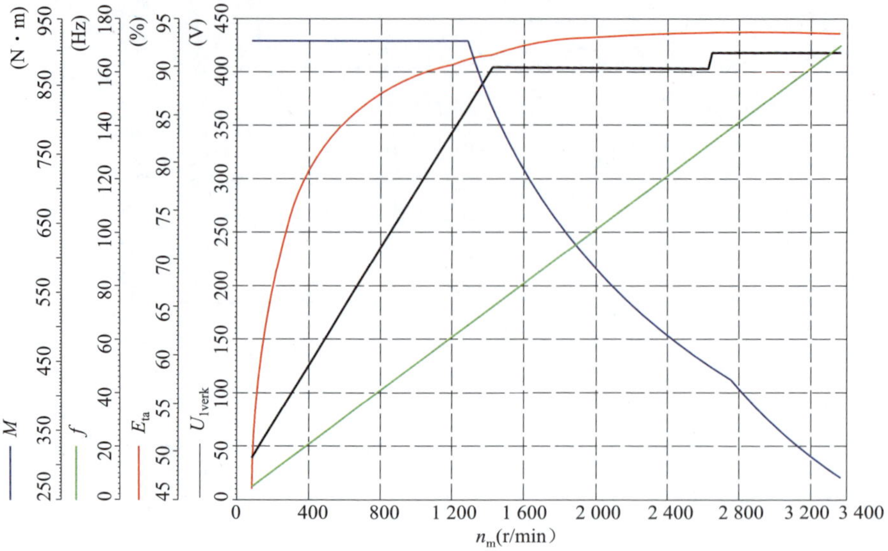

图 5.19　600 mm 车轮半径直流电压为 540 V 电机转矩、频率、效率、电压

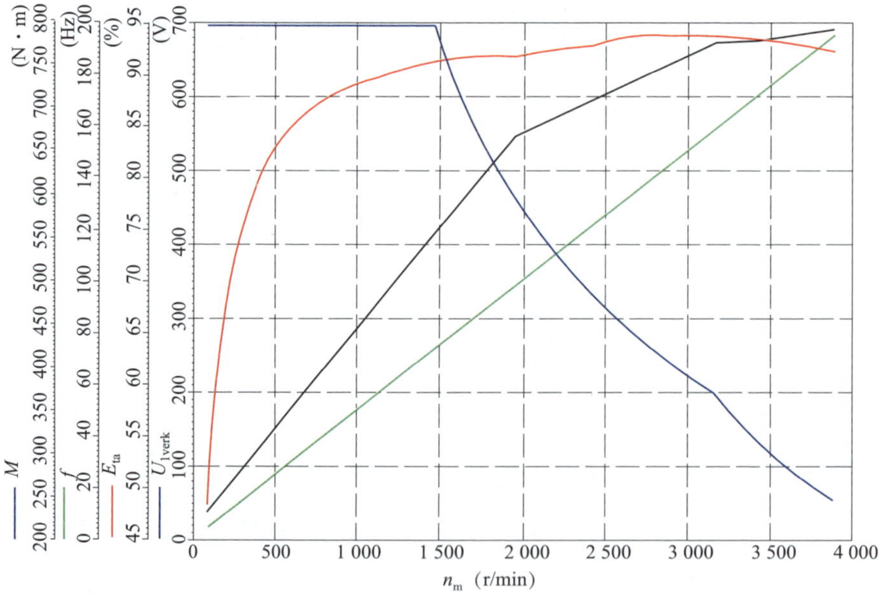

图 5.20　520 mm 车轮半径直流电压为 900 V 电机转矩、频率、效率、电压

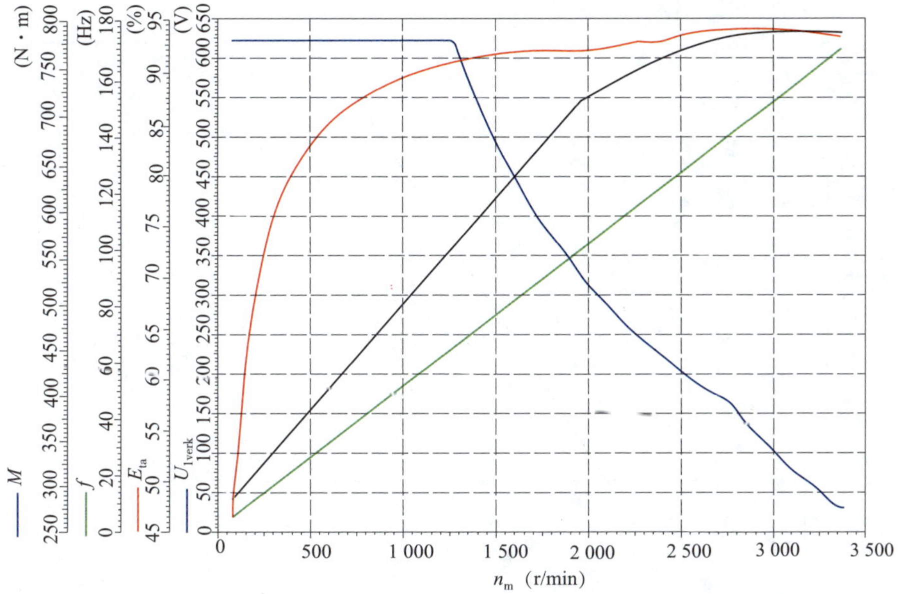

图 5.21　600 mm 车轮半径直流电压为 900 V 电机转矩、频率、效率、电压

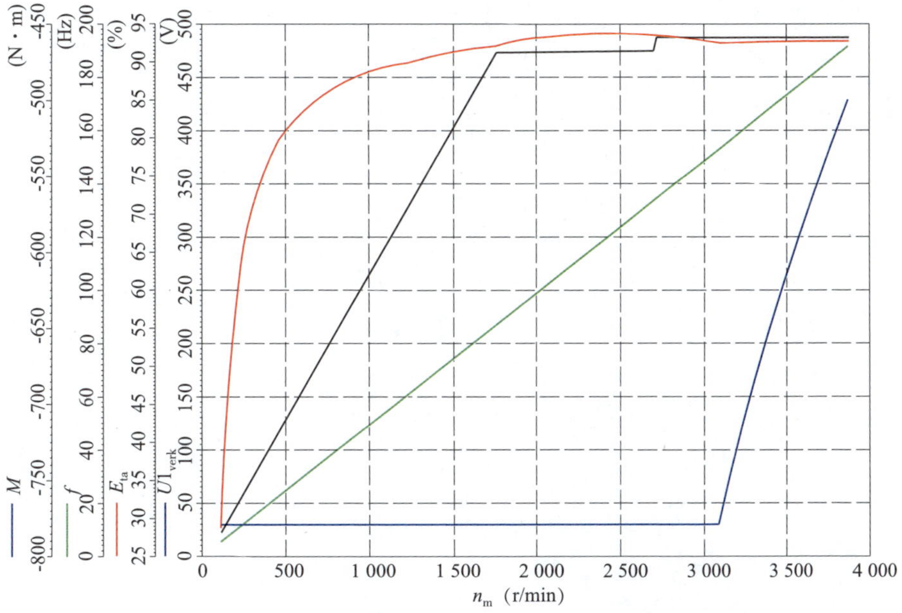

图 5.22　520 mm 车轮半径直流电压为 620 V 电机转矩、频率、效率、电压

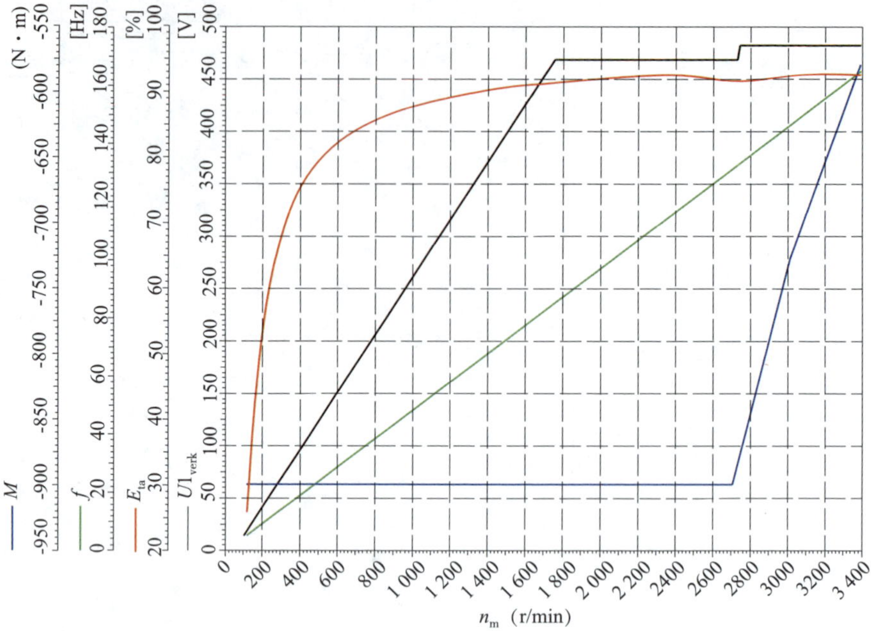

图 5.23　600 mm 车轮半径直流电压为 620 V 电机转矩、频率、效率、电压

表 5.3　不同测试条件下牵引电机平均效率

牵引电机运行状态	测试条件	平稳牵引平均效率
驱动状态	车轮半径 520 mm，直流电压为 540 V	92.52%
	车轮半径 600 mm，直流电压为 540 V	92.71%
	车轮半径 520 mm，直流电压为 900 V	92.14%
	车轮半径 600 mm，直流电压为 900 V	91.78%
制动状态	车轮半径 520 mm，直流电压为 620 V	92.19%
	车轮半径 600 mm，直流电压为 620 V	91.73%

第六章　储能式轨道交通能量管理策略

能量管理策略的主要作用是合理分配能量以及降低车辆运行时的能耗。在储能式轨道交通系统中，能量管理策略要保证车辆在遭遇突发状况时能顺利通过无网区域，同时合理分配能量在超级电容与蓄电池之间或超级电容与供电线网之间的流动。虽然都存在无网运行工况，但局部无网与全程无网轨道交通系统的能量管理策并不相同。本章将从这两个方面出发，分别介绍储能式轨道交通局部无网和全程无网的能量管理策略。

第一节　能量管理策略和方法概述

一、能量管理方案分析

城市轨道交通能量管理策略主要包括两方面：一是整车层面，要求设计驾驶策略或者能源管理方案使得轨道列车的运行能耗最小，并且在遭遇突发情况时能够保证列车至少能够安全抵达车站，对于局部无网系统来说，还要求列车能够顺利通过无网路段；另一个是储能系统层面，要求设计能量管理策略来合理分配能量在储能系统内部及与供电线网之间的流动。

目前在储能式轨道交通系统中应用较多的储能方案为超级电容储能系统和超级电容电池复合储能系统，在针对这两类系统设计能量管理策略时，首先需要准确获得储能介质的状态参数，主要包括能量状态（State of Energy，*SOE*）和荷电状态（State of Charge，*SOC*）。

1. 能量状态（*SOE*）

能量状态是超级电容或电池储能介质的重要参数，其反映了超级电容或电池储能介质的剩余能量的大小。工程实际中，*SOE* 可由电压、电流等参数计算获得。通常认为储能系统充电至截止电压时的 *SOE* 为 1，储能介质放电至截止电压时的 *SOE* 为 0，对应 *SOE* 求取公式如下

$$SOE=\frac{W_0-W_d}{W_0}\times 100\%=\frac{W_t}{W_0}\times 100\% \tag{6.1}$$

式中，W_t 表示储能介质剩余的能量；W_d 表示储能介质累计放出的能量；W_0 表示储能介质的额定能量。

2. 荷电状态（SOC）

荷电状态是指在一定条件下，储能介质剩余的电量与储能介质的额定容量之比，是衡量储能介质当前状态的一个重要的参数，定义如下

$$SOC = \frac{Q_0 - Q_d}{Q_0} \times 100\% = \frac{Q_t}{Q_0} \times 100\% \tag{6.2}$$

式中，Q_t 表示储能介质剩余的电量；Q_d 表示储能介质累计放出的电量；Q_0 表示储能介质的额定容量。

二、储能介质的能量估算

SOE 和 SOC 的不同在于两者分别表达的是储能介质当前的能量状态和荷电状态两个重要的参数，相同的地方在于两者都能够反应储能介质的实时状态。然而对轨道交通系统来讲，我们比较关心的是储能系统剩余的能量能否满足列车牵引系统和其他辅助设备的耗电，以便根据剩余的能量设计能量管理策略来满足列车的运行需求，因此储能介质的 SOE 值是我们比较关心的参数。

SOE 表达式中 W_0 为储能介质内部总能量，表示当前状态下储能介质的最大可存储能量，W_0 值是否准确对 SOE 的计算精度有很大影响。通过分析储能介质的工作特性可知环境温度、放电倍率、循环寿命、自放电等对储能介质内部总能量 W_0 有影响。为使得 SOE 的计算结果更为准确，需要确定这些影响因素与 W_0 的关系。锂储能介质的每月自放电率较低（$<10\%$），同时又因为影响自放电的因素较多，本节在 SOE 计算中忽略自放电对估算精度的影响，主要分析环境温度、充放电电流以及储能介质健康状态对储能介质内部总能量的影响，以对 SOE 的计算进行修正。

1. 温度因素：环境温度对超级电容的可充入与可放出能量影响不明显，但是对蓄电池的影响很大。环境温度的差异必然给锂电池 SOE 的估算带来误差。一般以室温 25 ℃的放电总能量为基准分析其他环境温度对放电总能量的影响，用温度影响系数 η_T 来描述温度对放电能量的影响，算式如下

$$\eta_T = \frac{Q_T}{Q_{25}} \times 100\% \tag{6.3}$$

式中，Q_T 为不同倍温度下放电总能量；Q_{25} 为 25 ℃放电总能量。

2. 电流因素：不同放电电流下储能介质可放出的能量差异很大，储能介质处于不同的工况时可放出的总能量 W 也会有差异，这给 SOE 估算带来误差，因此 SOE 估算中需要考虑放电电流对 W 值的影响。由于电流产生的极化作用对确定放电电流与放电能量之间的关系有影响，因此以额定电流为基准分析不同放电电流对放电总能量的影响，用电流影响系数 η_I 描述放电电流对放电能量的影响，算式如下

$$\eta_I = \frac{Q_I}{Q_0} \times 100\% \tag{6.4}$$

式中，Q_I 为不同倍率下放电总能量；Q_0 为额定电流放电总能量。

3. 健康状态影响因素：式(6.1)中储能介质内部总能量表示当前状态下最大可放能量，是 SOE 估算的重要参数，通过储能介质循环特性分析可知，储能介质的最大可放出能量随着循环次数的增加而下降。可以利用自适应电压曲线拟合法获得储能介质的健康状态，之后计算当前最大可放容量与能量。

(一)超级电容能量估算

根据第二章基于外部电气特性表征的模型介绍，超级电容能量估算可按照一阶RC电路进行计算，且开路电压和存储的电量是成正比，因此超级电容的能量估算较为简单，t 时刻超级电容的能量计算如下

$$\begin{aligned} W_t &= \int_0^t ui\eta_I\eta_T \mathrm{d}t \\ &= \frac{1}{2}\eta_I\eta_T(CU_0^2 - CU_t^2) \end{aligned} \tag{6.5}$$

式中，U_t 为 t 时刻额定电压；C 为超级电容的容量；U_0 为额定电压；U_t 为 t 时刻电压。

则超级电容的 SOE 就可以通过下式得到：

$$\begin{aligned} SOE_t &= \frac{W_t}{W_0} \\ &= \frac{\frac{1}{2}\eta_I\eta_T(CU_0^2 - CU_t^2)}{W_0} \\ &= \frac{1}{2}\eta_I\eta_T \frac{CU_0^2 - CU_t^2}{W_0} \end{aligned} \tag{6.6}$$

在超级电容充放电过程中，其效率受温度和倍率影响很小，几乎接近1，主要的损耗在等效串联电阻上，但其串联内阻很小，产生的压降一般为其额定电压的2%左右，在动态工况下剩余能量计算与开路电压状态下的误差在5%以下。因此，在工程应用中，为简化计算，可以考虑用超级电容的动态电压作为开路电压进行能量估算。

(二)蓄电池能量估算

蓄电池由于其内部化学反应机理相对复杂，电池开路电压与电池的剩余能量并不是线性关系，其效率受温度和倍率影响很大。因此蓄电池 SOE 的精确计算比较困难，现有研究一般采用安时积分法、神经网络法、模糊逻辑法、卡尔曼滤波法及其优化算法等。综合计算的简便性和精确性，我们选择用扩展卡尔曼滤波算法来计算蓄电池 SOE。

1. 卡尔曼滤波原理

卡尔曼滤波器(kalman filter,KF)是由匈牙利人 Rudolf E. Kalman 首先提出并以他的名字命名的一种滤波算法,南加州大学的 Richard S. Bucy 对这一理论也做了完善,因此该滤波器也通常被称为卡尔曼—布西滤波器。卡尔曼滤波器在现代科技中有许多的应用,比如信号处理、计量经济学、机器人控制轨迹优化等,特别是在导航和车辆控制领域的使用最为广泛,是一种非常优秀的状态观测器。

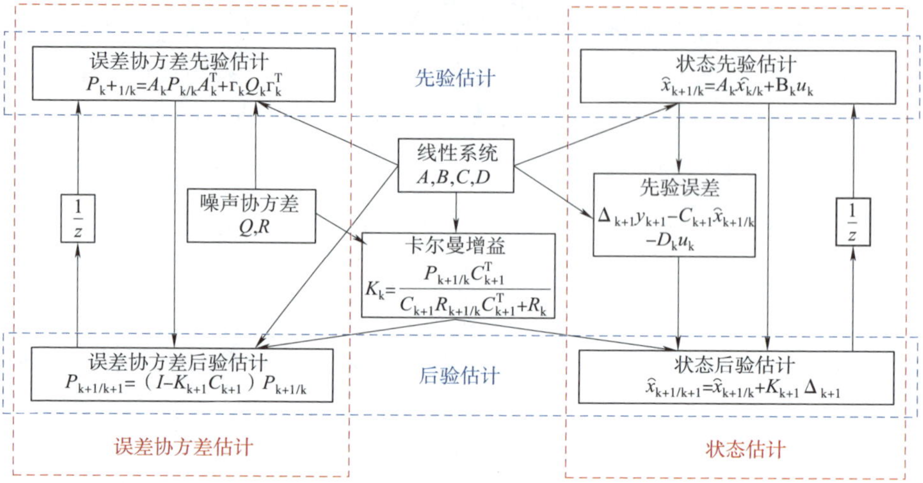

图 6.1　卡尔曼滤波算法流程

图 6.1 所示为卡尔曼滤波算法的计算流程,它包括先验估计和后验估计两个步骤,并且会在两个步骤之间产生“中间量”用以求解增益矩阵。先验估计中,需要使用上一时刻的状态估计来预测下一时刻的状态,这种先验状态估计又叫做“预测”。在后验估计中,需要用到当前时刻的参数的观测值和先验状态估计来修正先验值,得到修正后的后验状态估计,又称为“更新”。预测和更新的对象是系统状态空间方程的状态量和状态量的误差协方差矩阵。这些被估计的量在每一次算法运行的步骤中都会受到系统参数观测值的影响,如果由于某种原因丢失观测值,则可以跳过更新步骤来进行多次直接预测;同理,如果存在多个独立的观测值,也可以用矩阵的形式完成多次更新步骤。这两个步骤循环往复,交替进行,直到完成整个时间序列上的状态估计。

使用卡尔曼滤波算法首先需要建立系统的离散状态空间方程,它包括状态方程和观测方程

$$\begin{cases} x_{k+1}=A_k x_k+B_k u_k+\Gamma_k w_k \\ y_k=C_k x_k+D_k u_k+v_k \end{cases} \tag{6.7}$$

式中，x_k 为 n 维系统状态态向量；u_k 为系统输入；y_k 为系统的输出；m 为维系统测量向量；A_k 为传递矩阵；B_k 为输入矩阵；C_k 为输出矩阵；D_k 为前馈矩阵；w_k 为过程激励噪声；v_k 为量测噪声；Γ_k 为过程噪声矩阵。

已知过程激励噪声 w_k 的协方差矩阵为 Q，测量噪声 v_k 的协方差矩阵为 R；w_k 和 v_k 不相关，且都是均值为零的高斯白噪声。

算法启动的初始条件为

$$\hat{x}_0 = E(x_0), P_0 = \mathrm{var}(x_0) \tag{6.8}$$

先验状态估计

$$\hat{x}_{k+1/k}=A_k\hat{x}_{k/k}+B_k u_k \tag{6.9}$$

先验误差协方差

$$P_{k+1/k}=A_k P_{k/k} A_k^T+\Gamma_k Q_k \Gamma_k^{\mathrm{T}} \tag{6.10}$$

计算卡尔曼增益矩阵

$$K_k=P_{k+1/k}C_{k+1}^{\mathrm{T}}(C_{k+1}P_{k+1/k}C_{k+1}^{\mathrm{T}}+R_k)^{-1} \tag{6.11}$$

后验状态估计

$$\hat{x}_{k+1/k+1}=\hat{x}_{k+1/k}+K_{k+1}(y_{k+1}-C_{k+1}\hat{x}_{k+1/k}-D_k u_k) \tag{6.12}$$

后验误差协方差

$$P_{k+1/k+1}=(I-K_{k+1}C_{k+1})P_{k+1/k} \tag{6.13}$$

参数的观测值 y_k 和观测方程的输出值 $\hat{y}_k=C_k x_k+D_k u_k$ 之间的差值越大，对先验估计的修正也越大，这个差值在对先验估计进行修正时，需要乘以一个卡尔曼增益 K_k，这个增益值如图 6.1 所示，可以通过观测噪声的协方差 R 和先验误差协方差 $P_{k/k+1}$ 来求得。观测噪声主要来源于传感器本身的不精确，它将影响到协方差 R 的大小，当 R 增大时，卡尔曼增益变小，对先验状态的修正会变小。

卡尔曼滤波器对线性系统能够得到良好的状态估计结果，但是锂离子蓄电池是非线性很强的系统，如果想使用卡尔曼滤波器估计蓄电池的 *SOC*，需要对非线性系统进行一定的线性化处理。

2. 扩展卡尔曼滤波器

扩展卡尔曼滤波算法（extended kalman filter，EKF）是在线性卡尔曼算法的基础上，对系统非线性函数进行泰勒级数展开，忽略高阶小项，只保留低次项，从而将非线性系统较为近似地转化为线性系统，以便于使用卡尔曼滤波算法进行状态估计。这里以一阶扩展卡尔曼滤波器为例，其具体实现方法如下。

考虑如下所示的非线性离散状态空间方程

$$\begin{cases} x_{k+1}=f(\mathrm{x}_k, \mathrm{u}_k)+\Gamma_k w_k \\ y_k=g(x_k, u_k)+v_k \end{cases} \tag{6.14}$$

式(6.14)中的各个变量的含义同式(6.7),记非线性状态函数 $f(x_k,u_k)$ 和量测函数 $g(x_k,u_k)$ 分别为 $f(\cdot)$ 和 $g(\cdot)$。在某时刻对 $f(\cdot)$ 和 $g(\cdot)$ 进行一阶泰勒级数展开得

$$\begin{cases} x_{k+1} \approx \left.\dfrac{\partial f(x_k,u_k)}{\partial x_k}\right|_{x_k=\hat{x}_k} \times x_k + f(\hat{x}_k,u_k) - \left.\dfrac{\partial f(x_k,u_k)}{\partial x_k}\right|_{x_k=\hat{x}_k} \times \hat{x}_k + \Gamma_k w_k \\ y_k \approx \left.\dfrac{\partial g(x_k,u_k)}{\partial x_k}\right|_{x_k=\hat{x}_k} \times x_k + g(\hat{x}_k,u_k) - \left.\dfrac{\partial g(x_k,u_k)}{\partial x_k}\right|_{x_k=\hat{x}_k} \times \hat{x}_k + v_k \end{cases} \tag{6.15}$$

令 $\left.\dfrac{\partial f(x_k,u_k)}{\partial x_k}\right|_{x_k=\hat{x}_k} = A_k$,$\left.\dfrac{\partial g(x_k,u_k)}{\partial x_k}\right|_{x_k=\hat{x}_k} = C_k$,则式(6.15)可以改写为

$$\begin{cases} x_{k+1} \approx A_k(x_k - \hat{x}_k) + f(\hat{x}_k,u_k) + \Gamma_k w_k \\ y_k \approx C_k(x_k - \hat{x}_k) + g(\hat{x}_k,u_k) + v_k \end{cases} \tag{6.16}$$

则相应的状态和误差协方差估计方程为

$$\begin{cases} \hat{x}_{k+1/k} = f(\hat{x}_{k/k},u_k) \\ P_{k+1/k} = A_k P_{k/k} A_k^{\mathrm{T}} + \Gamma_k Q_k \Gamma_k^{\mathrm{T}} \\ K_k = P_{k+1/k} C_{k+1}^T (C_{k+1} P_{k+1/k} C_{k+1}^T + R_k)^{-1} \\ \hat{x}_{k+1/k+1} = \hat{x}_{k+1/k} + K_{k+1}(y_{k+1} - g(\hat{x}_{k+1/k},u_k)) \\ P_{k+1/k+1} = (I - K_{k+1} C_{k+1}) P_{k+1/k} \end{cases} \tag{6.17}$$

对比卡尔曼滤波器和扩展卡尔曼滤波器可以发现,两者的计算公式差别不大,只是后者在状态(6.17)的先验估计中代入的是系统的非线性方程,在状态的后验估计时,代入了非线性系统的输出值。

3. 基于扩展卡尔曼滤波的蓄电池 *SOE* 估算

首先讨论 EKF 算法下的蓄电池 *SOE* 估算的应用方法,在一阶 RC 网络等效电路模型的基础上,不考虑蓄电池的自放电效应,根据基尔霍夫第一定律、基尔霍夫第二定律、电容两端的电压与电流的关系以及安时积分法,取 k 时刻的系统状态量为:$x_k = [SOE_k, V_{p,k}]$,系统的输入量 $u_k = i_k$ 得到离散非线性系统的状态方程和输出方程如式(6.18)和式(6.19)

$$\begin{cases} SOE_{k+1} = SOE_k - \dfrac{\left[V_{b,k} \cdot i_k + [i_k^2 \cdot (R_{0,k} + R_{p,k}) + 1\,000 \cdot \dfrac{Q}{F} \cdot i_k] \cdot T \cdot \eta_T \cdot \eta_I\right]}{W_0} + \Gamma_{1,k} w_{1,k} \\ V_{p,k+1} = \exp\left(\dfrac{-T}{\tau_{d,k}}\right) \cdot V_{p,k} + \Gamma_{2,k} w_{2,k} \end{cases} \tag{6.18}$$

$$V_{out,k} = V_{oc}(SOE_k) - V_{p,k} - R_{0,k} i_k + v_k \tag{6.19}$$

式中，T 为采样周期；$\tau_{p,k}$为时间常数($\tau_{p,k}=R_{p,k}C_{p,k}$)；$w_k$ 和 v_k 为互不相关的高斯白噪声，满足

$$E[w_{i,k}w_{j,k}^{T}]=\begin{cases}Q_k & i=j\\ 0 & i\neq j\end{cases} \tag{6.20}$$

$$E[v_{i,k}v_{j,k}^{T}]=\begin{cases}R_k & i=j\\ 0 & i\neq j\end{cases} \tag{6.21}$$

则 EKF 算法中的常数矩阵就为

$$\boldsymbol{A}_k=\left.\frac{\partial f(x_k,u_k)}{\partial x_k}\right|_{x_k=\hat{x}_k} \tag{6.22}$$

$$\boldsymbol{B}_k=\left.\frac{\partial f(x_k,u_k)}{\partial u_k}\right|_{u_k=\hat{u}_k} \tag{6.23}$$

$$\boldsymbol{C}_k=\left.\frac{\partial g(x_k,u_k)}{\partial x_k}\right|_{x_k=\hat{x}_k} \tag{6.24}$$

$$\boldsymbol{B}_k=\left.\frac{\partial g(x_k,u_k)}{\partial u_k}\right|_{u_k=\hat{u}_k} \tag{6.25}$$

将矩阵 $\boldsymbol{A}_k$、$\boldsymbol{D}_k$、$\boldsymbol{C}_k$、$\boldsymbol{D}_k$ 的值代入扩展卡尔曼滤波公式就能得到 EKF 算法下的蓄电池 *SOE* 估算。

第二节　局部无网场景下的能量管理

在局部无网场景下储能式轨道交通车辆宜采用非直连电网单能量储能系统。如图 6.2 所示，车辆配备有受电弓，以接收来自电网的能量或回馈电网能量，同时也配备了由超级电容组成的单能量储能系统。当车辆运行在有电网区段时，电网给车辆供给能量，同时给储能系统充电；当车辆运行在无电网区段时(或者电网出现故障时)，由储能系统给车辆供给能量，确保车辆能够正常运行。当储能系统的能量足够多时，可实现全线无电持续运行。一般而言，在局部无网场景下，车辆宜采用超级电容为车载储能系统。此时相较安装在地面的储能系统而言，制动电流的通路更短，线电压的波动范围更小，从而使得车载储能系统有较低的充电阈值电压，有效地减少再生电能回馈的损耗。

车辆在牵引过程中，牵引电机作为电动机工作，将来自电网或储能系统的电能转换为动能；车辆在制动过程中，牵引电机作为发电机工作，将车辆的动能转换为电能，再按照一定的能量管理策略动态储存到储能系统中或反馈电网，从而实现制动能量的回收。由于接触网电压波动范围广，一般在 500～900 V 内，因此储能系统必须通过双向 DC—DC 变换器与电网隔离才能正常工作，这样导致系统效率有一定降低，DC—DC 变换器工作效率一般为 95%。

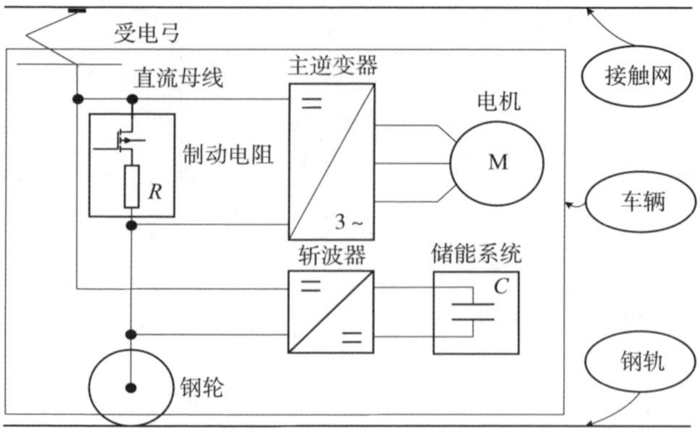

图 6.2　非直连电网单能量储能车辆主电路拓扑结构

一、能量配置

车辆在有网区间行驶时，在驱动加速或爬坡阶段，短时需求的功率较大，为降低电网的容量需求，并减小电网负载波动，车辆需配置瞬时功率较大的功率型超级电容储能系统，储能系统配置要求概括如下：

(1)输出功率大于车辆的最大牵引功率，满足单独驱动车辆的要求；

(2)瞬时最大充电功率大于无网运行时车辆再生制动时瞬时功率，实现制动能量的全吸收；

(3)存储能量满足最恶劣无网区间续航要求，并留有一定裕量(1.5～2 倍)。

二、工作模式

车辆根据电网与储能系统内部能量流动方向，主要概括为以下几种工作模式。

(一)牵引模式

1. 电网单独驱动模式

当车辆在有网区间行驶时，车辆处于巡航行驶工况或者需求功率较小的加速过程，即使车速很高，其需求功率也不会太大。若此时储能系统的剩余能量比较高，不需要补充能量，这种模式下，电网将单独提供驱动功率，而储能系统不工作，如图 6.3 所示。

2. 电网驱动与充电模式

当车辆在有网区间行驶时，车辆处于巡航行驶工况或者需求功率较小的加速过程，即使车速很高，其需求功率也不会太大。若此时储能系统的剩余能量比较低，需要补充能量，电网将单独提供驱动功率，并将剩余功率给储能系统补充能量，如图 6.4 所示。

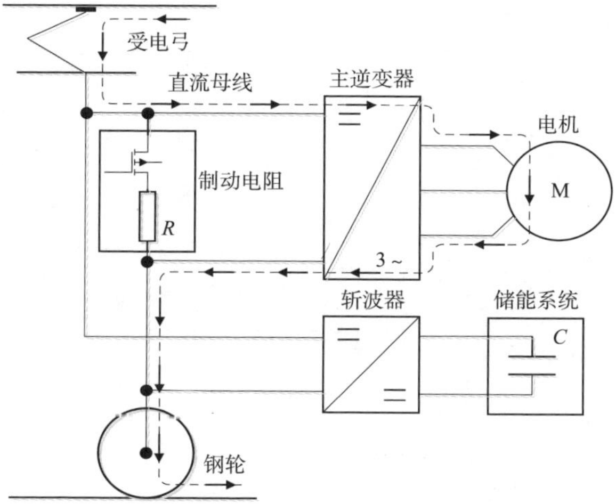

图 6.3　电网单独驱动模式(GD 模式)

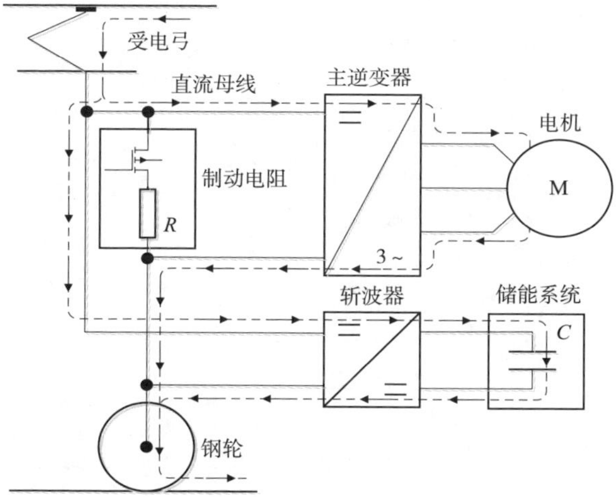

图 6.4　电网驱动模式＋充电模式(GC 模式)

3. 电网与储能系统混合驱动模式

当车辆工作在瞬时功率需求很大的起步或短时加速阶段时，储能系统由于具有突发大功率的能力，能更好地满足这一需求，此时电网与储能系统共同提供电机驱动功率，如图 6.5 所示。

4. 储能系统单独驱动模式

当车辆行驶在无网区间，储能系统将单独提供驱动功率，行驶到下一站或者有网区间进行能量补充，如图 6.6 所示。一般而言，车辆局部无网运行的速度低于 20 km/h。

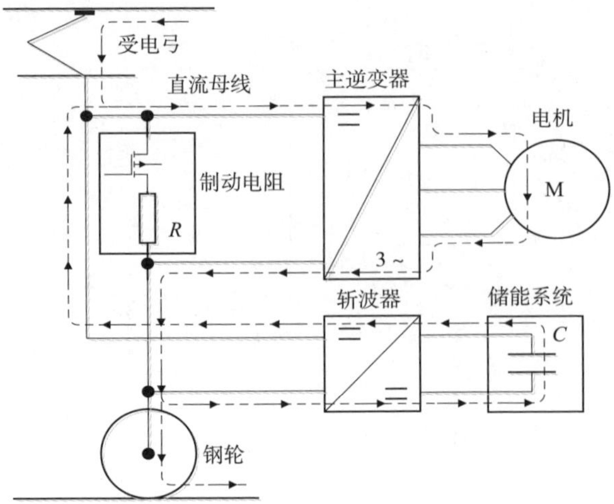

图 6.5　混合驱动模式(HE 模式)

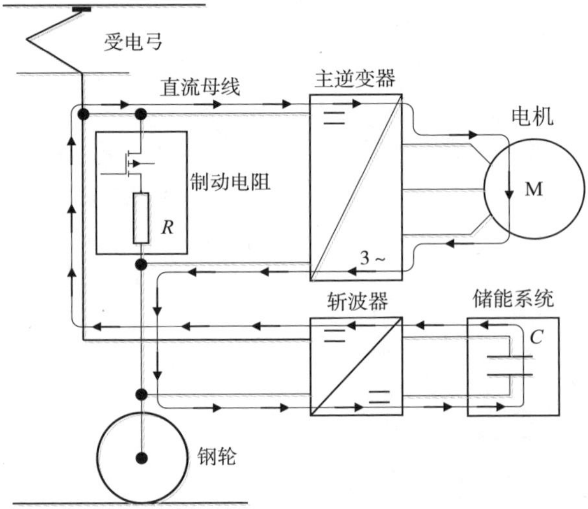

图 6.6　储能系统驱动模式(EV 模式)

(二)制动模式

1. 储能系统单独吸收模式

如图 6.7 所示,当车辆制动时,电机处于发电状态,能量优先从电驱动系统流向储能系统,控制 DC—DC 变换器使储能系统吸收制动能量,当储能系统 *SOE* 未达到上限值时,此时由储能系统单独回收制动能量。

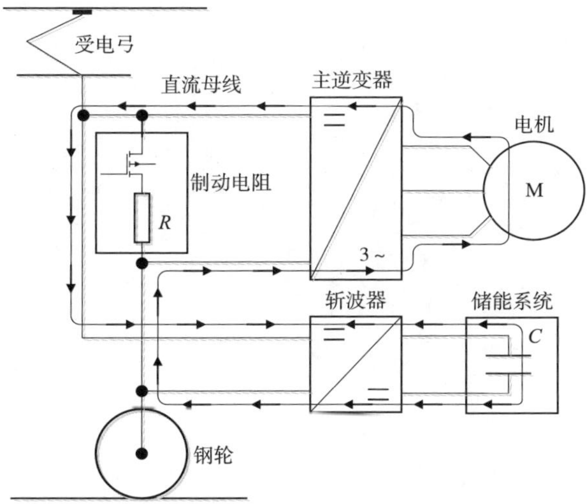

图 6.7　储能系统吸收模式(EA 模式)

2. 电网吸收模式

如图 6.8 所示，当车辆制动时，电机处于发电状态，当储能系统回收制动能量后，其 *SOE* 达到上限状态时，而电网电压未达到上限值时，由电网进行制动能量的回收。

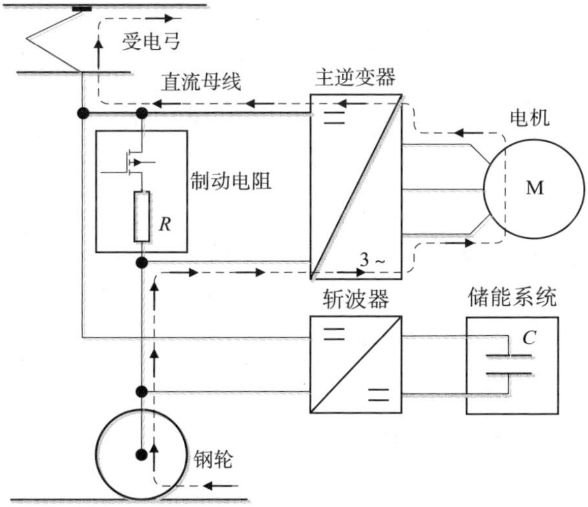

图 6.8　电网吸收模式(GA 模式)

3. 制动电阻吸收模式

如图 6.9 所示，当车辆制动时，电机处于发电状态，当储能系统回收制动能量后，其 *SOE* 达到上限状态，且电网电压也达到上限值时，由制动电阻进行消耗。

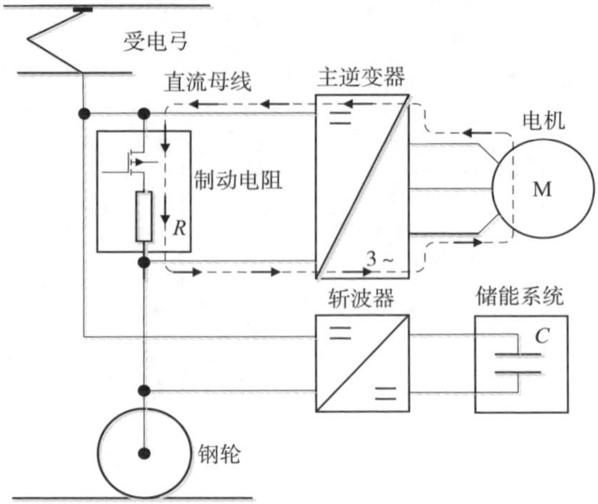

图 6.9 制动电阻吸收模式(RA 模式)

三、能量管理策略

能量管理系统需对电网和储能系统进行协调控制,使其在工作中发挥出各自的优势。为实现这一目的,须通过对 DC—DC 模块的电压、电流进行控制,进而实时分配储能系统的输入和输出功率,以满足车辆在各工况下的功率需求。

图 6.10 为电网与储能系统在基于规则的能量管理策略下的工作模式切换流程图。系统实时监控车辆的功率需求及储能系统 SOE 状态,首先判断车辆是在牵引状态还是制动状态:当车辆需求功率 $P_{need}>0$,进入牵引工作模式,若车辆需求功率 P_{need} 大于电网最大输出功率 P_G,检测储能系统当前 SOE,若储能系统当前 SOE_e 大于下限值 SOE_{low1},进入电网和储能系统混合驱动工作模式;反之,若储能系统当前 SOE_e 小于下限值 SOE_{low1},车辆需改变运行策略降低运行能耗(如降低运行速度或切除部分辅助负载),使得 $P_{need}^*<P_G$,车辆进入电网驱动与充电工作模式,当储能系统 SOE_e 大于充电上限值 SOE_{cd} 时,停止充电,从而进入电网与储能系统混合驱动工作模式。

若车辆需求功率 P_{need} 大于 0 且小于电网最大输出功率 P_G,检测当前储能系统的 SOE 值,若 SOE_e 大于不需补充能量的下限值 SOE_{low2},进入电网单独驱动工作模式;反之,若 $SOE_e<SOE_{low2}$,则进入电网驱动与充电工作模式,并按照 P_G-P_{need} 功率对储能系统进行充电,直至储能系统 SOE_e 大于充电上限值 SOE_{cd} 时,停止充电,从而进入电网单独驱动工作模式。

当车辆需求功率 $P_{need}<0$ 时,系统进入制动工作模式,若储能系统当前 SOE_e 小于上限值 SOE_{up1},则储能系统进入吸能模式;当储能系统回收制动能量后 $SOE_e>$上

限值 SOE_{up1}，则停止储能系统吸收能量，转而进入电网吸能模式，直至电网电压 $U_G >$ 上限值 U_{up1} 时，电网停止吸收能量，接入制动电阻，进入制动电阻吸收模式，把多余的制动能量通过电阻进行消耗。

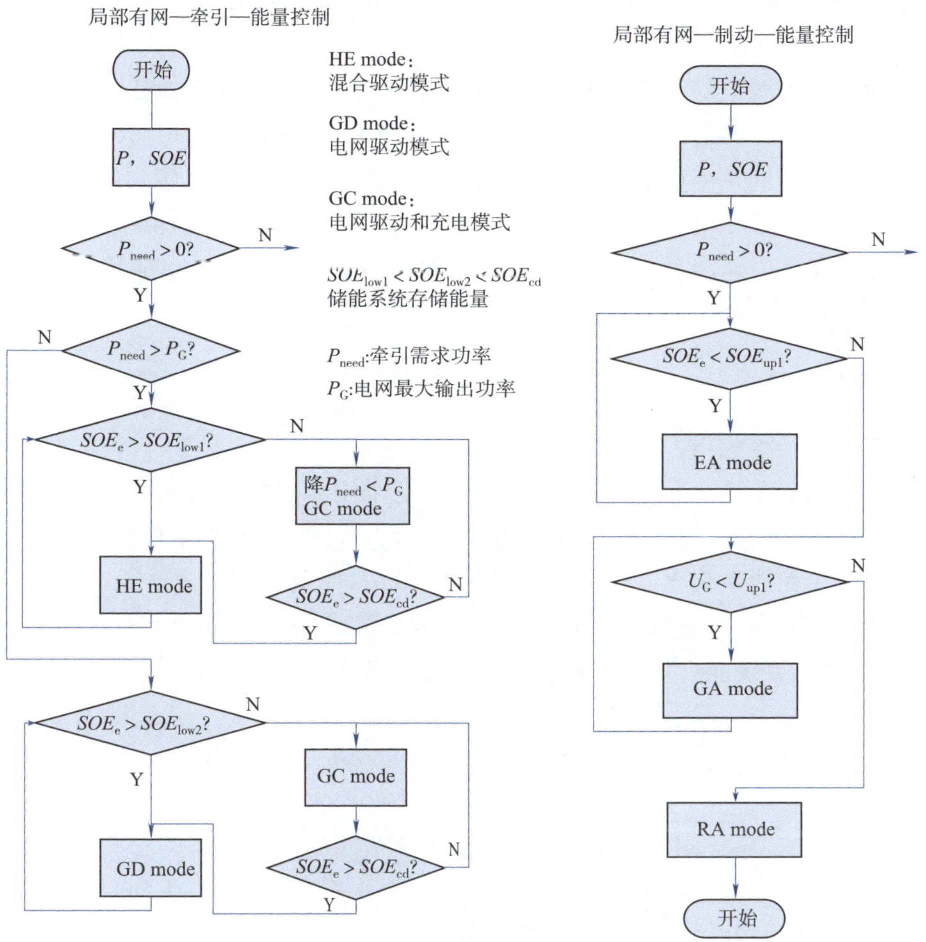

图 6.10　电网与储能系统工作模式切换流程

以上介绍的能量管理策略采用的是基于规则的瞬时功率分配策略，即功率的分配仅取决于当前时刻的需求功率，与该时刻前后的功率需求没有关系。事实上，轨道交通有一个显著的特点，便是运行线路的信息是事先全局可知的。基于已知线路信息，可预先估算前后的能量消耗状况，从而提前制定出更优的功率分配策略。能量管理策略的优化基本思路是：首先，根据运行线路信息，结合已生成的目标速度曲线，推算出列车在线路任意位置的功率需求；随后，根据工作模式进行子区段分块，通过对各分块的功率积分估算出前后子区段所消耗或再生的能量值；最后，基于前后能量值的关系，制定合理的功率分配策略，使得车辆最大程度地跟踪目标速度曲线，并尽可能多地回收制动能量，在充分利用储能系统的同时，降低电网负载率。

第三节　全程无网场景下的能量管理策略

随着用户对城市景观和能源效率要求的进一步提高，以及超级电容能量密度的不断提升，全程无网运行正逐渐成为城市轨道交通系统的主流。如广州海珠、江苏淮安、武汉汉阳、深圳龙华有轨电车都采用了全程无网运营模式。车辆到站时由地面充电系统给储能系统充电，30 s 内可完成快速充电，车辆离站后由储能系统给车辆供电吸收制动能量。以储能系统来区分，全程无网场景下车辆主要有单能量储能系统和双能量耦合储能系统两种配置方式。

一、单能量系统

(一)主电路拓扑结构

单能量储能系统宜采用直连电网方式，一般采用功率型超级电容作为车载储能系统，其主电路拓扑结构如图 6.11 所示。在线路运行中，利用车辆的停站时间，由地面充电系统给储能系统充电；车辆离开充电区域后，储能系统释放电能，通过直流母线向牵引、照明、通风、通信等系统供电，保证车辆安全可靠运行到下一次停站充电。与此同时，储能系统能有效地回收车辆制动再生能量。

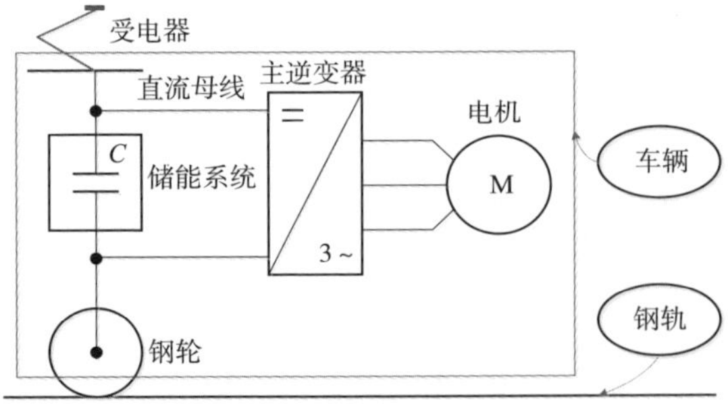

图 6.11　直连电网单能量储能车辆主电路拓扑结构

(二)能量配置

车辆在驱动加速或爬坡阶段，短时需求的功率较大，需配置瞬时功率较大的功率型超级电容储能系统。该储能系统的配置要求与局部无网系统类似。值得注意的是，对全程无网系统而言，地面充电系统须具备等同于储能系统最大充电功率的功率输出能力，以满足车辆在停站和折返过程中快速补充能量的要求，进而实现全线零等待运营。

（三）工作模式

根据储能系统内部能量流动方向，系统主要有以下几种工作模式。

1. 牵引模式

当车辆行驶时，储能系统将单独提供驱动功率，如图 6.12 所示，车辆行驶到下一站后进行能量补充。

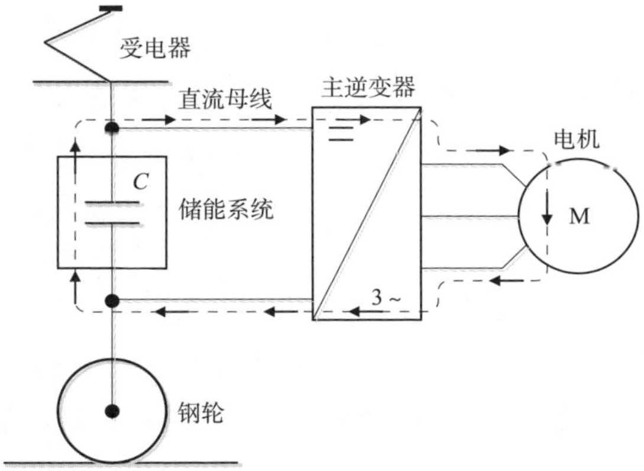

图 6.12　功率型储能系统驱动模式（EV 模式）

2. 制动模式

当车辆制动时，电机处于发电状态，通过控制 DC—AC 主逆变器使能量优先从电驱动系统流向车载储能系统，当储能系统 *SOE* 未达到上限值时，由储能系统单独回收制动能量，如图 6.13 所示。

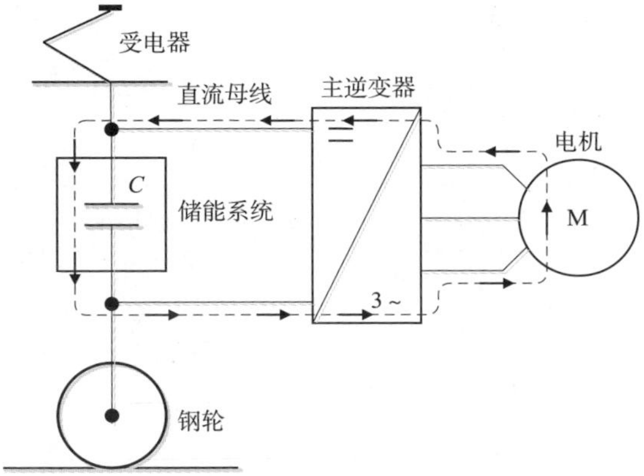

图 6.13　储能系统吸收模式（EA 模式）

因车辆储能系统在车辆运行中既需要给牵引系统提供能量，也需要给辅助负载提供能量，即使在长下坡路段，储能系统基本也处于放电状态。根据能量守恒定律，储能系统能全部吸收车辆制动所回馈的能量。所以此种模式下，主电路一般不投入制动电阻，仅在紧急制动工况下投入电阻制动，从而制动电阻的选型可以适当小型化。

（四）能量管理策略

由于该系统采用单能量配置，无需进行功率分配，因此储能系统按照车辆需求功率进行输出即可。

图 6.14 为储能系统工作模式之间切换的流程图。系统实时监控车辆的功率需求及储能系统 SOE 状态，首先判断车辆是在牵引状态还是制动状态：

当车辆需求功率 $P_{need} \geqslant 0$，车辆进入牵引工作模式，检测储能系统当前 SOE，若储能系统当前 SOE_e 大于下限值 SOE_{low1}，则进入储能系统驱动工作模式，若储能系统当前 SOE_e 小于下限值 SOE_{low1}，车辆需改变运行策略进行降功能运行（如降低运行速度或切除部分辅助负载），或直接停止运行。

当车辆需求功率 $P_{need} < 0$，车辆进入制动工作模式。该系统在每个区间的能耗是确定的，且即使运行区间存在长大坡路段，也可以通过减少前站充电能量予以避免，因此，绝对不会出现 SOE 突破上限的情况，在设计时不需要投入制动电阻。

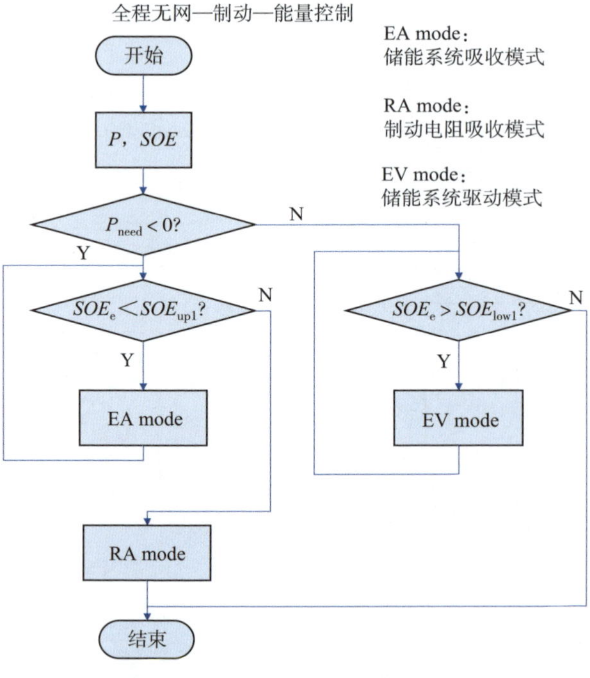

图 6.14　储能系统工作模式切换流程

二、双能量耦合储能系统

1. 主电路拓扑结构

如图 6.15 所示，双能量耦合储能系统一般是由功率型储能系统及能量型储能系统共同组成。与单能量系统类似，其利用车辆停站的时间，由地面充电系统给车载储能系统充电；车辆离开充电区域后，双能量耦合储能系统释放电能，通过直流母线向牵引、照明、通风、通信等系统供电，保证车辆安全可靠运行到下一次停站充电。

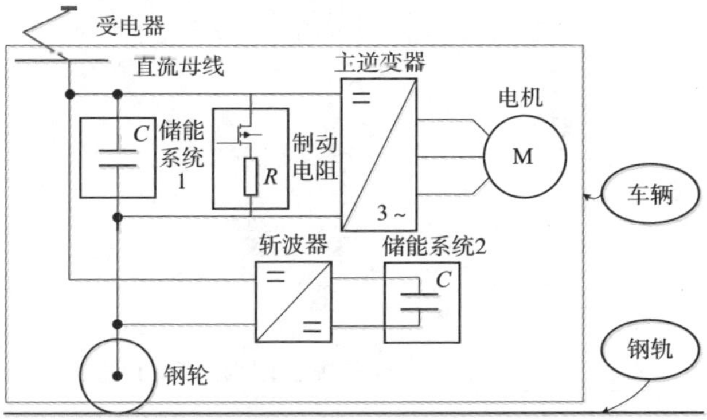

图 6.15　双能量耦合储能车辆主电路拓扑结构

2. 能量配置

双能量耦合储能系统车辆运行过程中，当区站间距比较长，单能量储能系统满足不了线路续航要求时，采用能量型储能系统提高车辆续航要求，同时通过功率型储能系统提供车辆在驱动加速或爬坡阶段短时所需求的大功率。车辆对双能量耦合储能系统配置要求如下。

(1)能量型储能系统的最大输出功率＋功率型储能系统最大输出功率大于车辆的最大牵引功率，满足共同驱动车辆的要求；

(2)功率型储能系统存储能量满足车辆加速至最高输出时所需能量；

(3)能量型储能系统最大输出功率大于车辆最高速时维持运行的功率；

(4)能量型储能系统满足最恶劣区间续航要求，并留有较大裕量(2～3 倍)；

同时，地面充电系统充电功率不大于双能量耦合储能系统的最大允许充电功率，满足在车辆停站和终点折返时间内快速补充能量的要求。

3. 工作模式

根据储能系统内部能量流动方向，主要概括为以下几种工作模式。

（一）牵引模式

1. 能量型储能系统单独驱动模式

当车辆处于巡航工况或者和缓的加速过程时，即使车速很高，其需求功率也不会太大。若此时功率型储能系统的剩余能量比较高，不需要补充能量，则如图 6.16 所示，能量型储能系统将单独提供驱动功率，而功率型储能系统不工作。

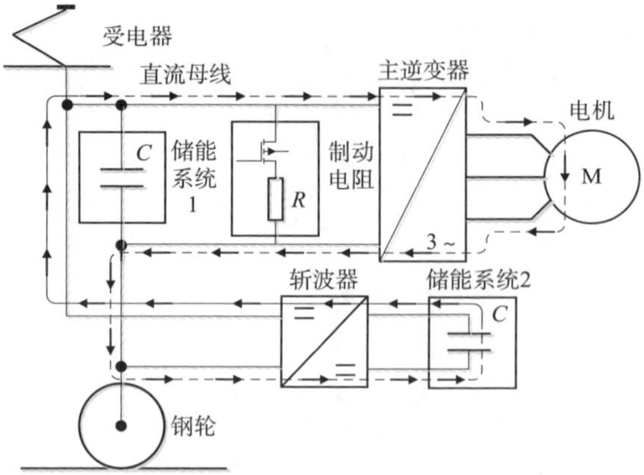

图 6.16　能量型储能系统单独驱动模式（ED 模式）

2. 能量型储能系统驱动且功率型储能系统充电模式

当车辆处于巡航行驶工况或者和缓的加速过程，这时车辆需求功率较小。若此时功率型储能系统的剩余能量比较低，需要补充能量，则如图 6.17 所示，能量型储能系统 2 将单独提供驱动能，并将剩余功率给功率型储能系统 1 充电。

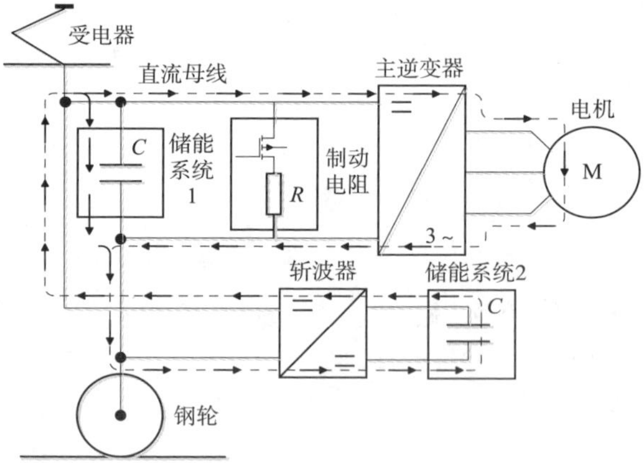

图 6.17　能量型储能系统驱动模式＋充电模式（EC 模式）

3. 双能量耦合储能系统混合驱动模式

当车辆在瞬时功率需求很大的起步或短时加速时，双能量耦合储能系统由于具有提供突发大功率的能力，能更好地满足这一需求，此时如图 6.18 所示，能量型储能系统 2 与功率型储能系统 1 一起为驱动电机供能。

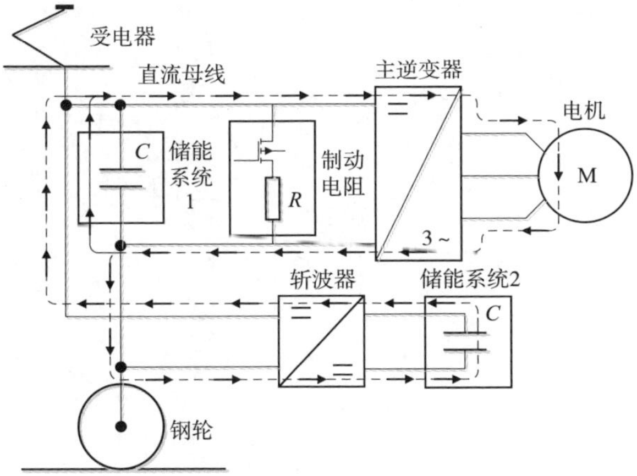

图 6.18　混合驱动模式(HD 模式)

(二)制动模式

1. 功率型储能系统单独吸能模式

当车辆制动时，此时电机处于发电状态，通过控制 DC—AC 主逆变器可使能量优先从电驱动系统流向功率型储能系统。当功率型储能系统 *SOE* 未达到上限值时，如图 6.19 所示，由功率型储能系统 1 单独回收制动能量。

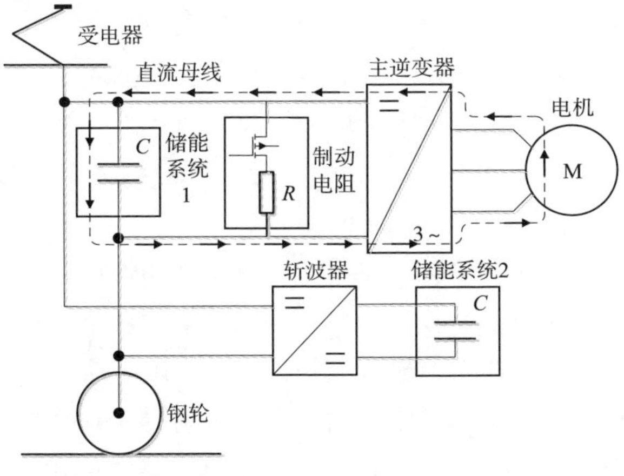

图 6.19　功率型储能系统吸收模式(EA 模式)

2. 制动电阻吸收模式

当车辆制动时，电机处于发电状态，当功率型储能系统 1 回收制动能量后，其 SOE 达到上限状态时，则如图 6.20 所示，由制动电阻消耗制动能。

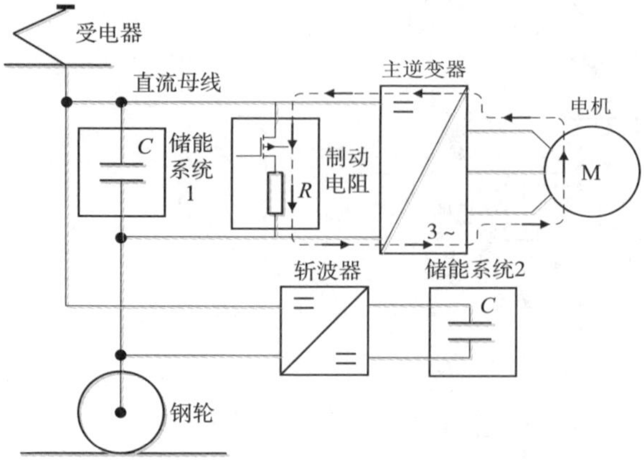

图 6.20　制动电阻吸收模式(RA 模式)

(三)能量管理策略

能量管理系统能够对能量型储能系统和功率型储能系统进行协调控制，使其在工作中发挥出各自的优势。图 6.21 给出了双能量耦合储能系统在基于规则的能量管理策略下的工作模式切换流程图。DC—DC 变换器统实时监控车辆的功率需求及储能系统 SOE 状态，首先判断车辆是在牵引状态还是制动状态。

当车辆需求功率 $P_{need}>0$ 时，进入牵引工作模式，若车辆需求功率 P_{need} 大于能量型储能系统最大输出功率 P_e，检测功率型储能系统当前 SOE，若储能系统当前 SOE_c 大于下限值 SOE_{low1}，进入双能量耦合储能系统混合驱动工作模式。反之，若功率型储能系统当前 $SOE_c<$ 下限值 SOE_{low1}，车辆需改变运行策略进行降功能运行，如降低运行速度或切除部分辅助负载，使得 $P^*_{need}<P_e$，车辆进入能量型储能系统驱动与充电工作模式，直至当功率型储能系统 $SOE_c>$ 充电上限值 SOE_{cd} 时，停止充电，从而进入双能量耦合储能系统混合驱动工作模式。

若车辆需求功率 P_{need} 小于能量型储能系统最大输出功率 P_e，检测当前储能系统的 SOE 值，若 SOE_c 大于不需补充能量的下限值 SOE_{low2}，进入能量型储能系统单独驱动工作模式；若功率型储能系统 $SOE_c<SOE_{low2}$, 则进入能量型储能系统驱动与充电工作模式，按照 P_e-P_{need} 功率对储能系统进行充电；当功率型储能系统 SOE_c 大于充电上限值 SOE_{cd} 时，停止充电，从而进入能量型储能系统单独驱动工作模式。

当车辆需求功率 $P_{need}<0$，进入制动工作模式，若功率型储能系统当前 SOE_c 小

于上限值 SOE_{up1}，则进入功率型储能系统吸收模式，若功率型储能系统回收制动能量后，SOE_c 大于上限值 SOE_{up1}，则停止吸收能量，转而进入电动电阻吸收模式，把多余制动能量通过电阻进行消耗。

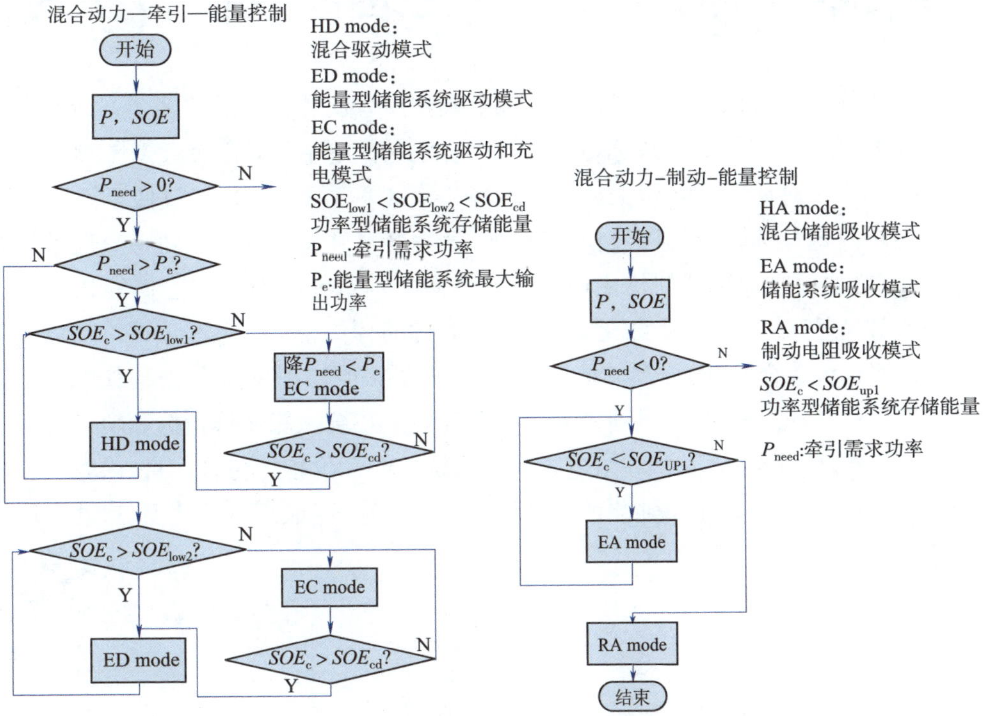

图 6.21　双能量耦合储能系统工作模式切换流程

与局部无网场景下非直连电网单能量管理策略类似，在设计双能量耦合储能系统能量管理策略时，应充分利用轨道交通系统中道路信息已知的特点，对能量管理策略进行优化调整，在充分利用功率型储能系统的同时，减小能量型储能系统充电电流，延长其使用寿命。

第七章　储能式轨道交通性能评价指标

评价指标体系可以全面、系统、科学和准确地反映所评价产品的多个方面的变化特征和发展规律。作为一个系统，其结构和组成要素的科学组合会直接影响系统功能的发挥。为了对储能式轨道交通车辆的特点有更为直观的表述，以便于设计人员对系统进行改进，同时选择满足自己需求的系统，并对新型的储能式轨道交通进行评价，十分有必要建立储能式轨道交通的评价体系。本章将针对已有的储能式轨道交通的特点和特性，建立一个简明、系统、具有代表性的评价指标体系。该评价指标体系有利于改善系统综合性能，提高储能式轨道交通的性价比，其对应的架构如图 7.1 所示。由图中可知，该评价指标可划分为超级电容储能系统性能评价指标和轨道交通车辆性能评价指标两部分。其中超级电容储能系统性能评价指标包含能量、内阻和充放电效率等，轨道交通车辆整车性能评价指标包含旅行速度、最高运行速度、启动平均加速度、制动平均减速度等。

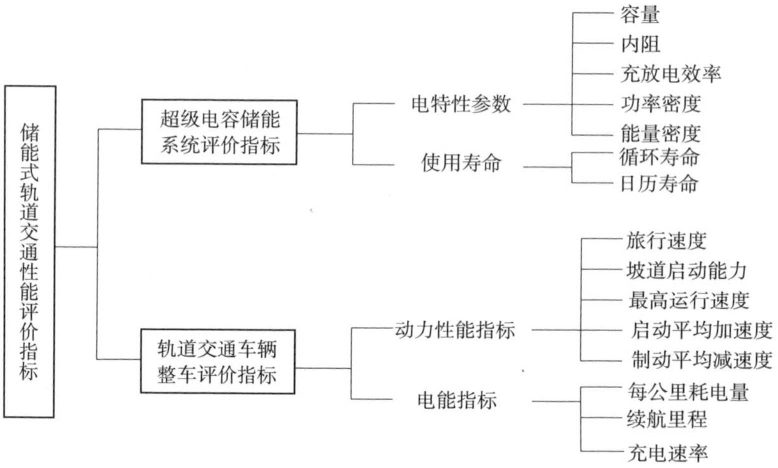

图 7.1　储能式轨道交通性能评价指标体系

第一节　超级电容储能系统评价指标

超级电容是介于传统电容器与电池之间的一种新型储能器件，它相比传统电容器有着更高的能量密度，静电容量能达数千甚至上万法拉级；相比电池有着更高的功率密度和超长的循环寿命，因此它兼具传统电容器与电池的优点，是一种应用前景广阔的物理电源。超级电容储能系统示意图如图 7.2 所示。

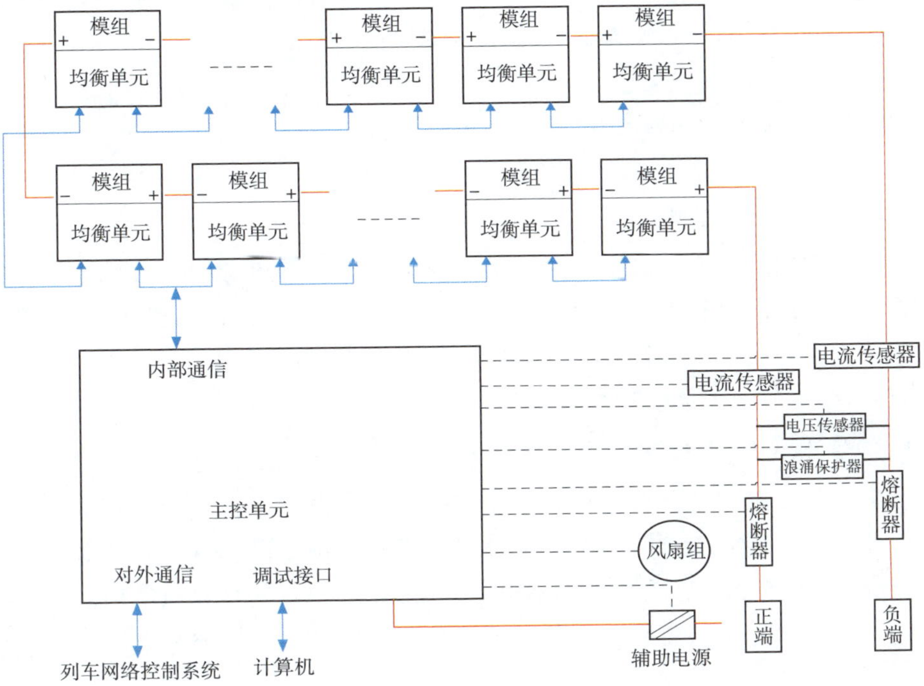

图 7.2　超级电容储能系统

超级电容储能系统箱主要由模组、主控单元、电压均衡单元、电压传感器、电流传感器、熔断器、风扇等组成。在箱体内，多个模组进行串并联组成系统，提高整体的电压和电流。储能系统的正、负极设置有熔断器、电流传感器和电压传感器，熔断器用以实现系统短路过流保护；电流传感器和电压传感器实现系统总电流、总电压采样。模组上的电压均衡单元和主控单元组成储能装置电容管理系统(CMS)。电压均衡单元对模组内的每个单体并联节进行温度和电压采样，并和主控单元进行通信，实现对单体的状态监控、故障诊断、均衡管理、风扇控制和对外通信等。

以超级电容为核心的超级电容储能系统，作为储能式轨道交通的重要组成部分，其使用性能在储能式轨道交通的整体性能评价中占有关键地位，直接影响着储能式轨道交通的整体效率。本节将从电压、容量、能量和效率等多个角度对超级电容储能系统的性能评价进行分析。

一、电特性参数

（一）能量

额定能量是指以额定电压开始进行恒电流放电至其最低工作电压时，所累积释放出的能量，一般用符号 W 表示，单位为瓦时（W·h）。

$$W=1/2C_RU^2$$

式中，U 为超级电容额定电压（V）。额定容量是指在规定条件下测得的，并由制造商给定的电容器应该放出的最低容量，一般用符号 C_R 表示，单位为法（F）。

（二）储能系统内阻

储能系统内阻等于各单体内阻、接触电阻以及母排电阻之和。超级电容储能系统的内阻有交流内阻和直流内阻两种，其中超级电容以直流内阻为主，交流内阻较小。直流内阻是指采用直流方法测得的内阻（测试方法详见第三章第四节内容），一般用符号 R_{DC}表示，单位为欧（Ω）。

（三）储能系统的功率密度

功率密度分为质量功率密度和体积功率密度，质量功率密度是指储能系统单位质量所能输出的功率，体积功率密度是指储能系统单位体积所能输出的功率。

室温下，测试得出电容器单体的内阻 R 后，按照式（7.2）计算质量功率密度。

$$P_{dm}=\frac{U_R^2}{4Rm} \tag{7.2}$$

式中，P_{dm}为最大质量功率密度（W/kg）；R 为内阻（Ω）；U_R 为额定电压（V）；m 为电容器单体质量（kg）。

城市轨道车辆车载超级电容储能系统的质量功率密度主要取决于超级电容的质量功率密度，而器件的功率密度是由材料的特性决定的。因此，单体器件的质量功率密度大，则储能系统的质量功率密度就大。质量功率密度描述的是储能系统的倍率性能，也就是极限情况下允许以多大的电流倍率充放电。和铅酸电池及锂电池相比，铅酸电池的质量功率密度最小，一般只有 10～100 W/kg，锂离子电池目前的功率密度可达到 100～1 000 W/kg，超级电容的质量功率密度可以达 1～10 kW/kg。综上，超级电容储能系统的大质量功率密度特性，使其能在满足相同功率需求的前提可配置较少的质量，并实现短时间内充放电，因此，采用超级电容作为车载储能系统的储能器件是十分合理的。

（四）储能系统的能量密度

储能系统的能量密度是指单位质量的超级电容所储存的能量的多少，一般用符号 E_{dm}表示，单位为瓦时每千克（W·h/kg）。

对于车载超级电容储能系统而言，其超级电容中所储存的全部能量不能直接用于计算系统的能量密度，因为超级电容储能系统在放电时，电压下降，当电压下降到一定值后，将无法再向直流母线供电。如式(7.3)所示，一般不选择电压为零为超级电容最小电压值，而是选取超级电容终止放电的电压作为最小值来计算其能量密度。所选取的质量也不是超级电容的质量，而是整个超级电容储能系统的质量。即超级电容储能系统的能量密度指的是单位质量的超级电容储能系统所能储存的能量。总的来说，超级电容储能系统的能量密度主要取决于超级电容的能量密度，但也受放电深度的影响。

超级电容储能系统能量密度的算式为

$$E_{\mathrm{dm}}=\frac{C(U_{\mathrm{a}}^2-U_{\mathrm{b}}^2)}{2m\times 3\ 600} \tag{7.3}$$

式中，E_{dm}为能量密度(W·h/kg)；C为超级电容组容量(F)；U_{a}为最高限制充电电压(V)；U_{b}为最低放电电压(V)；m为超级电容储能系统质量(kg)。

有轨电车系统正常工作电压一般为500～900 V，在低于500 V允许进行应急工作，此时可以不保证正常牵引性能和辅助功率，可维持车辆运行到下一站。

超级电容的能量密度比蓄电池能量密度低，其能量密度仅为铅酸蓄电池的20%左右。这就导致在能量需求相同的情况下，其储能的体积、质量要比蓄电池组大得多，占用更大的车上空间，也不利于列车减重，因而超级电容的应用范围受到了制约，不适合储能量需求较大的场合。但对于有轨电车这样短距运行的系统，站间距一般不超过1 km，车辆所需能量仅数千瓦时。此时采用蓄电池系统尽管具有较大的能量密度，但受到其很低的功率密度约束，必须配置更多的蓄电池并联才能满足车辆高功率和长使用寿命的要求，进而造成蓄电池的总容量过大。此外，为满足功率密度而配备过大的容量的蓄电池，还需要更大的散热/加热系统，其总体质量、体积和超级电容基本相当，甚至更高。

因此，能量密度是评价超级电容储能系统的一个重要指标，但其重要性不如功率密度，只有在满足功率密度要求的前提下，追求高的能量密度才有意义。

(五)充放电效率

(1)充电效率

充电效率是指超级电容充电时，实际存储到超级电容上的能量与外部向其提供的电能之比，一般用符号η_{C}表示。

超级电容充电效率对超级电容的充电性能的发挥有着非常大的影响。假设对储能系统以恒定的电流I充电，经过时间t后，储能系统的电量从Q_1增加到Q_2，相应的电压也由U_1上升到U_2，则储能系统存储的能量为

$$E_{充}=\frac{1}{2}\frac{(Q_2^2-Q_1^2)}{C} \tag{7.4}$$

此时，储能系统内阻 R_C 消耗的能量为

$$E_{R充}=I^2R_Ct=\frac{R_C(Q_2-Q_1)^2}{t} \tag{7.5}$$

定义时间常数 $\tau=R_CC$，$\beta=U_1/U_2$，由式(7.4)与(7.5)得到充电效率 η_C 为

$$\eta_C=\frac{E_{充}}{E_{充}+E_{R充}}=\frac{t}{t+2\tau\left(1-\frac{2\beta}{1+\beta}\right)} \tag{7.6}$$

通过对式(7.6)分析可知，在 τ 相同的情况下储能系统效率随充电深度增大而减小，随充电时间 t 增大而增大。若希望提高超级电容储能系统的充电效率，应减小充电时间常数和超级电容的充电深度。超级电容储能系统的充电效率越高越能起到节约能源的目的。

(2)放电效率

放电效率是指超级电容放电时，向外部提供的电能与对应的存储在超级电容上的能量变化量之比，一般用符号 η_F 表示。

超级电容放电效率对其放电性能的发挥也有显著的影响。假设对储能系统以恒定的电流 I 放电，经过时间 t 后，储能系统的电量从 Q_1 减小到 Q_2，相应的电压也由 U_1 下降到 U_2，则储能系统释放的能量为

$$E_{放}=\frac{1}{2}\frac{(Q_1^2-Q_2^2)}{C} \tag{7.7}$$

此时，储能系统内阻 R_C 消耗的能量为

$$E_{R放}=I^2R_Ct=\frac{R_C(Q_1-Q_2)^2}{t} \tag{7.8}$$

定义时间常数 $\tau=R_CC$，$\beta=U_1/U_2$，得到的充电效率 η_F 为

$$\eta_F=\frac{E_{放}-E_{R放}}{E_{放}}=1-\frac{2\tau}{t}\left(1-\frac{2\beta}{1+\beta}\right) \tag{7.9}$$

通过对式(7.9)的分析可知，在 τ 相同的情况下，储能系统效率随放电深度增大而减小，随放电时间 t 增大而增大。在 β 相同的情况下，η_C 永远大于 η_F；与此同时，τ 越小，相同放电时间效率也越高，且越接近。但随着 τ 的逐渐增大，效率偏差也随之迅速增大。若希望提高超级电容储能系统的放电效率，应减小放电时间常数和超级电容的放电深度。超级电容储能系统的放电效率越高越能起到节约能源的作用。此外，充放电效率指标和功率密度指标有一定关联性，高的功率密度指标意味着较高的充放电效率。

二、使用寿命

(一)循环寿命

超级电容储能系统每个工作循环并不将全部能量消耗光，这种浅充放电工况比超级电容设计的寿命循环条件要更宽松。室温条件下，超级电容在深度充放电时的设计充放电循环次数可达 100 万次以上。作为能量储存装置，其使用寿命可以与系统中的功率变换器、控制器等装置相媲美，甚至比它们使用更长时间，在很多应用场合均可将其视为永久性器件，可以做到“一经安装，无需更换”。有轨电车十年大修期内运行里程不会超过 100 万 km，工作充放电次数约为 100 万次，根据实际运营经验累计放出电量低于 4 000 000 kW·h，其车载能量一般不会低于 10 kW·h。从循环寿命角度看，超级电容储能系统足以确保使用十年以上，广州海珠有轨电车跟踪情况也表明了这一点(详见第九章案例分析)。

(二)日历寿命

超级电容上百万次循环寿命可释放出的总能量远大于运营总能耗需求，其使用寿命取决于日历寿命，所谓日历寿命是指电池从生产之日起到寿命终止的这段时间。以年为计量单位，这期间包括搁置、老化、高低温、循环、工况模拟等不同环节。

1. 日历寿命失效模式

当超级电容储能系统无法满足其特定功能或达到规定的标准，例如，容量低于规定的最低值，阻抗高于规定的最高值，器件漏电或者是安全阀开启，则认为超级电容的寿命达到极限。超级电容的失效模式有以下几种：

(1)浴缸曲线反映了早期失效和磨损失效，其主要是由开发设计上的缺陷、制造工序的变化或者是材料质量的变化等造成的。一般在器件开始使用的阶段，故障率迅速下降，因为初期的故障在制造商和客户处已被常规测试屏蔽，因此，威布尔模型理论并没有考虑这些前期的失效模式。

(2)单元内部压力过大，导致腔体裂开。电压和温度的上升使得单元内部产生气压，当气压达到界限时，单元容器壁上的凹槽或者压力阀等机械熔断器会缓慢打开，以防爆炸。此时，超级电容的电学功能仍然可以正常工作，少量电解液中的一些盐在这些打开的孔洞中会被发现。然而，超级电容的模块必须是通风的，如果机械熔断器打开的话，溶剂容易从器件中挥发出去，因此，该器件必须替换掉。

(3)就泄露而言，与前面的情况类似，结果几乎是相同的。失效的原因可能是内部压力过大，密封性不好，焊接不牢，在电极接触过程中壁上产生破孔等，这种泄露很难检测。此外，生产过程中，残留的电解液还可能吸附在某些难以到达的地方，而在使用过程中却产生显著影响。

(4)当电容器的容量低于标称容量的 80%时，循环过程中的有效炭表面和有效离子数减少。

(5)当串联电阻两倍于正常串联电阻时，电极对铝箔的粘附性会随着时间和温度的增加而减弱，可用的有效离子也会减少。

2. 电压与温度对日历寿命的影响

对每一个失效模式，我们必须开发出相应的统计模型。而这个统计模型通常是通过加速失效实验获得的，如增加在稳定状态时的温度或电压，或者是增加在加速循环时的温度或电压。但这种循环实验也有缺陷，它需要大的功率，这限制了可测电容器的数量。另外，不同领域对超级电容失效的定义可能不同，广泛使用的是容量下降到 80%或串联电阻变为初试值的 200%。

在超级电容整个寿命周期中，容量并不是直线下降的。实验结果表明容量的下降曲线可被分成三阶段。

第一阶段为在前 1～12 h，容量变化与温度和电压有关。受测试手段的影响，该阶段是由于没对周围电极的电极区域充电引起的。离子需要较长时间才能到达这些较远的区域，这导致了初始时在电极上的电子朝孤对电极区域放电。

第二阶段：容量衰减过程呈指数形式衰减。这个过程可能是由电压窗口的偏移及不对称结构造成的老化共同引起的。

第三阶段发生在容量下降近 15%～20%之后。它是线性的，在长时间下也可能是指数级的，但在有限的实验时间内也很难发现。在容量衰减过程中，第二阶段和第三阶段并不好界定。

等效串联电阻是随时间线性增加的。在失效实验中，当温度为 50 ℃，电压为 2.5 V 时，所测的值与斜率为 7.5×10^{-4} 的直线一致。基于阿伦尼乌斯(Arrhenius)定律中温度的独立性及可逆功率定律中电压的独立性，可通过监测电容器的温度和电压，进而估计其剩余使用寿命。

为了估计电极容量损失达到 20%所需要的时间，必须先确定不同工作温度和工作电压下的系数 λ_0 和 p。于是需测定一组离散值，通过下面的比例式进行计算不同温度和电压下的系数 λ_0 和 p

$$\frac{t_1}{t_2}=\left(\frac{U_2}{U_1}\right)^n\exp\left[\frac{E_a}{k}\left(\frac{1}{T_1}-\frac{1}{T_2}\right)\right] \tag{7.10}$$

式中，t_1 为超级电容在温度 T_1 和电压 U_1 下的使用寿命；t_2 为超级电容在温度 T_2 和电压 U_2 下的使用寿命；E_a 为实验数据决定的化能；k 是玻耳兹曼常数；n 为一个由实验决定的常数。

值得注意的是，当电压接近电化学沉积电压时，特别是在高温区域，会造成加速衰减的现象。大多数的设备都面临这样一个重大的挑战，但出于节省开支以及提高可用容量的考虑，应使能量存储系统尺寸尽可能的小。为了优化尺寸保持精确，必须考虑到适用于各个领域的各种实际使用要求的所有可用数据，特别是持续时间、温度、电压强度必须单独估计。

3. 日历寿命估算

超级电容储能系统寿命经验测算公式为

$$T(\theta,U)=T_1\times 2^{(65-\theta)/10}\times 1.5^{(2.7-U)\times 10} \tag{7.11}$$

式中，θ 为工作温度；U 为工作电压；T_1 为在电压为 2.7 V，温度为 65 ℃条件下，超级电容加速老化衰减到初始容量的 80%的时间。

例如，在工作温度 40 ℃、工作电压 2.4 V(对应正常车辆工作电压 750～900 V 间的平均电压 825 V)下，核算日历寿命约 95 000 h，即历时约 10.8 年超级电容容量才会衰减到 80%初始容量。为确保超级电容的日历寿命满足十年使用要求，设计时应保证其工作环境温度控制在 40 ℃以下。

第二节　储能式轨道交通车辆评价指标

储能式有轨电车示意图如图 7.3 所示。其整车系统评价指标包括列车旅行速度、最小通过曲线半径、坡道启动能力、最高运行速度和启动平均加速度等。本节将从多个角度对储能式轨道交通整车系统的性能评价进行分析。

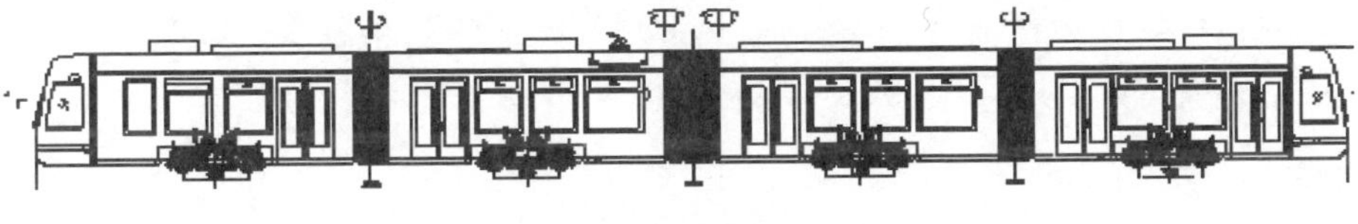

图 7.3　储能式轨道交通整车系统示意

一、动力性能指标

(一)列车旅行速度

列车旅行速度，又称列车平均速度，简称旅行速度、旅途速度或旅速等，是指列车在一定铁路区间里程范围内行驶的平均速度。一般情况下，旅行速度，由两站之间的铁路全程除以列车从其中一个车站抵达另一车站所耗时间的计算得出。旅行速度能直观地反映铁路运营速度，其计算公式如下

$$v_{\text{trip}}=\frac{S_{\text{A-B}}}{t_{\text{A-B}}} \tag{7.12}$$

式中，$S_{A\text{-}B}$为 A－B 两站之间的距离(m)；$t_{A\text{-}B}$为列车从 A 站 B 站所耗总时间(s)。

旅行速度是反映交通工具在较长路程内的平均速度，区别于反映交通工具在很短路程内的瞬时速度。其是衡量交通工具实际运输效率的重要指标，也是论证交通系统综合运输能力的直接依据之一。无论是对交通系统设计规划、施工建设和运营管理等的有关部门，还是对面临多种交通出行方式选择的旅客，旅行速度都具有突出的研究和参考价值。交通工具旅行速度的改变波动往往会带动相应车票价格、搭载客流以及运营成本等的变化浮动。比如，针对近期大众呼吁的铁路恢复速度问题，有专家就认为这很可能将增加过多的维护成本和乘车票价，甚至会因增加制动距离反而降低列车旅行速度。又如在高铁路网发达的今天，由于转乘麻烦、票价昂贵、乘车和下车时间无法配合大众日常的用餐休息时间点或其他原因等，导致部分线路的乘客更倾向选择旅行速度较慢的普速列车。所以，在力争提高各种交通工具旅行速度的同时，如何平衡其他多方面问题就显得尤为重要。

（二）坡道启动能力

坡道启动能力是指储能式轨道交通车辆在一定坡度道路上的启动能力。一般规定，当载客列车总质量为 AW_2(6 人/m^2)或 AW_3(9 人/ m^2)列车工况，每名乘客质量按 60 kg 计算时，列车在坡道启动工况下的加速度不得低于 0.083 m/s^2，最小启动牵引力不大于列车牵引力。

根据目标启动加速度，可按以下计算列车最小启动牵引力：

$$F=a\times(m_{Ges}+M_e)+w_f+w_q \tag{7.13}$$

式中，a 为目标启动加速度(m/s^2)；m_{Ges}为带乘客载荷的列车总质量(t)；M_e 为回转质量(t)；w_f 为列车单位坡道附加阻力(kN)；w_q 为列车单位曲线附加阻力(kN)。

（三）最高运行速度

最高运行速度是指车辆设计时按照安全及结构强度等条件所决定的车辆最高行驶速度。车辆连续以最高速度运行时需具有足够良好的运行性能。

由于城市的扩张，地铁延伸到郊区或城市边缘地区，其对运行速度提出了更高的要求。有些城市要求最高速度达到 100 km/h 以上，以满足城市扩张需求。但对大多数城市而言，城轨主要是为了解决市区交通问题。市区范围内站距较小，一般为 1 km 左右，很少超过 2 km，因此 80 km/h 的最高运行速度不仅能满足使用要求，也符合经济性要求。此外，国家标准 GB 7928—2003《地铁车辆通用技术条件》规定："车辆最高运行速度不低于 80 km/h"，也预留了进一步提高速度的余地。

（四）启动平均加速度

启动平均加速度是指在平直线路上，列车额定载客，自牵引电动机取得电流开始，至启动过程结束，该速度值被全过程经历的时间所除的商。

储能式轨道交通车辆的启动平均加速度计算公式为

$$a_{\text{start}}=\frac{v_{\text{start}}}{t_{\text{start}}} \tag{7.14}$$

式中，v_{start}为牵引电动机额定转速所对应的车辆运行速度(m/s)；t_{start}为启动过程所经历的时间(s)。

为防止黏着力不足出现空转，造成牵引力损失情况发生，国家标准 GB 7928—2003《地铁车辆通用技术条件》不仅没有规定太高的加速度，还适当降低了该值，从而给黏着利用留有余地。从变流器开关闭合，牵引电动机取得电流开始加速到 40 km/h 规定的平均启动为加速度 0.83 m/s^2，而从直线加速度计算，该值为 0.89 m/s^2。

(五)制动平均减速度

制动平均减速度是指在平直线路上，列车额定载客，自制动指令发出至列车完全停止的全过程，相应的制动初始速度(一般取最高运行速度)被全过程经历的时间所除得的商。

$$a_{\text{break}}=\frac{v_{\text{run}}}{t_{\text{break}}} \tag{7.15}$$

式中：v_{run}为储能式轨道交通车辆运行速度(m/s)；t_{break}为制动过程所经历的时间(s)。

根据国家标准 GB 7928—2003《地铁车辆通用技术条件》规定，定员情况下，在平直干燥轨道上，车轮为半磨耗状态，列车从最高运行速度到停车，如无特殊要求，制动平均减速度为：常用制动平均减速度不低于 1.0 m/s^2，紧急制动平均减速度不低于 1.2 m/s^2。

一般而言，超级电容或混合储能有轨电车上述性能指标原则上不会低于接触网有轨电车，蓄电池储能有轨电车性能指标较低，其加速性能和最高速度均低于接触网有轨电车。

二、电能指标

(一)每公里耗电量

每公里耗电量指储能式车辆行驶一公里所消耗的电能，单位是千瓦时(kW·h)。其中耗电量的包括启动能耗、牵引能耗和辅助能耗等。

(二)续航里程

续航里程是指储能式车辆充满电后，在乘客满载，空调满负荷并匀速的工况下所能行驶的最大里程，单位是千米(km)。能耗和续航里程评价指标的具体实例见第九章海珠线应用案例分析。

（三）充电速率

超级电容的主要优点是大功率充放电，其额定充放电倍率一般为（40～66）I_1（根据制造厂家的要求和散热情况选取）。I_1 为电容器 1 倍率充放电电流，$I_1=C_R\times(U_R-U_{min})/3\ 600$，其中 C_R 为储能系统容量，U_R 为储能系统最高工作电压，U_{min}为储能系统最低工作电压。一般短时间允许的充放电倍率达 $100I_1$ 以上，只要确保电流倍率低于上述额定倍率即可，该电流倍率可以从一个往返的线路仿真计算中得到。

第八章 轨道交通车辆超级电容储能系统试验方法

与传统的用于牵引的蓄电池或发电系统相比，超级电容具有充放电速度快、循环寿命长、清洁无污染、功率密度大、工作温度范围宽等显著优点，较为适合应用在短距离运行的有轨电车上。工程实践中为验证超级电容储能系统是否满足设计的性能要求，须对其进行试验验证和系统测试。目前，国内外对用于轨道交通车辆超级电容储能系统的研究尚处于起步阶段，暂未形成系统的试验标准。本章将结合轨道交通系统的试验标准要求、组合试验技术要求以及科学研究性试验技术要求这三个方面来探讨轨道交通车辆超级电容储能系统的试验方法。

第一节 超级电容储能系统测试

超级电容储能系统的试验主要包含电气性能、安全及保护、电磁兼容、噪声、振动和冲击、防护等级及环境试验等。其中，电气性能又包含内阻、静电容量、储存能量等。电磁兼容、噪声、振动和冲击、防护等级及环境试验无特殊要求，测试过程中可参考其他电气产品执行的相应标准进行。本节将重点介绍超级电容储能系统的温升及温度一致性测试、能量效率测试及电气性能测试。

一、能量效率测试

储能系统的能量效率指在规定的充电和放电条件之下放电累积能量与充电累积能量的比率，是储能系统的重要指标之一。

室温下需按照如下步骤测试储能系统的能量效率：

(1)充电装置输出直流电流 I 对储能系统进行充电，充电至 $0.5U_R$（或最低工作电压 U_{min}，由制造商提供），继续保持恒压充电 5 min；

(2)充电装置输出直流电流 I 继续对储能系统进行充电，充电至额定电压 U_R 后，继续保持恒压充电 10 s；

(3)储能系统以直流电流 I_d 进行放电，放电至 $0.5U_R$（或最低工作电压 U_{min}，或制造商提供的电压）；

重复步骤(2)～(3)3次，记录电压 U、电流 I 与时间的波形；

分别按式(8.1)、式(8.2)和式(8.3)来计算储能系统的能量效率、放电能量及充电能量，取其平均值。

$$E_f = \frac{W_d}{W_c} \times 100 \tag{8.1}$$

式中，E_f 为能量效率(%)；W_d 为在 T_{CC13} 期间放电的电能(J)；W_c 为在 $T_{CC12加}$ 上 T_{CV12} 期间充电的电能(J)。

$$W_d = \int_{t_{U_R}}^{t_{0.5U_R}} I_d U(t) \mathrm{d}t \tag{8.2}$$

$$W_c = \int_{t_0}^{t_{U_R}} I_c U(t) \mathrm{d}t \tag{8.3}$$

试验过程中，对储能系统对外输出的正负端子之间的电流和电压进行连续测量。电压(电流)-时间的特性曲线如图8.1所示。

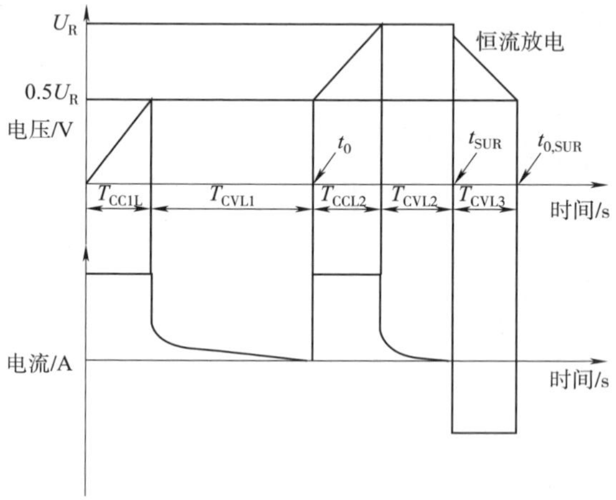

图 8.1　能量效率试验中电容器端子之间的电压(电流)-时间特性曲线

I—允许的最大充电电流，超级电容一般按66C进行确定；I_d—放电电流(A)；U_R—设计时所规定的储能系统的最高工作电压；$0.5U_R$—0.5倍额定电压(或最低工作电压 U_{min}，或由制造商提供，V)

二、电气性能测试

储能系统电气性能测试主要包含内阻、静电容量、储能能量、充电特性曲线四个方面。为验证其电气性能与设计相符合，需搭建相应的测试系统，测试系统应至少包含充电设备、被测储能系统、放电设备及测量设备，如图8.2所示。

同温升及温度一致性试验一样，以广州海珠线有轨电车储能系统(标称内阻70 mΩ，标称容量43.6 F，标称能量4.9 kW)为例，对其内阻、静电容量、储能能量、充电特性曲线进行验证，各项指标均达到设计要求。

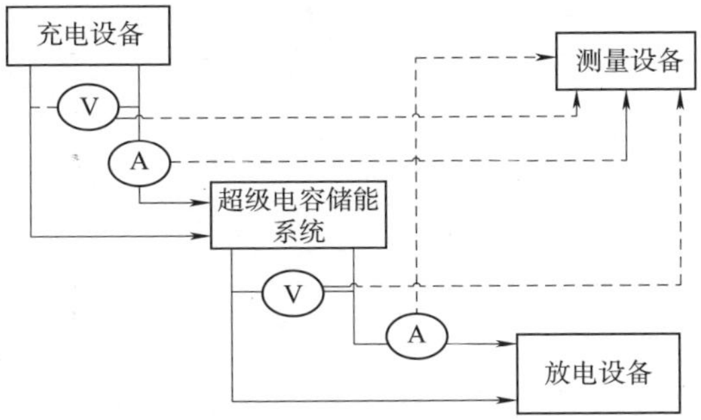

图 8.2　测试系统参考图

1. 内阻测试

储能系统的内阻包含各超级电容单体内阻、单体间连接电阻及与螺栓间接触电阻。作为电气性能评价的一个重要指标，储能系统的内阻对充放电效率、温升等均有重要影响。一定程度上，内阻越小，充放电效率越高，温升越小。

采用放电截止法测量海珠线有轨电车储能系统内阻，三次测量结果相近，均小于标称内阻，见表 8.1。

表 8.1　储能系统内阻测试结果

次数	截止前电压（V）	截止后电压（V）	放电电流（A）	储能系统内阻（mΩ）
第一次	133.91	136.03	41.5	51
第二次	79.91	81.24	24.2	55
第三次	37.63	38.27	12.0	53

2. 静电容量测试

储能系统的静电容量在已知的工作电压范围条件下，决定了其能储存的能量多少。储能系统的静电容量设计值（标称容量）应综合考虑能量需求、充电频次等因素。一定程度上，静电容量越大，工作电压范围越大，可储存的能量就越多。静电容量的算式为

$$C=\frac{\Delta Q}{\Delta U}=\frac{\int_0^T i(t)\mathrm{d}t}{U_2-U_1} \tag{8.4}$$

为了获取以上公式的数据，需对储能系统进行持续放电，通过电量和电压变化量的比值计算静电容量。储能系统在放电过程中，静电容量是变化的。电压越高，静电容量越大，但整个放电过程中静电容量相差不大。以 100 V 压降为一个电压变化等级计算静电容量，结果详见表 8.2。

表 8.2　静电容量(C)测试结果

序号	电压(V)	电荷量(C)	以 100 V 压降计算得到的 C(F)
1	849.6	1 002.68	—
2	749.2	5 659.32	46.38
3	649.6	10 260.02	46.19
4	549.5	14 830.93	45.66
5	449.9	19 310.16	44.97

3. 储能容量测试

储能系统的储能容量决定了其续航能力，储能容量一方面与静电容量 C 有关系，一方面与储能系统的工作电压范围（最低工作电压 U_1、最高工作电压 U_2）有关。储能系统在充电和放电过程中，静电容量 C 是持续变化的，因此不能直接通过 $W=0.5CU^2$ 来计算储能系统的储能容量。储能容量的算式为

$$W=\frac{1}{2}C(U_2^2-U_1^2)=\frac{\int_0^T i(t)\mathrm{d}t}{2(U_2-U_1)}(U_2^2-U_1^2)$$

$$=\frac{U_2+U_1}{2}\cdot\int_0^T i(t)\mathrm{d}t \tag{8.5}$$

4. 充电特性曲线测试

储能系统的充电特性曲线分为两个阶段，第一阶段为恒流充电阶段，第二阶段为恒压充电阶段。为验证充电特性曲线是否符合设计要求，需要考虑充电电流的控制精度、充电电压的控制精度、电流上升时间、总充电时间这几项指标。试验前需先约定相应的考核指标具体值。

设定恒流充电电流 600 A、充电电压 900 V，在储能系统充电端测量得到的充电特性曲线如图 8.3 所示。

三、温升及温度一致性测试

储能系统反复充放电会使超级电容发热，由于超级电容对温度的敏感性很高，过高的温度将会大大缩减超级电容的使用寿命，因此需对储能系统进行温升及温度一致性测试，以此验证储能系统内部结构及风道设置的合理性。

当车辆正常运营时，储能系统的散热是通过列车车厢内的空调废排空气冷却排出车外，因而要模拟车辆实际运行工况，循环充放电，达到规定的时间后方停止试验。整个试验过程中需实时检测储能系统的工作温度。若无试验工装，也可在储能系统装车后在车辆实际应用工况下进行测试。

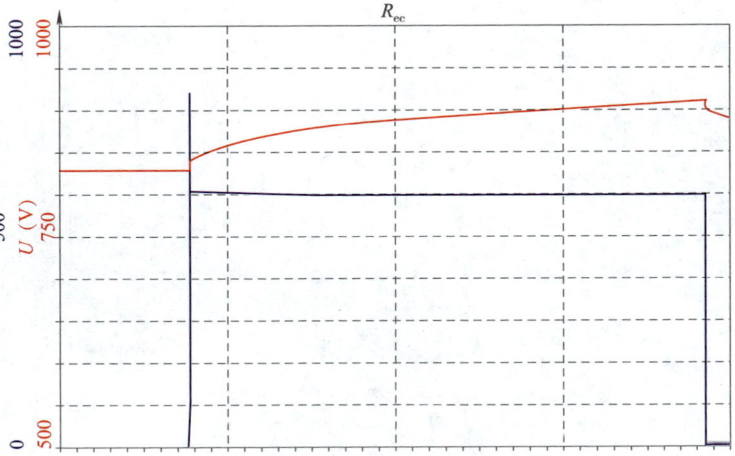

图 8.3　储能系统充电特性曲线

本试验的现场布置如图 8.4 所示，试验装置如图 8.5 所示，储能系统放置在一静压箱上面，静压箱外围进行保温处理，用静压箱模拟列车车厢内环境，静压箱顶部开有两个出风口，正对着储能系统下部的进风口，其尺寸也完全相同，以保证送风均匀。影响储能系统散热的主要因素是风量和空气温度，为了模拟列车车厢内的空调废排空气，需要控制风量和空气温度。因此在静压箱进口前的进风风道中依次安装一个可变频控制的风机、一个制冷机组和一个电加热器。风机变频控制风量，采用可控硅继电器控制加热器的加热量，从而控制空气温度。风机之前安装了一定长度的 PVC 直管段，在 PVC 直管段中部安装了测量风量的标准长径喷嘴。风量采用长径喷嘴结合微压差计进行测量，采用变频风机进行控制调节。

空气温度采用制冷机组进行降温，用电加热进行加热以精确控制温度。风温用铂电阻温度计进行测量，通过可控硅继电器和温度控制器控制。同时通过压力传感器测量静压箱的压力，用微压差计测量储能系统进出口压差。

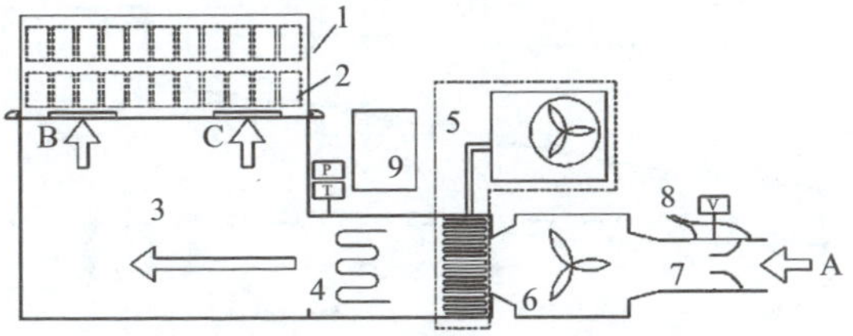

图 8.4　现场布置示意

1—储能系统；2—模组；3—静压箱；4—电加热器；5—制冷机；6—风机；7—长径喷嘴；8—喷嘴取压口；9—电柜箱；A—系统进风口；B、C—储能系统进风口

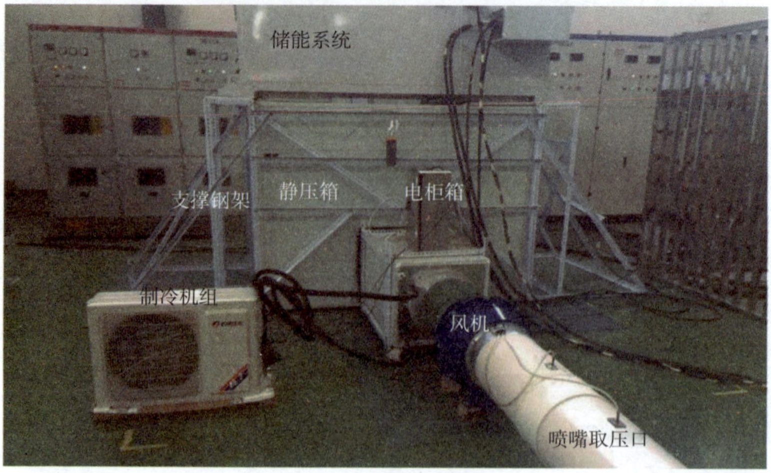

图 8.5 现场布置

通过以上试验设备进行试验，可以模拟车辆实际的通过条件和储能系统的工作工况，测量储能系统温升及模组温度的一致性是否符合要求。

以广州海珠线有轨电车储能系统为例，在模拟正常工况和空调故障工况进行测试，试验结果表明，在车辆正常工况及空调故障状态下，储能系统模组的平均温度均未超过 45 ℃，而且各测试工况下温度分布趋于稳定时，下层温度分布比较均匀，上层最高温度和最低温度之差约 3～4 ℃，说明储能系统模组的布置合理，散热均匀，满足散热要求。详细的测试工况和对应的测试结果见表 8.3、图 8.6～图 8.10。

表 8.3 温升及温度一致性测试工况

工况参数	温度(℃)	流量(m^3/h)	储能系统电压范围(V)	风扇状态	空调状态
工况一	27	830	500～900	关闭	开启
工况二	27	330	500～900	开启	开启
工况三	27	660	500～900	开启	开启
工况四	27	850	500～900	开启	开启
工况五	36	850	500～900	开启	关闭

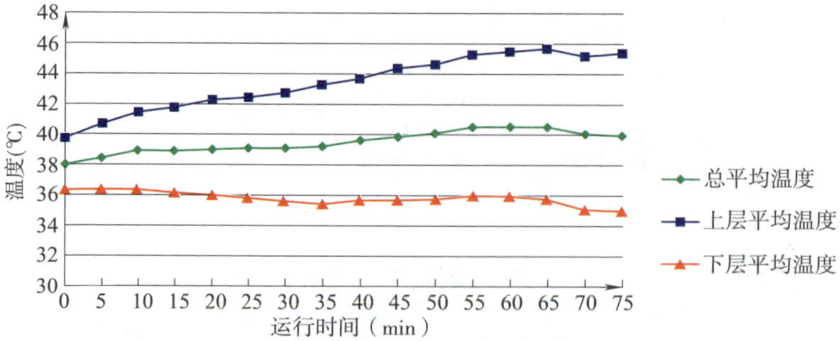

图 8.6 储能系统内模组温度走势(工况一)

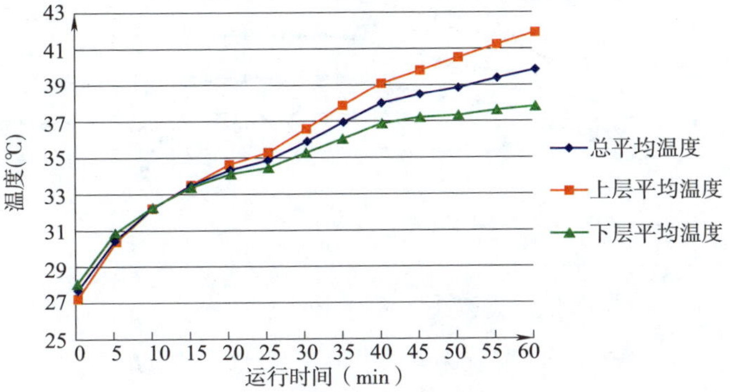

图 8.7　储能系统内模组温度走势(工况二)

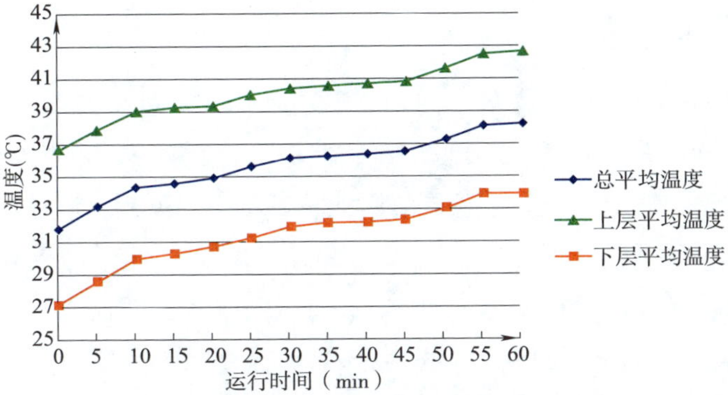

图 8.8　储能系统内模组温度走势(工况三)

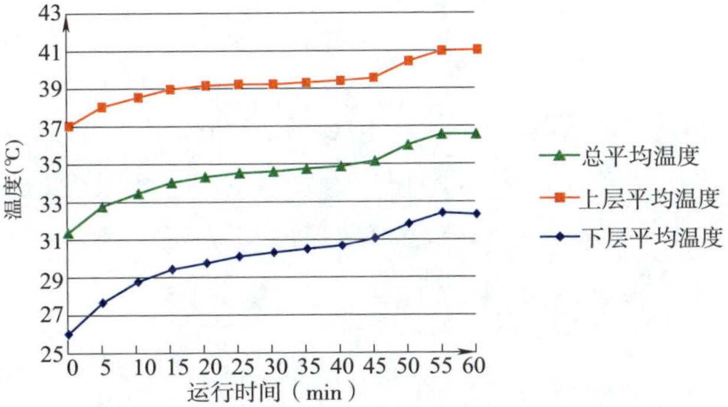

图 8.9　储能系统内模组温度走势(工况四)

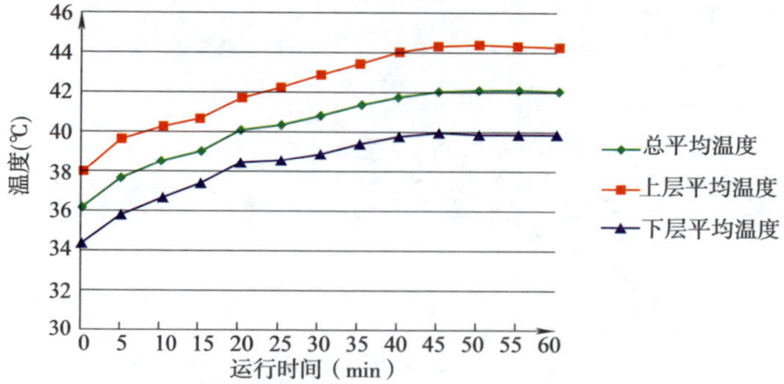

图 8.10　储能系统内模组温度走势(工况五)

第二节　牵引传动系统组合测试

一、组合测试的标准介绍

在 IEC 61377-2016 标准发布之前，轨道交通车辆牵引系统组合试验主要依据 IEC 61377-1：2006、IEC 61377-2：2002 和 IEC 61377-3 三个标准执行。欧盟将 IEC 的标准修改为 EN 61377，中国则等同采用或修改采用 IEC 标准为 GB/T 25117 系列，并代替了原铁道行业标准 TB/T 3117—2005。IEC 61377-2016 将上述三个标准进行了合并，重新定义了牵引系统的组成(由牵引电动机、变流器、牵引控制设备组成，包括软件、变压器、输入滤波器、制动电阻器、主断路器、冷却设备、传感器、接触器等)；区分了牵引系统和被试牵引系统；新增了一些试验项点(如反转启动试验、牵引制动转换试验)。IEC 61377-2016 标准中虽未考虑储能系统，但仍可借鉴其中的一些要求和方法来完成由超级电容储能的牵引传动系统组合试验。

二、牵引系统构架概述

与 IEC 61377-2016 定义的牵引系统相比，采用超级电容储能的牵引系统在结构上相对简单，不含高压环节中的降压回路以及相关的断路器、变压器、滤波器等。储能系统直接通过中间直流环节与变流器和交流电机负载相连，或通过斩波器与直流电机负载相连，系统架构如图 8.11 所示。

三、牵引系统特征

牵引系统存在指定特征和内部特征。指定特征是指为满足用户的合同要求而定义的测量参考值，需要在试验台上进行验证；内部特征是指为证明设计需测量和使用

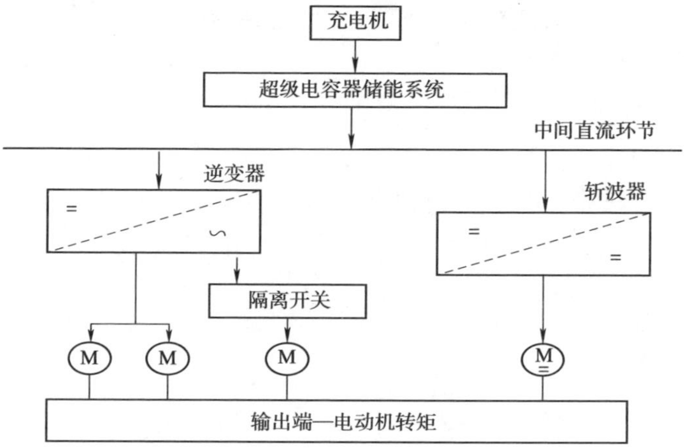

图 8.11　牵引系统架构

的内部设计值，该值不会对组合试验的验收产生影响。如果测量结果符合指定特征，即使内部特征不完全一致，测量结果仍保持有效。

组合试验指定特征主要指转矩与速度关系，即最大参考转矩时牵引系统的效率与速度曲线。特定线电压下线路剖面上的指定特征主要指：给定车轮直径下转矩参考值，速度时间曲线，线路电流和电压，所有相关峰值温度，输入电能消耗(kW·h)等。除上述指定特征外，其余的均可认为是内部特征值，如电动机的电流/电压的有效值。

四、试验通用要求

轨道交通车辆的牵引系统包含了多台电动机，组合试验只选取其中一台或两台电机作为被测牵引系统的一部分。组合试验前，应对关键组件(如变流器、电动机、超级电容等)进行预先型式试验，提供型式试验结果报告，供组合试验参考。预先型式试验不包括需要在组合试验时开展的特殊试验；组件(包括软件)使用的版本应在每项相关试验中可追踪。

五、试验通用条件

1. 被试牵引系统组件温度

组件供应商对牵引系统的组件配备温度传感器，负责根据预期最高温度定义最佳位置，如果传感器不能放置在最热点温度位置处，组件供应商应进行温度校正。

2. 试验台电源

IEC 61377-2016 中规定：超出试验台电压范围的牵引系统的特性试验，可通过降低电压限制值或参数来进行。本牵引系统中，试验台提供的电源主要负责对超级电容储能系统充电，因此其输出电压应尽可能达到超级电容的最高工作电压，输出电流可适当低于额定的充电电流。

3. 牵引负载系统

IEC 61377-2016 中将牵引负载系统分为 2 种不同方式，即转速控制型负载系统和惯性负载系统。其中，在转速控制型负载系统中，又给出 2 种参考模型：转速控制型负载系统试验台和背靠背型试验台。储能系统组合试验多采用转速控制型负载系统试验台，其架构如图 8.12 所示。

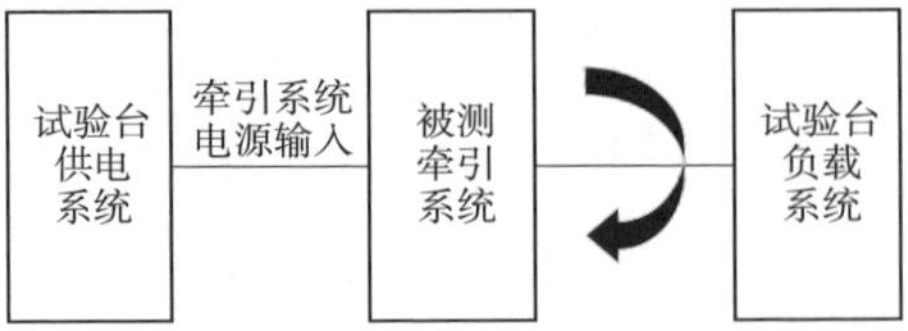

图 8.12　转速控制型负载系统试验台架构

4. 牵引辅助负荷和列车辅助负荷

牵引辅助负荷是指操作牵引系统所需的负荷，如电动机风扇、变流器水泵等。列车辅助负荷指的是由辅助变流器供电的其他车载负荷，这些辅助负荷可使用等量无源负载或有源负载进行模拟。由于这些辅助负荷较小，比牵引负荷低一到二个数量级，测试时一般可以不考虑。牵引辅助负荷和列车辅助负荷电源示例如图 8.13 所示。

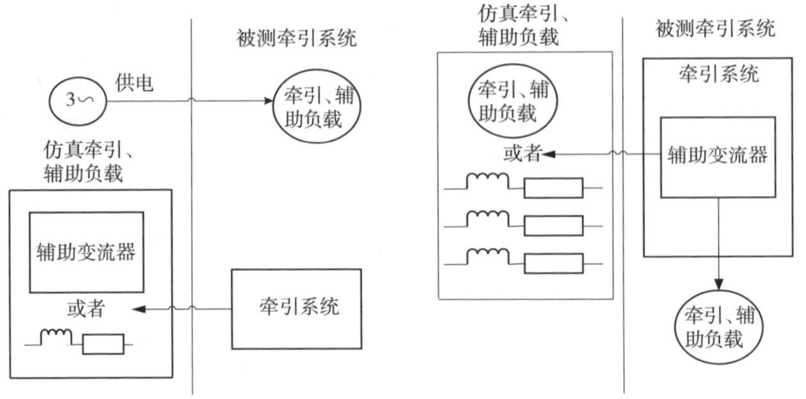

示例a)：辅助变流器不属于牵引系统一部分　　示例b)：辅助变流器属于牵引系统一部分

图 8.13　牵引辅助负荷和列车辅助负荷电源示例

5. 试验期间的冷却

充分利用组件自身的冷却系统进行冷却，如电动机的风冷系统、变流器的水冷系统等，在规定的冷却条件下开展试验。

6. 机械输出(转矩)的测量

直接在电动机轴上测量机械输出。如果变速箱是试验设置的一部分,则在变速箱的输出轴上测量转矩。不能直接测量的情况下,可通过“损耗总和法”“功率比较法”“电流比较法”替代方法推算出机械输出转矩。

“损耗总和法”:IEC 61377-2016 中对于公式的推导和字母均有清晰的定义,本章节不再详细展开,详见式(8.6)。

$$T=\left(\frac{60}{2\times\pi\times N}\right)\times\left[(P_{\mathrm{el}}-3\times R\times I^{2}-P_{\mathrm{iron}})\times\left(\frac{N}{N_{\mathrm{s}}}\right)-P_{\mathrm{f}}-P_{\mathrm{stray}}\right] \tag{8.6}$$

该方法仅适用于异步电动机,由于电动机的型式试验报告中很难提供 P_{iron}、P_{f} 和 P_{stray},因此损耗总和法的适用性不强。

“功率比较法”:计算公式如下

$$\frac{T_{\mathrm{i}}}{T_{1}}=\frac{N_{1}}{N_{\mathrm{i}}}\times\frac{(P_{\mathrm{el-i}}-3\times R_{\mathrm{i}}\times I_{\mathrm{i}}^{2}-P_{\mathrm{iron-i}})\times N_{\mathrm{i}}/N_{\mathrm{s-i}}-P_{\mathrm{f-i}}-P_{\mathrm{stray-i}}}{(P_{\mathrm{el-1}}-3\times R_{1}\times I_{1}^{2}-P_{\mathrm{iron-1}})\times N_{1}/N_{\mathrm{s-1}}-P_{\mathrm{f-1}}-P_{\mathrm{stray-i}}1} \tag{8.7}$$

在被试电动机侧效率相同,功率相差不大于 20%的假定情况下,式(8.7)可简化为:

$$T_{\mathrm{i}}\approx T_{1}\times\frac{P_{\mathrm{el\_1}}}{P_{\mathrm{el\_i}}}\times\frac{N_{1}}{N_{\mathrm{i}}} \tag{8.8}$$

式(8.8)中的基波输入功率(P_{el})和机械转速(N)比较容易测量,所以该方法的适用性较好。

“电流比较法”:计算公式为:

$$T_{\mathrm{i}}\approx T_{1}\times\frac{I_{\mathrm{el\_i}}}{I_{\mathrm{el\_1}}} \tag{8.9}$$

并联电动机以相同转速(机械耦合)运行,假定其效率和功率因数一致,且电流相差不大于 5%,可通过“电流比较法”测量。与“功率比较法”的简化方法相同,该方法中的参考转矩(T_{1})和基波电流(I_{el})可测量得到,方法的适用性较好。

7. 环境条件

记录试验相关的环境温度、气压和湿度。试验规范中应描述试验所需的特殊环境条件。

六、试验方法

(一)转矩特征试验

1. 电动机热态下转矩特征试验

电动机热态下转矩特征试验的试验条件为:电动机热态下转矩特征试验应至少

对整个应用速度范围内的最大参考转矩绘制特征曲线，如果有电气制动，应在电动机牵引运行状态和制动状态下分别绘制特征曲线。在参考值(特征曲线)设置不同的情况下，应测量每个参考值下的特征曲线(如超级电容在低压的情况下，降低输出转矩)。

不管牵引系统是否采用超级电容储能，电动机热态的定义是不变的，均为基准温度的±20 ℃。其中，对于直流电动机，绕组基准温度为 150 ℃ (IEC 60349-1)；对于异步电动机，绕组基准温度为 150 ℃ (IEC 60349-2)；对于永磁同步电机，定子绕组基准温度为 150 ℃，永磁体基准温度为 100 ℃ (IEC 60349-4)。

所需测量和记录参数的指定特征为：转矩和速度；内部特征(建议项)为：电动机相基波 RMS 电流(或转矩电流)、电动机相总 RMS 电流、电动机相间 RMS 基波电压(或调制指数)、电动机相间总 RMS 电压或谐波量、直流环节电压、超级电容储能系统的输出电压(AVE)和电流(AVE)、温度等。

验证程序：IEC 61377-2016 中给出了两种转矩的测量步骤和验证方法，分别为(1)恒定转速和(2)速度扫描，而超级电容储能的牵引系统的验证程序可参考方法(3)稳态速度扫描进行。

(1)恒定转速：低速和高速时交替测量，以保持电动机的温度尽可能恒定，绘制点的数量应足够，以精确查看特征。图 8.14 中给出了所需点的数量。

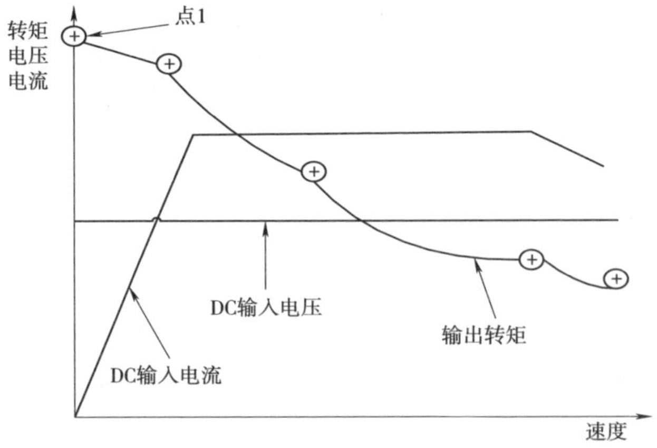

图 8.14　牵引系统的转矩特征

恒定速度测量方法在实际执行中存在一些问题，对于直流电动机而言，磁滞现象会导致升速和降速的转矩不一致。对于异步电动机和永磁同步电机而言，逆变器控制开关频率的切换临界点存在滞环区，滞环区会导致振荡，从而影响转矩。同时高低转速交替进行的方式，也加大了试验控制和重复测量的难度。

(2)速度扫描：根据图 8.14 中的转矩特征对转矩进行测量，并在从零到最高速度的电动机运行中以及在从最高到最低速度的制动过程中进行扫描。速度扫描过程中，转速未达到稳定，存在加速度或减速度，需要评估转速的加速度和电动机转子惯量对转矩测量的影响。

(3)稳态速度扫描：采用速度扫描的概念，在图 8.14 中的转矩特征测量点处，等待电机转速和转矩平衡后再进行测量。考虑到超级电容的特点，应对不同电压对应模式进行测量，且应包含正常电压范围和低压范围，如表 8.4 所示。

表 8.4　稳态速度扫描

超级电容的电压	转矩-转速特性曲线
正常电压范围	满转矩-转速特性曲线、1/4 转矩-转速特性曲线[b]、1/2 转矩-转速特性曲线[b]
低压范围(转矩限制[a])	满转矩-转速特性曲线、1/4 转矩-转速特性曲线[b]、1/2 转矩-转速特性曲线[b]
[a]不同于外部获取电能的牵引系统，超级电容储能的牵引系统在牵引过程中，电压会逐渐降低，低至一定范围后，会限制转矩的输出，也就是通常说的限功率输出 [b]可选项	

2. 电动机冷态下转矩特征试验

电动机冷态下转矩特征试验条件和验收程序与热态下转矩特征试验相同，其中主要区别在于温度要求范围不同，电动机冷态温度要求定子、定子绕组或机壳的温度与环境温度的差值在 20 K 以内。实际执行过程中，宜采用定子绕组的温度来判断，最好是定子绕组和机壳温度与环境温度的差值均在 20 K 以内。

(二)效率和能耗试验

牵引系统的效率是指输出机械功率和输入电源总和之间的比率，这里的输入电源总和是指超级电容储能系统的输出功率。而牵引系统的能耗指的是从输入电源总和中吸收的总能量，这里输入电源同样是指超级电容储能系统的输出电能。

输入电源功率和能量值的具体统计范围和方法为：(1)将辅助逆变器看作牵引系统一部分，只考虑与牵引系统有关的负载，其他辅助设备的负载不考虑；(2)如果被测牵引系统的范围与牵引系统的范围不同，如变压器和辅助系统只有部分使用，应按照被测牵引系统的范围对指定特征进行定义；(3)以规定的方式运行冷却装置，同时记录环境温度，如果无法实现以规定的方式运行，冷却系统可在满功率下运行，通过计算得出需减去的冷却系统功率。

所需测量和记录参数的指定特征为：效率、速度和转矩，效率相关温度，超级电容储能系统输出的电压、电流和有功功率；内部特征(建议项目)为：电动机相基波 RMS 电流(或转矩电流)、电动机相总 RMS 电流、电动机相间 RMS 基波电压(或调制指数)、电动机相间总 RMS 电压或谐波量、直流环节电压。

验证程序：效率试验可在进行电动机热态转矩特性试验时同时测量，能耗试验以周期的形式进行测量，如超级电容系统一次/多次完整的放电过程为一个完整周期。对于线路曲线下的能耗试验，建议在超级电容储能系统装车后的整车上进行测量。

（三）温升试验

温升试验的终止时间：持续加载（额定条件下）保持至少 2 h，或者通过其他适当的手段证明所有相关部件已经分别达到稳定的温度（1 h 内温度变化小于 4 K）。

所需测试记录参数：各相关部件和冷却剂的温度（至少包括超级电容储能系统温度、变流器冷却剂或散热器温度、牵引电动机定子和转子温度、制动电阻器温度）和环境温度。

验证程序：IEC 61377-2016 中给出了两种用于温升测量的步骤和验证方法，分别为（1）持续负载温升试验和（2）线路分布曲线下的温升试验。在组合试验过程中，线路分布曲线工况不易实现，建议在超级电容储能系统装车后的整车上进行测量，并与能耗试验同步进行。

温升试验的操作工况可包括牵引工况、制动工况和牵引/制动混合工况。验证程序为记录各相关部件和冷却剂的温升。

（四）系统保护测试

系统保护测试所需测试记录参数的指定特征有电动机的转矩、转速，内部特征（参考项）有电动机相基波 RMS 电流（或转矩电流）、电动机相总 RMS 电流、电动机相间 RMS 基波电压（或调制指数）、电动机相间总 RMS 电压或谐波量。

验收程序为在图 8.14 标出的速度点上，全电机驱动/制动下的扭矩/功率输出时刻，通过断开开关或网络发送指令的方式使电源中断或关键部件停止工作，检测系统的自我保护功能。IEC 61377-2016 中列出了 8 种典型系统保护试验项目，分别为：（1）电压快速变化；（2）牵引供电电压中断；（3）牵引供电接触失效；（4）再生制动突然失效；（5）牵引变流器停止；（6）温度计算；（7）过流和过压保护；（8）控制蓄电池电源中断。

（五）故障管理测试

故障管理测试试验条件为在不影响试验结果的前提下，故障管理试验允许缺少一些部件或不在高压下进行。

验收程序：IEC 61377-2016 从 4 个方面，4 个试验项目分别对故障管理进行了描述。4 个方面包括故障检测、故障保护、故障指示和补救措施（如适用）。4 个试验项目包括：（1）传感器（电压传感器、电流传感器、温度传感器）功能丧失；（2）命令和反馈信号的丢失；（3）冷却系统故障；（4）接地和短路故障。采用超级电容储能的牵引系统，可遵照上述程序执行。

第九章　应用案例分析

前文从城轨列车与超级电容单体建模开始，详细介绍了采用超级电容为储能元件的车载储能式城市轨道交通车辆的关键技术理论、试验以及评价指标。本章将以正在运营的广州海珠线有轨电车为例，详细介绍储能式有轨电车的参数制定、储能系统与相关电气设备选型、地面充电系统及制动、空调等关键电气系统设计等工作。

该试验线西起广州塔东至万胜围，全长 7.8 km，沿珠江南岸敷设，均为地面线。全线共设 11 座车站，平均站距 0.784 km。试验段串联沿线 4 座地铁车站，22 个公交总站以及 12 座客运码头，并与其他交通系统进行有效衔接，客运强度居国内现代有轨电车线路首位。车辆采用被动式受电器，车辆站内最大充电时间 30 s。列车采用四模块编组，动拖比为三动一拖，全长 36.5 m，可载客 368 人。列车最高运行速度 70 km/h，全线采用超级电容储能以实现无接触网运行，结构设计寿命为 30 年。值得注意的是，该试运营系统是我国乃至世界上首次仅采用超级电容作为储能系统的有轨电车，其能够在进行无接触网运行的同时，实现能量的高效和循环利用，以达到绿色和节能的双重目标。此外，在该案例线路设计开发过程中，车辆关键技术参数和指标的制定充分考虑了广州市的自然环境、使用要求、线路主要参数、供电条件、有轨电车车辆轮廓与车辆限界等条件。

第一节　有轨电车基本运行条件

一、储能式现代有轨电车相关参数

(1)广州海珠线气候条件

广州市海珠线(图 9.1)气象平均温度为 22.9 ℃，最低 3.1 ℃，最高 39.1 ℃；平均相对湿度为 73%，最低 16%，最高 100%；年平均降雨量为 1 614 mm，月平均降雨量为 367.8mm，年平均降雨天数为 164 天，年平均降暴雨天数为 7.7 天；最大风速为 24.5 m/s，最低存放温度为−5 ℃，海拔高度最大为 1 200 m。整个系统周围空气内含有相当大的湿气，且含有盐雾和腐蚀物质，因此所有设备应适应亚热带气候条件，且能防腐。目前，所有车辆及其全部设备在广州市海珠环线上能可靠运营，且能耐强风、高温、高湿、振动、噪声及清洁剂的污染。

图 9.1　海珠线站点

(2)海珠线线路参数

线路制定过程中，需保证车辆可经过地面公路运输运送至客运线及回送到车辆修理厂。另外，线路设计时还要充分考虑道口及人行横道的影响。海珠线线路状况见表 9.1，列车运行时的具体要求见表 9.2。

表 9.1　线路条件

序号	车站名称	中心里程	站间距	线间距	车站性质	备注
1	万胜围	YCK3+742.00		4.30	地面侧式	接驳站，与八号线、四号线接驳
			右 798			
2	琶洲塔	右 YCK4+540.00	左 1026.395	右 4.30	地面分离侧式	一般站
		左 ZCK4+762.00	右 657	左 3.40		
3	水博苑	右 YCK5+197.00	左 703.996	右 3.40	地面分离侧式	一般站
		左 ZCK4+475.00	右 861	左 4.30		
4	会展东	YCK6+058.00	左 585.378	3.40	地面侧式	一般站
			720			
5	会展中心	YCK6+778.00		3.40	地面侧式	一般站
			657			
6	会展西	YCK7+435.00		4.30	地面侧式	一般站
			778			
7	华南大桥	YCK8+213.00		3.40	地面侧式	一般站
			646			
8	啤酒博物馆	YCK8+859.00		3.40	高架侧式	一般站
			749			
9	猎德大桥	YCK9+608.00		4.30	地面侧式	一般站
			897			
10	艺苑东路	YCK10+505.00		3.40	地面侧式	一般站
			487			
11	广州塔	YCK10+992.00		4.30	地面侧式	接驳站，与三号线、APM 线及中轴新型有轨电车接驳

表 9.2 列车线路参数

线路参数	数值	线路参数		数值
轨距	1 435 mm	道岔	正线	6 号道岔
最小竖曲线半径	350 m		车场线	2.28 号道岔
最小平面曲线半径	25 m	站台高度		260 mm
正线最大坡度	50‰	最大站间距(含 200 m 的 50‰坡道)		1 000 m
过渡线最大坡度	60‰	最大站间距(平直道)		1 500 m
滚动阻力系数 f	0.015			

(3)供电方式

海珠环线有轨电车采用车站顶部接触受电,区间无接触网,供电电压最大 DC 900 V,车辆仅利用在车站区域设置的接触网,完成对储能系统的充电,维持车辆在正线上的连续运行。正常运行时必要的开门等待时间不大于 7 s。

(4)列车编组方式

列车编组采用四模块编组,三动一拖,编组形式如图 9.2 所示。

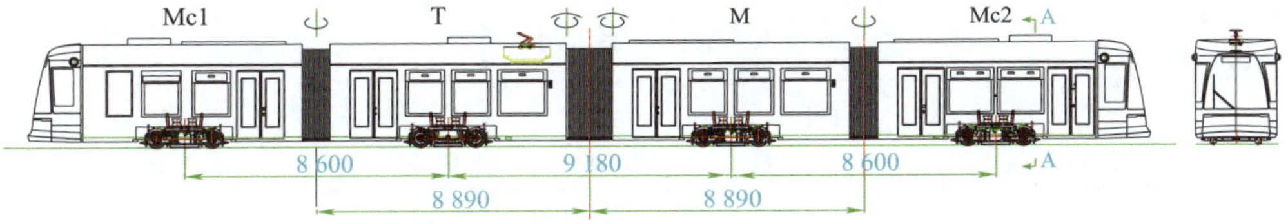

图 9.2 列车编组形式

$$=\mathrm{Mc1}+\mathrm{T}++\mathrm{M}+\mathrm{Mc2}= \quad (9.1)$$

"="代表车钩,"+"代表单铰接装置,"++"代表双铰接装置,Mc 代表带司机室的动车模块,T 代表拖车模块,M 代表动车模块。

(5)列车载客量

列车载客量见表 9.3,其中单个乘客重量按 60 kg/人计算。

表 9.3 列车不同工况下的载客量

参数	模块(人)				4 模块编组(人)
	Mc1	T	M	Mc2	
座席	16	21	20	16	73
额定载荷(5 人/m^2)	61	69	68	61	259
最大载荷(7 人/m^2)	80	88	87	80	335

(6)结构参数

列车空载重量约 53 t,最大轴重约为 10 t。整个客室都采用 100%低地板设计,客室内无台阶,客室车门采用电动塞拉门。有轨电车结构尺寸参数见表 9.4。

表 9.4　有轨电车的结构尺寸参数

尺寸参数	数值	尺寸参数	数值
车辆长度	36 360 mm	受电器最大工作高度	3 976 mm
车辆最大宽度(不包括车外摄像头)	2 650 mm	列车每侧车门数量	5 对
车辆高度(包括车顶设备箱)	3 800 mm	车门净宽度	1 300 mm
客室地板高度	350 mm	车门净高度	≥2 080 mm
车门入口处地板高度	325 mm	贯通道宽度	1 240 mm
受电器最小工作高度	3 726 mm	贯通道高度	2 100 mm

(7)牵引与制动特性

列车在 AW2 载荷,平直、干燥轨道,车轮半磨耗的情况下的牵引性能与制动性能见表 9.5。

表 9.5　牵引性能与制动性能

牵引参数	数值	制动参数	数值
最高运行速度	70 km/h	常用制动平均减速度(70～0 km/h)	1.1 m/s^2
平均启动加速度(0～26 km/h)	≥1.0 m/s^2	紧急制动平均减速度(70～0 km/h)	2.5 m/s^2
平均加速度(0～70 km/h)	≥0.5 m/s^2		

二、列车关键系统、设备

传统轨道车辆关键设备为车体、转向架、牵引、制动、车钩、贯通道、车门、乘客信息系统、照明、空调、受电弓等。大功率储能系统作为储能式有轨电车的牵引动力电源,是储能式有轨电车的关键子系统;由于区间取消了接触网,受电弓改为能够承受静态大电流的受电器。

1. 转向架

车辆采用了动力转向架和非动力转向架,为二系悬挂形式。其中,非动力转向架使用独立车轮,主要由构架、轴桥、盘制动装置、磁轨制动装置、一系悬挂装置、二系悬挂装置、牵引装置等部件组成。动力转向架使用的是纵向耦合驱动的独立车轮,且在部件组成方面较非动力转向架而言多了齿轮箱及牵引电机。另外,为降低轮轨噪声,该案例中使用的是弹性轮对。整体上转向架满足车辆限界要求,使用寿命不小于 30 年。

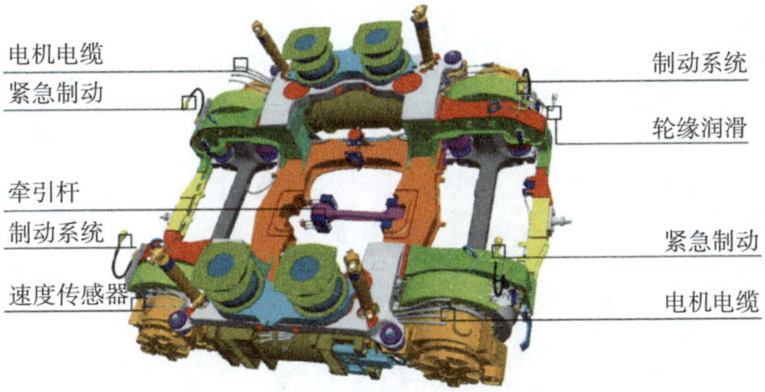

（a）动力转向架

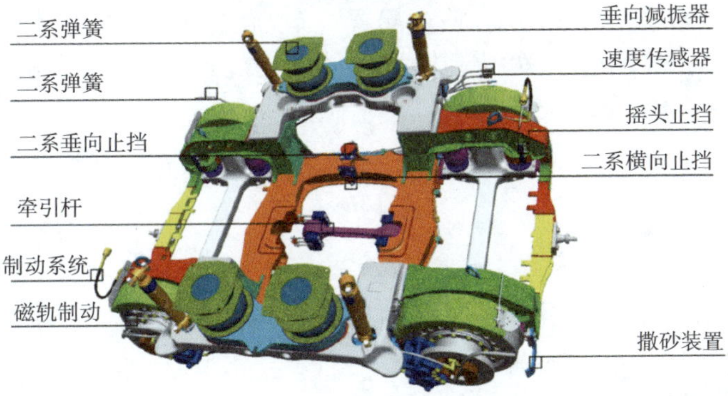

（b）非动力转向架

图 9.3　转向架

2. 牵引与控制系统

牵引系统采用鼠笼式三相异步电机驱动的交流传动系统，牵引逆变器元器件采用 IGBT 器件。列车控制系统具有牵引、再生制动、电控液压制动、磁轨制动控制模式。电制动可实现制动能量反馈。

3. 受电器

不同于传统地铁车辆的受电弓，该案例中的受电器主要负责在站台区域与供电轨接触，将充电站输出与储能系统相连，完成储能系统的停站充电。受电器结构如图 9.4 所示，具体参数见表 9.6。

表 9.6　受电器参数

受电器正常工作电压范围	DC 0～900 V
静态受电电流	1 800 A
最大受电电流	2 000 A
滑板材料	粉末冶金
工作范围内接触压力	120×(1±15%)N

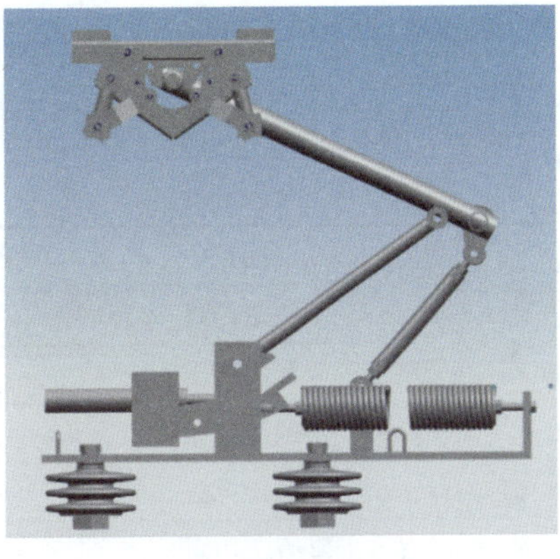

图 9.4　受电器示意

4. 储能系统

储能系统采用动力型超级电容作为储能元件。根据列车运行条件，初步确定的储能系统设计要求为：

(1)储能系统应保证车辆在正线连续运行，且储能系统从最低工作电压充电至最大储能水平的充电时间不大于 30 s。

(2)储能系统对再生制动时的能量回收效率不低于 80%。

(3)储能模组的寿命达到 10 年或充放电 100 万次。

5. 空调

空调采用高效节能变频空调，整车配置 2 台高压直流变频客室空调。空调系统设计应保证整个客室内均匀的空气分配，气流速度满足 EN 14750 标准的要求。

第二节　储能器件选型与计算

一、储能器件选型与计算

根据图 3.23 可知，车辆在线路运行时，猎德大桥站到啤酒博物馆站之间的最大能耗小于 5.96 kW · h。在储能系统设计时，以 5.96 kW · h 计算，储能系统最高工作电压为 900 V，最低工作电压为 500 V。能耗与电压、电容之间的关系如下

$$W_0 = C\frac{U_0^2 - U_{\min}^2}{2 \times 1\ 000 \times 3\ 600} \tag{9.2}$$

由式(9.2)可得，若要 W_0 大于等于 6 kW · h，通过计算可知 $C \geqslant 77.14$ F。

在车辆设计时，国内主型超级电容是 3 000 F 的圆形电容器，最大单体容量的是中车宁波新能源公司生产的 7 500 F 的方形电容器，其相比 3 000 F 的圆形电容器，具有更高的能量密度和功率密度，因此我们选择 7 500 F 的方形电容器为基本储能单元。7 500 F 电容器的基本技术参数见表 9.7。

表 9.7　超级电容主要技术参数

项目	单位	数值
额定容量	F	7 500
额定电压	V	2.7
浪涌电压	V	2.85
额定电流	A	300
直流内阻	mΩ	≤1.9
30 s 内最大持续电流	A	400

根据车辆的技术参数，确定储能系统的工作电压范围 $U_1 \sim U_2$，再根据储能系统的最高电压确定串联数 N

$$N = \frac{U_0}{U_N} \times K = \frac{900}{2.7} \times 1.03 = 343.3 \tag{9.3}$$

式中：N 为超级电容串联数；U_N 为超级电容单体额定电压，取 2.7 V；U_0 为储能系统最高工作电压，取 900 V。由于储能系统由多个超级电容单体串联，存在电压不均衡性，因此引入修正系数 K，根据串联数、电压均衡能力、单体过电压能力等综合考虑，取 1.03。

考虑到串联数应与模数串联电容（8 串）成倍数关系，因此取串联数为 344（43 个模组）。

二、并联数的确定

首先计算单串的可用能量 W_n

$$W_n = \frac{C(U_1^2 - U_2^2)}{2 \times 1\ 000 \times 3\ 600} \times K_c = \frac{7\ 500 \times (900^2 - 500^2)}{2 \times 1\ 000 \times 3\ 600} \times 0.8 = 1.36 \tag{9.4}$$

式中：W_n 表示单串的可用能量（kW·h）；C 为超级电容单体容量，选择 7 500 F 单体；U_1 为储能系统最高工作电压，最高电压为 900 V；U_2 为储能系统最低工作电压，最低电压为 500 V；K_c 表示容量全寿命周期衰减系数，一般按 80%计算。

通过式（9.5）计算并联数 M

$$M = \frac{W}{W_n} = \frac{6}{1.36} = 4.4 \tag{9.5}$$

式中：M 为并联数，进行取整处理，小于 1 部分按 1 计算；W 为储能系统需求的最大可用能量，取 6 kW·h；W_n 为单串的可用能量，为 1.36 kW·h。

通过计算，串联数要大于等于 5，考虑到模组由 2 并电容组成，并预留一定的余量，选择并联数为 6。考虑到工程化设计，储能系统由 2 并 344 串的三个储能系统箱并联组成。

根据电容的参数可知，6 并 344 串储能系统的功率在额定电压 750 V 时，充放电功率可以达到 750×600×3=1 350 kW，大于车辆实际使用要求，储能系统的充放电功率符合车辆要求。

三、储能系统的结构设计

储能系统主要包括柜体、43 个模组（含电压均衡单元）、1 个主控单元、2 个熔断器、2 个电流传感器、1 个电压传感器、12 个散热风扇，以及连接铜排和配线端子等。43 个模组分上下两层放置（下层 22 个，上层 21 个），电流传感器、电压传感器、主控单元和配线端子安装在上层模组的空留区域，熔断器和控制线连接器均安装在接线盒区域。储能系统如图 9.5 所示。

图 9.5 储能系统外形

主体器件 43 个模组按上下两层放置、每层分两排安装，因此将柜体的安装点定在模组安装梁的对应位置，即每侧 3 个共 6 个安装座，每个安装座有 2 个腰型安装孔；同时，在柜体的四个角处设置吊装孔，实现储能系统的吊装。

储能系统的顶上是通过铰链连接的顶盖板组装，方便打开检查柜内器件情况；熔断器区域对应接线盒，打开接线盒盖板即可连接储能系统与车辆等的连线。

打开柜体所有的顶盖和接线盒，可以看到器件安装的骨架结构。下层模组直接安装在底架梁上，上层模组的安装板是可拆卸的活动板，如图 9.6 所示。

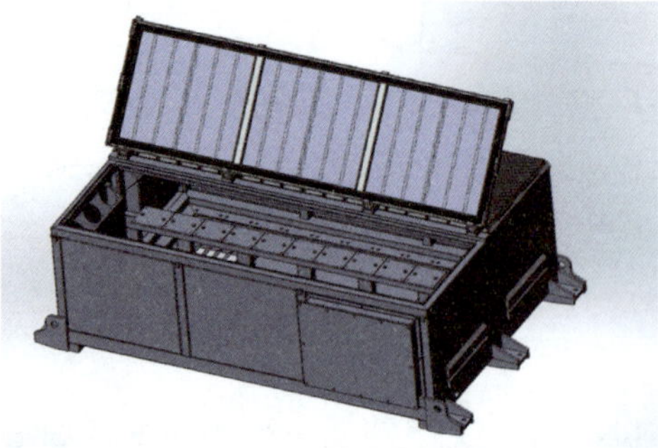

图 9.6 储能系统柜体结构

四、储能系统的通风散热

储能系统采用车辆空调的废排为冷却风，由储能系统的底部进入。通风结构如图 9.7 所示。进风口布置在储能系统底部的两侧，并且在进风口处适当地设置倾斜 30°导流板，以便冷却风能更好地流向储能系统的中部；下层模组与上层模组之间，模组外的其他区域均设挡风结构，让下层的冷却风只能从超级电容单体的间隙、模组间的间隙通往上层空间。储能系统的顶部设有通风夹层，车辆行驶时顶部的夹层形成空气流动层，快速流动的空气可以带走部分热量。储能系统的整个外表面均喷涂反射型隔热漆，防止太阳辐射对储能系统内部造成热影响。

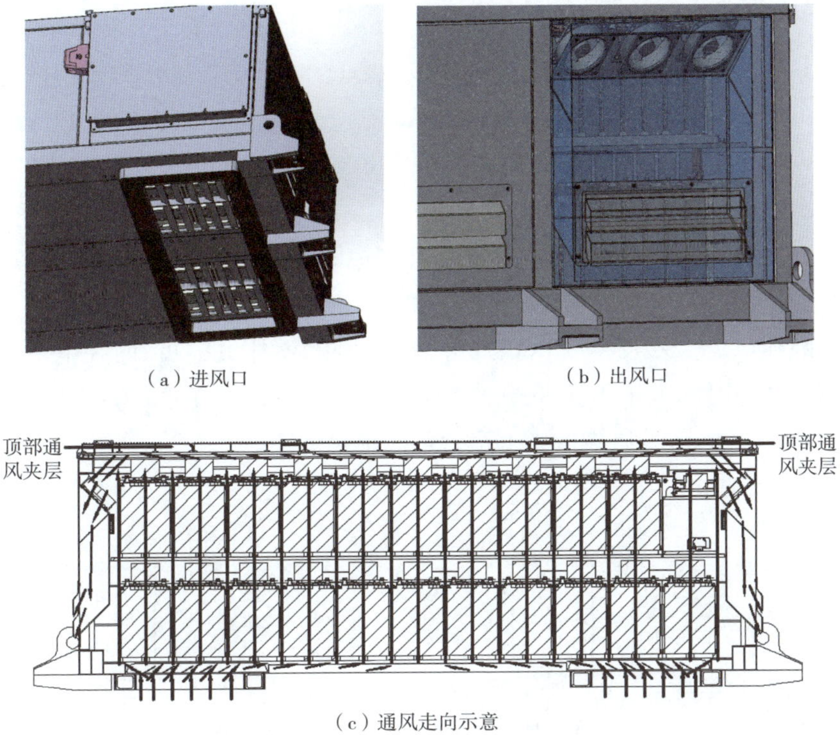

图 9.7　通风结构示意

五、散热仿真

工作环境温度对超级电容的使用寿命有很大影响，因此在设计时通过散热仿真计算来验证储能系统的通风散热效果。散热仿真结果表明：车辆正常运行时，下层模组环境温度基本低于 35 ℃，局部区域达 36.5 ℃；上层模组环境温度大部分高于 35 ℃，局部区域达 43 ℃；空调故障时，电容单体的环境温度最高达 48.2 ℃，小于其允许的最高工作温度 65 ℃，在该工况下储能系统还能够工作以保证车辆回库。但是该工况下，储能系统上层模组的环境温度基本在 50 ℃左右，不建议长期运行以免影响储能系统的使用寿命。

六、强度分析

储能系统的骨架由铝合金型材和板材焊接组成。骨架的强度分析结果表明：储能系统骨架的静强度、冲击强度及疲劳强度均满足要求。

七、过流保护

储能系统的通电电流情况为：站内充电电流(600±60)A(30 s)；牵引放电最大电流 370 A(0.2 s)、有效值 227 A(65 s)；制动充电最大电流 962 A(0.11 s)、有效值 451 A(18 s)。故储能系统按持续电流(600±60)A、短时电流(900±90)A(10 s)进行设计。

由于有二极管的存在，在储能系统一端接地时，不会导致超级电容的短接过流，储能系统的过流保护主要是为了进行电路的短路保护。具体措施是在储能系统的正端设一熔断器(D272SG120V630QF)，由其特性曲线(图 9.8)可知：在电流为 600 A 时熔断器的动作时间大于 10 000 s；900 A 时动作时间大于 4 000 s；1 000 A 时，动作时间为 900～1 000 s，可以确保正常运营电池不会熔断。

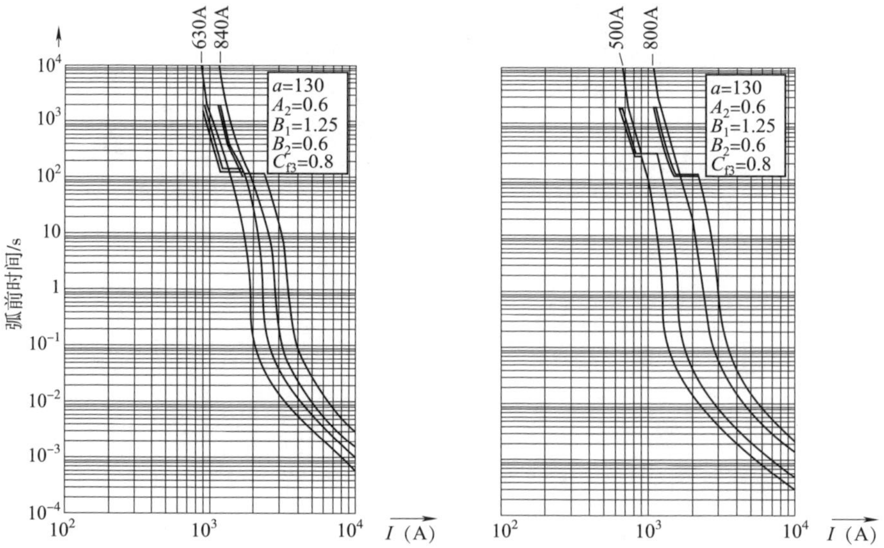

图 9.8　熔断器时间与电流特性曲线

八、过温保护

超级电容的工作温度范围是－40～65 ℃，根据储能单元的散热仿真分析，在通风正常时,储能系统内部的环境温度在 40 ℃左右。储能系统模组安装有温度传感器,当检测到温度超过 50 ℃时进行预警,此时表明储能系统的通风系统或储能系统出现了异常;当温度超过 65 ℃时,进行过温报警,并中断储能系统的使用。

第三节　电气系统主电路设计

如第五章第 3 节所述,储能式车辆取消电抗器可降低整车质量约 170 kg,并降低了车辆对外电磁辐射,消除了对带有心脏起搏器乘客的潜在干扰源;与此同时,制动电阻仅在紧急制动时使用,电阻的功率大大降低,质量可以降低约 80 kg。优化以后的牵引逆变器主电路及高电压分配如图 9.9 所示。图中 P 为正极受电器,停站时电能经受电器传至储能系统,电流经轴端接地装置返回至钢轨并回流到充电站负极。运行时,电流经电缆回流至储能系统负极。如此一来,钢轨没有回流电流经过,消除了传统轨道交通中杂散电流对沿线地下设施的电腐蚀。三组储能系统并联为整车提供高压电源,Q1 为储能系统输出保护熔断器。辅助逆变电源为车辆空气压缩机及牵引冷却风机提供交流电源。充电机为车辆提供 DC 24 V 控制电源,同时为控制蓄电池充电。直流变频空调将输入直流电压转换为电压及频率可调的变频电源为空调机组供电,在简化车辆高压电路的同时也节省了能量。由于牵引电流较大,高速断路器(HSCB)被保留了下来,以保护牵引逆变器(VVVF)。

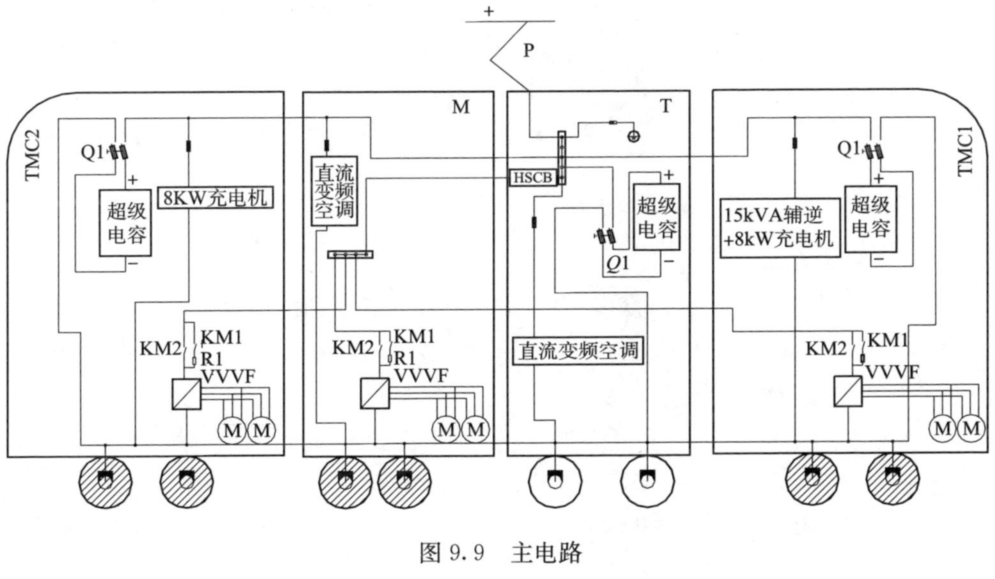

图 9.9　主电路

第四节　列车关键系统设计

一、集成式牵引箱设计

1. 箱体结构及器件布置

集成式牵引箱可拆分为上下两部分，以方便同时进行上下部的电气组装。组装完成后将下部结构通过螺栓紧固在上部结构上。上部主要安装有牵引逆变器、辅助逆变器(充电机)、风机、制动电阻、电抗器、蓄电池、熔断器、电阻等设备。箱体下部主要承载低压元器件，如继电器、接触器、断路器、SKS、VCU/TCU、DC 24 V 电源、端子排等，同时连接器、线槽也位于下部结构。集成式牵引箱详细结构如图 9.10 所示。

(a) 牵引箱上部

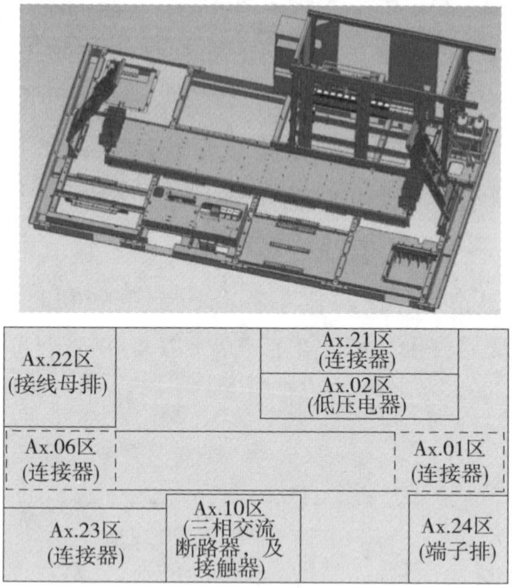

(b) 牵引箱下部

图 9.10　集成式牵引箱结构

牵引箱内部结构复杂，区域众多，为了便于器件的查找和维护，对牵引箱各个区域进行编号命名，命名格式 Ax. xx。图 9.10 中 Ax 代表牵引箱编号，后缀 . xx 是内部区域号。

2. 骨架强度及模态分析

为保证牵引箱骨架的安全可靠性，对其主要承载结构进行了强度和模态分析。牵引箱上部器件均是安装于一个框架上，而下部组装完成后也通过螺栓安装于该主框架上，同时箱体与车体的安装接口也位于该框架上；因此对箱体主框架进行受力分析可以反映这个箱体的结构安全。

牵引箱主框架中的型材采用 6005A-T6，折弯件均采用铝合金 5083-H111。根据标准 EN 12663-1,对牵引箱主框架进行了强度计算,有限元模型如图 9.11 所示。空车体前六阶模态分析计算结果见表 9.9,车体的前 3 阶振动频率分别为 5.095 Hz、5.277 Hz、5.742 Hz。牵引箱的振动频率与车体振动频率相差很大,因此不会发生共振。计算结果表明牵引箱骨架强度满足要求,结构安全可靠。

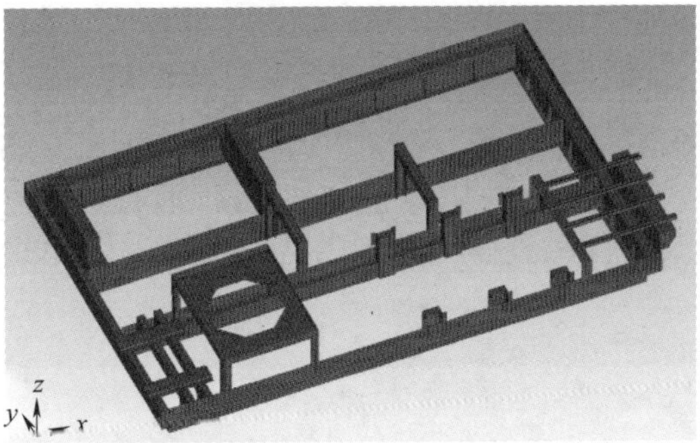

图 9.11 牵引箱主框架有限元模型

表 9.8 模态分析计算结果

阶数	频率(Hz)	振型
1	12.06	整体扭转
2	15.811	整体侧偏
3	27.919	整体垂向弯曲
4	34.459	整体垂向弯曲
5	37.366	整体垂向弯曲
6	38.298	局部垂向弯曲

3. 通风及隔热设计

为保证集成式牵引箱内部电气元件能在器件允许的温度范围内工作,避免箱体内部温升过高,在牵引箱设计时采取以下措施:

(1)制动电阻与主箱体内部空间隔开,采取自然冷却散热,直接与外界大气接触,上部安装有散热网罩,如图 9.12(a)所示。

(2)辅助逆变器和牵引逆变器通过风机强制风冷,箱体设计有风道。外部空气通过左右两个格栅进入箱体内部,流经器件散热器所在区域后,经风机排出箱体,如图 9.12(b)所示。

(3)低压电器与客室相通,通过客室内空气冷却。

(4)箱体顶板设计有隔热层,隔热层为中空铝型材,如图 9.12 所示。

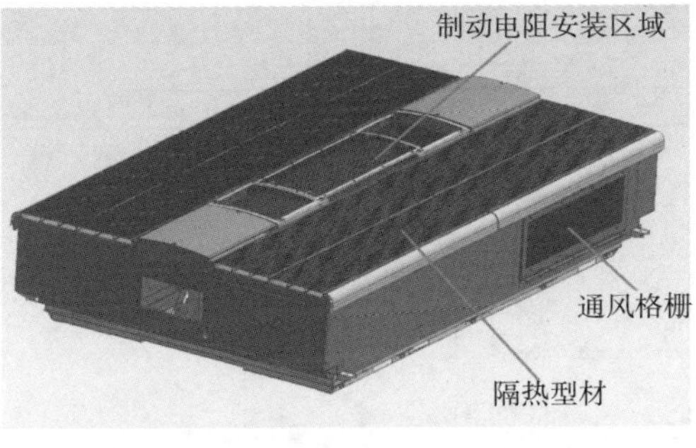

(a) 牵引箱通风隔热结构

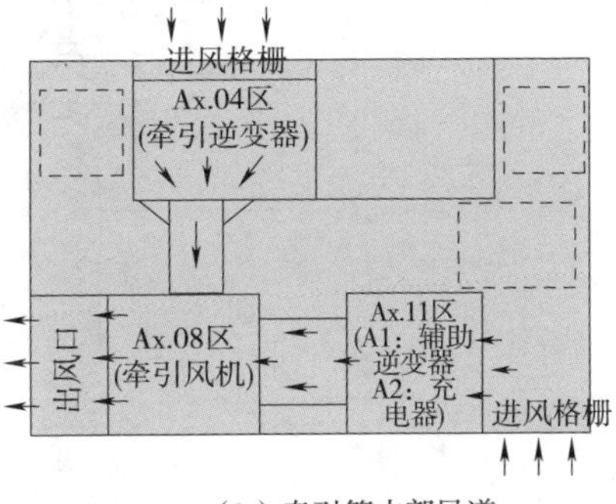

(b) 牵引箱内部风道

图 9.12 牵引箱通风及结构设计

4. 箱体排水设计

由于牵引箱安装于车辆顶部，雨水直接淋到箱体，因此需设计箱体的排水结构，确保箱体顶部及制动电阻区域无积水。

为保证箱体顶部无积水，箱体的顶部盖板设计成两侧向下的倾斜角度，当雨水落在箱体盖板后，沿盖板倾斜角度向下，从箱体两侧排走，如图 9.13 所示。

箱体中部区域安装制动电阻，通风网罩直接与外部相通，雨水可以直接落至该区域内。为保证该区域内无积水，在两侧分别设计有倾斜的排水管道，如图 9.13 所示。

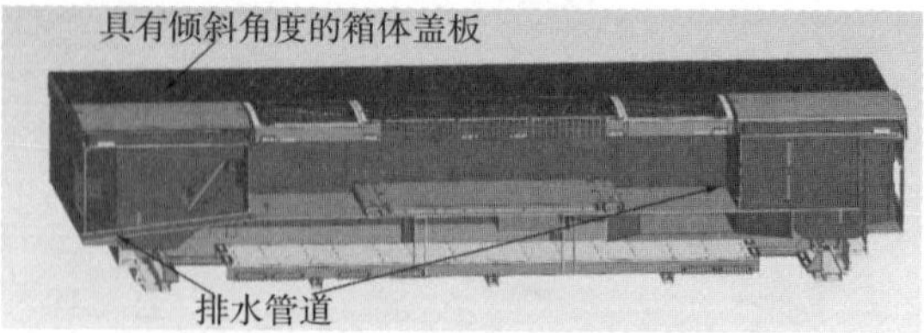

图 9.13　牵引箱排水结构

二、受电系统设计

受电系统负责在车辆停站时将储能系统与地面充电站输出供电轨接通。由于储能式车辆充电方式为站台充电，有别于传统轨道车辆受电弓受流系统，因此不考虑受电系统动态受流功能。储能式现代有轨电车项目车辆采用四模块编组，在拖车模块车顶设一个受电器(图 9.14)。

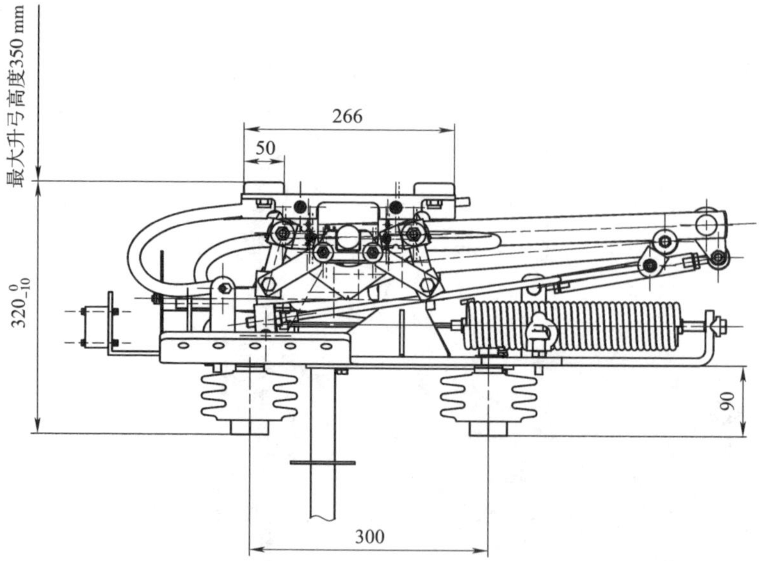

图 9.14　受电器结构图

为充分利用停站时间给储能系统充电，车辆采用被动式受电器。车辆运行时，受电器处在自由位；进入站台区域，受电器滑板与站台区供电轨接触开始受电，减少升降过程对储能系统充电的影响。为降低供电轨对受电器的冲击，始触区采用斜坡（端部弯头）导入。故障工况下，受电器可通过传动机构手动降至折叠位，折叠后高度为 320 mm。受电器相对车辆的高度如图 9.15 所示，其基本参数见表 9.9。

表 9.9　受电器基本参数

受电器折叠高度	受电器最低工作高度	受电器最高工作高度	受电器最大升起高度
3 680 mm	3 780 mm	4 030 mm	4 065 mm

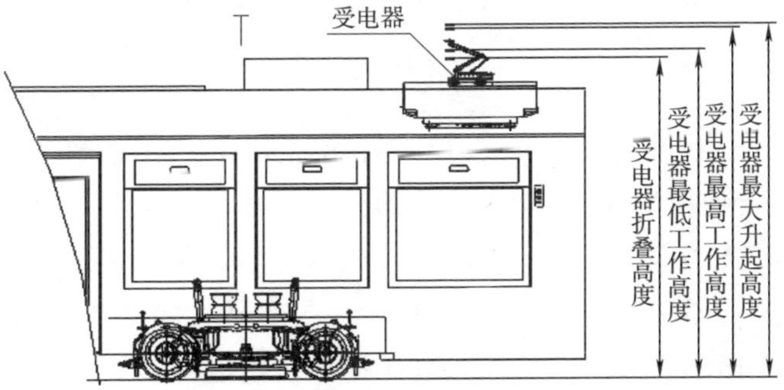

图 9.15　受电器相对车辆的高度

为保证车辆的受电质量，需要对受电器及供电轨进行匹配分析。车辆静止时，受电器自由位高度为 4 065 mm，受电器在车辆运动过程中最大向上位移为 26 mm（考虑一系、二系垂向动挠度 24 mm，钢轨高度误差及受电器制造误差 2 mm），受电器最大高度为 4 065+26=4 091 mm。为保证受电器与供电轨不发生碰撞，供电轨导入口高度应大于 4 091 mm，考虑现场施工误差，供电轨导入口下部高度确定为 4 110 mm。

救援工况，由于两列车储能系统电压不同，为了防止两列车的储能系统通过受电器同时与供电轨接触导致两列车的储能系统之间通过大电流（储能系统内阻仅为十几毫欧，十伏的压降也会产生数百安培甚至更大的电流），要保证任何工况下有且只有一列车的受电器与供电轨接触，因此需要对供电轨的长度进行分析。图 9.16 为两列车同向救援连挂，两个受电器之间的距离为 36.92 m。

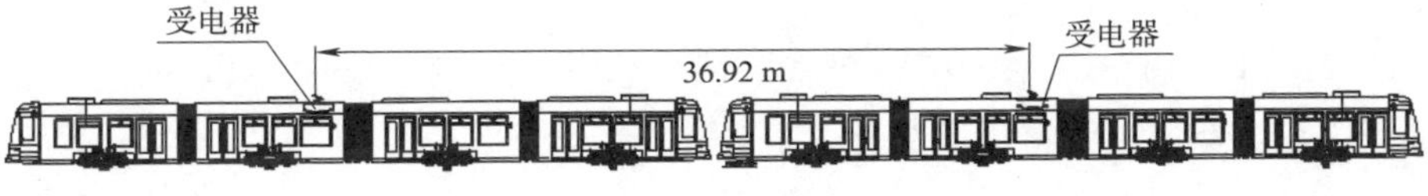

图 9.16　两列车同向连挂

图 9.17 为反向救援连挂，M_C1 端相连时，两个受电器之间的距离为 32.369 m。

图 9.18 为反向救援连挂，M_C2 端相连时，两个受电器之间的距离为 41.49 m。

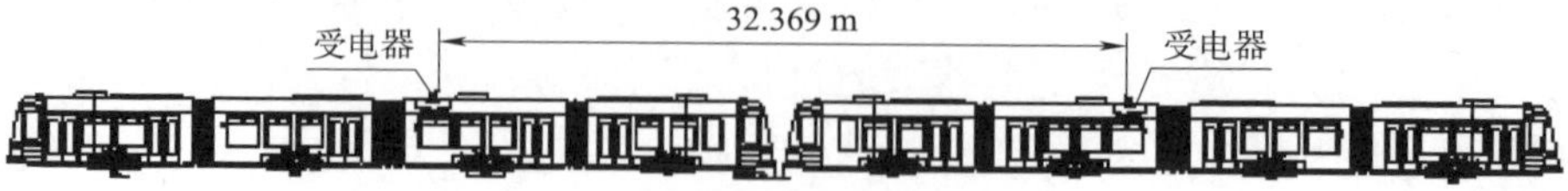

图 9.17 M_C1 端反向连挂

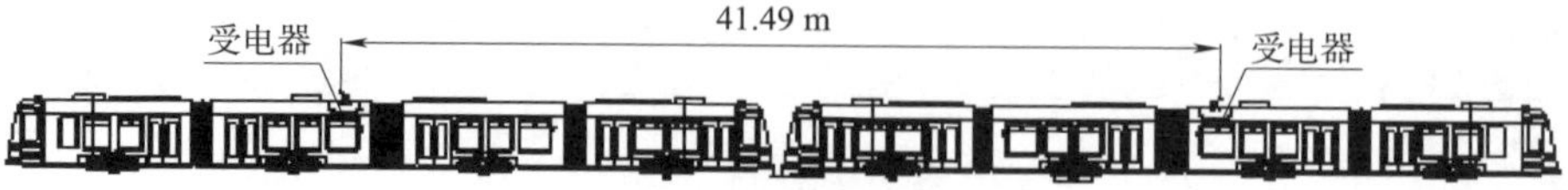

图 9.18 M_C2 端反向连挂

通过以上分析，不同的连挂方式，最小的受电器间距为 32.369 m，因此确定供电轨长度应小于 32 m，取 30 m 作为供电轨的控制长度。

由于储能式有轨电车采用站台受电，因此站台区钢轨兼有回流功能，回流轨的设置需要保证车辆所有的接地装置均可通过轮对与钢轨接触实现回流。回流不够充分会导致局部轮对回流电流过大，从而出现接地装置过流甚至烧损的现象。

1. 单列车回流轨长度分析

车辆进站受电器刚接触到供电轨时，充电站就有可能对储能系统进行了充电，需要通过所有的车轮进行回流。受电器距离最右侧转向架车轮（M_C2 模块转向架）的距离为 16.37 m，距离最左侧转向架的车轮的距离为 11.81 m（M_C1 模块转向架）。

假定供电轨的长度为 30 m，车辆正向从右向左行驶，当受电器刚接触供电轨时，理论上要求右侧的回流轨比供电轨长 16.37 m（图 9.19），建议实际施工取值 16.4 m。

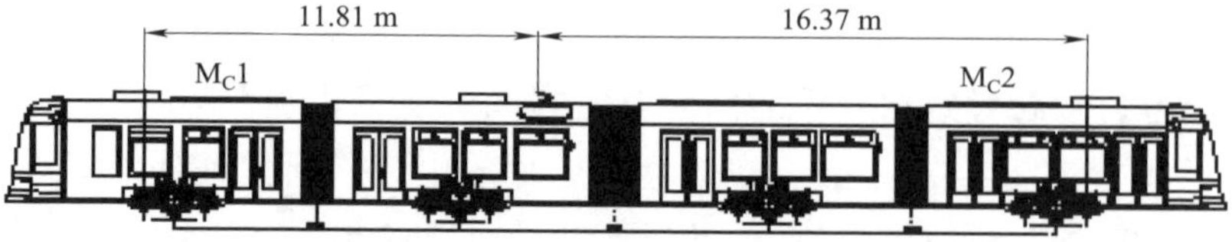

图 9.19 列车末端车轮与受电器距离

同理，当车辆从左向右行驶时，理论上要求左侧的回流轨比供电轨长 11.81 m。考虑到工程施工的便利性，建议左侧回流轨延长长度与右侧一致，取 16.4 m。

2. 列车救援时回流轨长度分析

当车辆进行救援时，列车为反向救援连挂，如图 9.20 所示。此时对回流轨的长度要求最大，受电器距离救援车远端车轮 53.3 m。回流轨的总长度要求为 136.6 m。建议两端适当留有裕量，整条回流轨长度取 140 m。

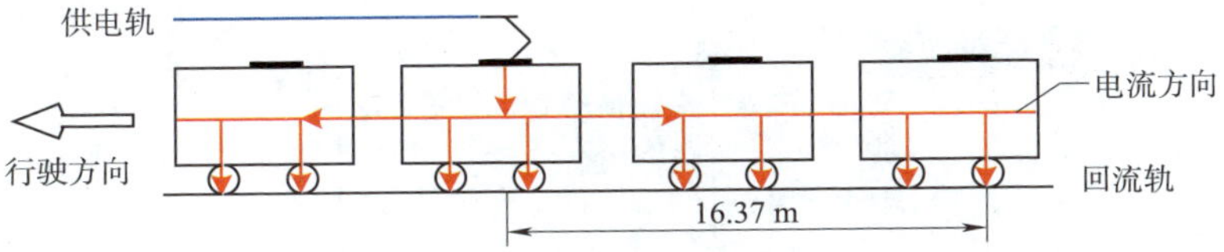

图 9.20　回流轨长度

三、制动系统设计

车辆配备四套相互独立的制动系统，分别为动力转向架上的电制动系统、动力转向架上的液压被动式弹簧制动系统、非动力转向架上的液压主动式盘式制动系统及所有转向架上的磁轨制动系统。

此外，为提高黏着，保证可靠停车，车辆配有撒砂系统。动车制动系统组成如图 9.21(a)所示，转向架每侧电机轴上装有一个制动盘(C02)，配套的被动式二级弹簧夹钳固定在与电机相连的齿轮箱上。两个制动夹钳由一个液压控制单元控制，液压单元接受阀控单元的指令，调节制动压力，生成两级制动力。被动式夹钳具有单独的缓解回路，通过紧急缓解单元，可以一次缓解一个转向架的被动式制动。

通常情况下，动车只使用电制动并且可电制动直至停车，液压制动只在电制动故障情况下替代电制动或作为停放制动器使用。液压制动系统设置两级制动力，第一级用于替代电制动，第二级用于停放制动。被动式液压制动仅在电制动故障或停车后使用，不设置防滑功能，而动车仅电制动设有防滑功能。

由于动车液压制动被使用到的情况很少，不需要进行防滑控制，同时液压制动系统本身的响应时间较短，不需要通过蓄能器来减小电机启动次数以及响应时间。与通常轻轨车设计不同，动车液压制动系统不配置蓄能器。

拖车制动系统组成如图 9.21(b)所示，在每个车轮外侧装有一个法兰式制动盘(C05)，每个制动盘配套装有一个主动式制动夹钳。拖车共有两个液压控制单元，每两个制动夹钳配套一个液压控制单元。两个液压控制单元通过一个制动微机控制单元进行控制，微机控制单元通过网络和硬线接收制动指令并输出对液压控制单元的控制指令。

拖车液压制动系统制动力无级可调，同时，在每个车轮上装有一个速度传感器，速度信号反馈给制动微机控制单元用于进行防滑控制。拖车液压制动系统虽然要进行防滑控制，但是由于选用的制动夹钳容积较小，且一个液压单元只控制两个制动夹钳，因此拖车上不需要配置蓄能器仍然能满足防滑的要求。

不同制动模式下的性能与制动装置参与程度见表 9.10。

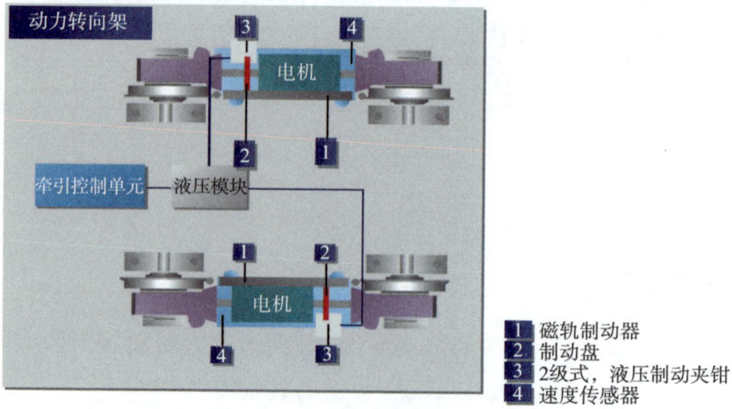

（a）动车制动系统

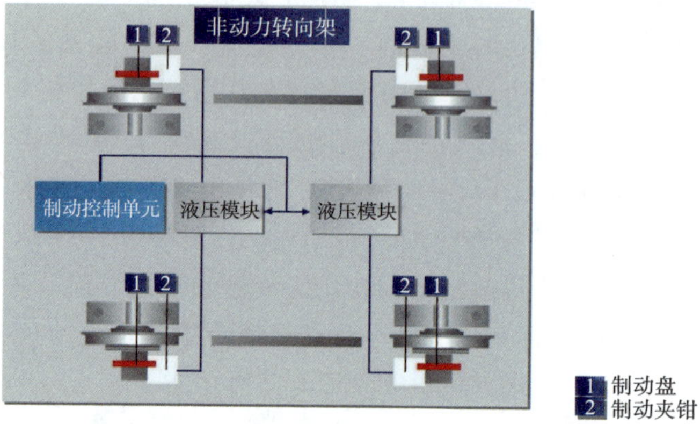

（b）拖车制动系统

图 9.21　制动系统组成

表 9.10　不同制动模式下的性能与制动装置参与程度

制动模式	启动方式	平均减速能力（m/s²）	电制动器	液压、被动式弹簧制动器	主动式盘式制动器	磁轨制动	撒砂	电制动防滑	可缓解
常用制动	司机	约 1.1	是	—	—	—	必需时	是	是
紧急制动	司机	约 2.7	是	—	是	是	是，直至静止	是	是
安全制动	CCF	约 1.1	是	—	—	—	必需时	是	否
紧急停车制动	司机（按钮）	约 1.0	是，如果可用	是：第 2 级	是，如果可用	是，如果可用	是	是，如果可用	否(SW)，是(HW)
次级常用制动	电制动器故障	约 1.0	是：未失效动力转向架上的电制动器	是：电制动失效动力转向架上的第一级	是	仅紧急制动时	是，直至静止	是：在电制动器正常时	是

续上表

制动模式	启动方式	平均减速能力(m/s^2)	电制动器	液压、被动式弹簧制动器	主动式盘式制动器	磁轨制动	撒砂	电制动防滑	可缓解
保持制动	TCF	—	下行阶段	上行阶段,第1级	是	—	必需时	—	是
停放制动	静置	可在6%坡度下静止	—	是,第2级	—	—	—	—	是

四、空调系统设计

地铁车辆交流电源为AC 380 V,主要负载为空调及冷却风机,而直流电源为车辆控制系统提供工作电源,同时对控制蓄电池进行浮充电。所有辅助负载中,空调能耗最多,其能耗占到车辆辅助系统总能耗的70%以上。

传统地铁车辆空调采用的是单元式定频空调,在夏季用于制冷,其他季节用于制热或通风。部分车辆通过在客室设置电加热的方式用于冬季取暖。定频空调启动时电流冲击较大,不但影响供电电源质量,而且会导致辅助电源逆变器的配置容量增大。同时,定频空调机组的能效比较低,能耗较高。

近年来,变频空调在轨道交通行业崭露头角,由于其能效比高的优点,越来越为广大用户接受。变频空调技术不仅能够解决定频空调启动电流过大的问题,而且能够在使用环境(如乘客数量变化时)的冷热负荷发生变化时,迅速调节制冷能力,改善车辆内部的空气舒适度,同时实现节能的目的。

基于以上原因,本项目采用高压变频空调。输入电源为车载储能系统,经稳压后逆变为电压和频率可调的三相交流电给空调机组的压缩机、风机供电。与定频空调相比,变频空调可节能10%以上。同时,由于空调采用高压直流电作为输入电源,空调电源集成在空调内部,原来给空调提供AC 380 V电源的辅助逆变器被取消,车辆主电路进一步简化,辅助系统质量可降低500 kg。

在中间两个模块上各布置一台制冷量为35 kW的单元式空调机组作为客室空调,客室空调机组采用单端送风、下送下回形式。在车辆两端模块司机室顶部各布置一台制冷量为3 kW的司机室空调,用以实现司机室空气调节。客室及司机室空调系统均通过天花板上方静压风道系统送风,空调机组布置如图9.22所示。空调主要技术参数见表9.11。

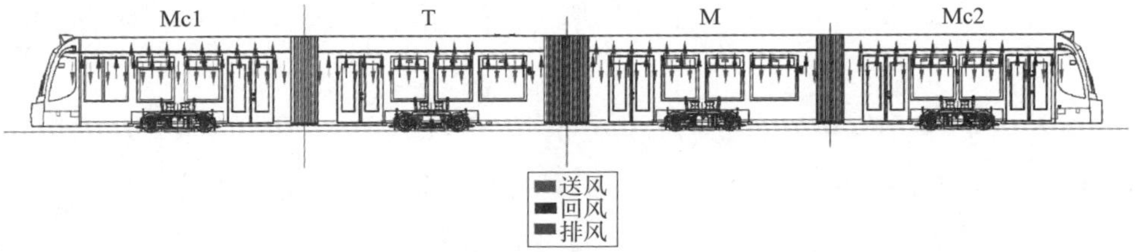

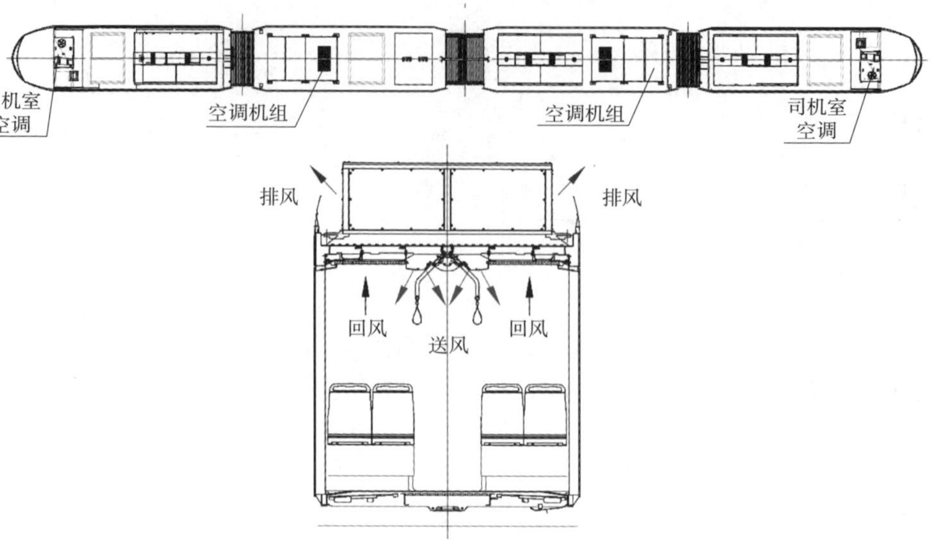

图 9.22　空调系统布置及气流组织图(强调空调的回风对储能系统冷却)

表 9.11　空调主要技术参数

型　号	DK4.0/DBPE-A01
类　型	单元顶置一体式变频单冷型空调机组
送 风 量	750/600/400 m^3/h 三挡风量
新 风 量	≥60 m^3 · h
额定制冷量	≥4 kW
额定制冷功率	≤2 kW
室外环温	35 ℃
室外相对湿度	65%
其他负荷	通风机等
动力电源	AC 400 V/50 Hz
控制电源	DC 24 V
制 冷 剂	R410a,配备全封闭变频涡旋压缩机
外形尺寸	$(L \times W \times H)$1 220 mm×790 mm×440 mm
质　量	≤120 kg

对现代有轨电车空调系统气流组织进行仿真的结果进行分析,可得到以下主要结论:

(1)Mc1 和 T 车厢排风量分别为 657 m^3/h 和 697 m^3/h,中间车厢排风量略高于两端车厢 T 车厢回风量为 3 811 m^3/h,中间两节车厢回风量基本相等。

(2)车厢气流组织仿真结果表明,车厢内温度场、速度场分布较均匀,车内平均风速为 0.36 m/s，车内平均温度为 27.3 ℃，达到设计温度要求 27 ℃，制冷效果良好。

(3)车厢气流组织评价结果表明，车厢内满足舒适性的空间比例还有提升潜力。这主要是由于车内局部空间风速有偏高和偏低及车内有部分温度较低的点分布在车厢顶部的肩部区域，未能形成充分混合。

客室空调机组由车辆超级电容供电，主电路电源经过熔断器、预充电回路、DC 电感后，给压缩机及风机变频器供电。经过变频器逆变后输出三相 VVVF，驱动空调压缩机、通风机、冷凝风机。变频器功率模块采用 1700V 的 PIM 模块。保护电路采用熔断器保护电气设备免受过载和短路电流的损害。利用二极管的单向导电性来实现防反接保护，防止直流电源反接对后续电气部件的损害。充电电路采用两路可控硅控制，预充电过程中可控硅 VT1 导通，当电压达到设定值后可控硅 VT1 断开，可控硅 VT2 导通。滤波后的电源，给变频器供电，变频器采用高耐压 1 700 V 的模块。将直流电逆变后完成对压缩机 1、压缩机 2、冷凝风机及通风机的驱动。变频器接收空调控制器的指令，控制压缩机和风机的转速，实现变频控制。变频器具有过流、过欠压、过载、过热等保护功能。当相关故障发生时，变频器立即保护，锁定输出，同时向空调控制器发送故障信号。故障恢复后，变频器自动恢复正常运行。

基于以上方案的空调，经广州海珠线运营验证，实测能效比达 2.42，较传统定频空调节能 10%～15%。

第五节　地面充电系统设计

地面充电系统是储能式有轨电车线路运营的配套设备，根据安装位置可分为正线充电系统和车辆段充电系统。正线充电系统利用车辆停站的时间，通过电网给车载储能系统充电。车辆离开充电区域后，储能系统释放电能，通过直流母线向牵引、照明、通风、通信等系统供电，保证车辆能在下一次停站充电之前安全、可靠运行，实现全线无网运行。该充电系统输出功率大，具备快速充电功能。而车辆段充电系统则通过对回库后的车辆进行充放电管理，在车辆上线运营前为车载储能系统充电，使车辆满能量出库。因车辆较多，同时考虑到电网容量和经济成本问题，充电系统进行复用方式且输出功率不大，一般采用多回路分时充电管理方案。

一、配电设计

CJ/T 1—1999《城市无轨电车和有轨电车供电系统》中，第 3.2.1 条规定，系统应列为交流电源的一级或二级负荷；第 4.4.1 条规定，电车整流站应有两路交流进线电，一路常用，一路备用，临时电车整流站可用单路交流进线电源。GB 50052—2009

《供配电系统设计规范》中，对于一级负荷电源的要求，第 3.0.2 条规定，一级负荷应由双重电源供电，当一电源发生故障时，另一电源不应同时受到损坏；对于二级负荷电源的要求，第 3.0.7 条规定，二级负荷的供电系统宜由两回线路供电，在负荷较小或地区供电条件困难时，可由一回 6 kV 及以上专用的架空线路供电。

结合以上规范，储能式有轨电车，特别是高架和地面段有轨电车，供电系统负荷宜选为二级负荷，外部电源可引自城市电网或邻近的供电线路。

AC 10 kV 环网供电方式中 10 kV 环网供电网络可分为单环网以及双环网两种，单环网的变电所主接线应为单母线不分段或者分段系统，双环网的变电所主接线应为单母线分段系统。

供电系统采用单环网的交流供电方式，从城市电网引入两路外部电源。全线供电系统充电站主接线均采用单母线不分段形式，全线充电站通过 10 kV 开关柜串接形成手拉手的单环网供电方式。在会展西站设置环网联络开关，正常运行时，环网联络开关断开，由外部电源给各自供电区域提供电源，一路外部电源故障时，由另一路负担全线用电需求。每个站台设置一个充电站，配置一套完整的配电、变压、整流斩波充电系统，为上、下行车辆充电。通过 2 个电源引入点将 4 路 10 kV 电源引入并配置到每个站台的充电站，如图 9.23 所示。

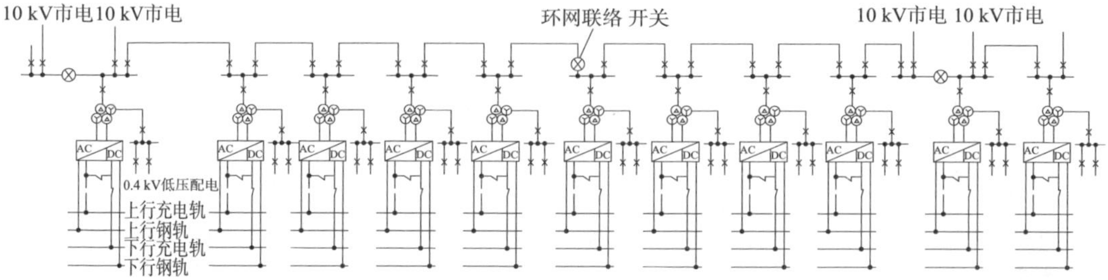

图 9.23　海珠线试验段输入配电图

二、正线充电系统设计

(一)主要工作原理

地面充电系统主要由变压器、充电装置和隔离装置组成。如图 9.24 所示，10 kV 输入电源经过变压器移相控制输出 2 组 3AC 950 V($\Delta\varphi=30°$)，通过充电装置构成 12 脉波整流电路，再经过 BUCK 斩波模块，通过 PWM 调制，4 个斩波模块交错并联控制，输出 0～900 V，最大电流 1 800 A。根据上行车和下行车到站情况，通过隔离装置 1 和隔离装置 2，自动切换充电装置输出回路，分时给上行车和下行车充电。

充电装置主要技术参数见表 9.12。

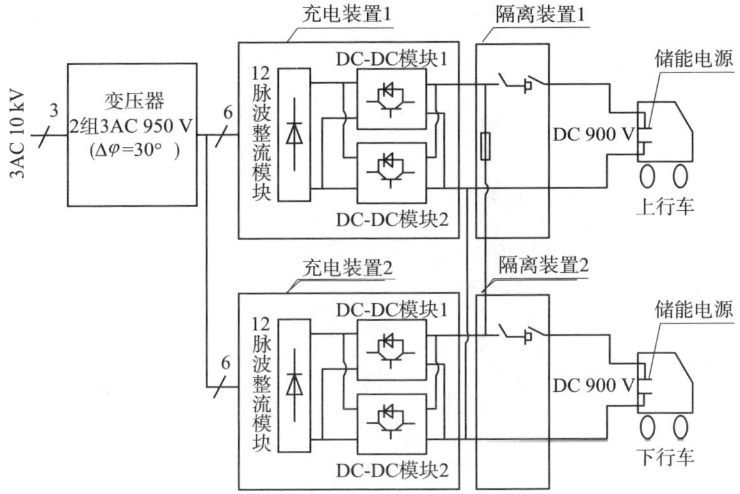

图 9.24　海珠线地面充电系统原理框

表 9.12　充电装置主要技术参数

序号	项　　目	参　　数
1	输入电压	3 AC 10 kV(−15%～+7%)
2	输入电压谐波	≤3%(31 次以下)
3	输入端功率因数	额定负载≥0.95,空载≥0.9
4	充电方式	恒流、恒功,充电方式可以自动调整
5	输出充电电压	输出电压可在 0～950 V 可调
6	额定电流	1 800 A
7	工作制式	间歇工作制,高峰小时充电 60 s,周期 240 s
8	输出稳压精度	900×(1±0.5%)V(车载储能装置两端电压)
9	输出电流精度	在恒流状态下,输出电流整定误差<±0.5%
10	纹波系数	纹波电流有效值系数<±0.5%,纹波电流峰值系数<±3%
11	效率	>95% (额定输入,输出电流大于 80%额定电流,输出电压大于 500 V)

(二)动态充电设计

海珠区储能式有轨电车站台充电系统为非接触式检测,同时具备双向检测及过站检测功能。非接触式自动识别技术采用成熟的 RFID 射频识别技术。RFID 系统由标签、读卡器及天线三部分构成,其中标签附着在车辆顶部指定位置用于识别目标对象,读卡器固定于站台指定位置用于读取标签信息设备,天线与读卡器相连用于在标签和读卡器间传递射频信号。

读卡器主要技术参数见表 9.13。

表 9.13　读卡器主要技术参数

序号	项　　目	参　　数
1	处 理 器	32 位 ARM Cortex-M3 内核微控制器
2	读取能力	1000 标签/s
3	缓冲容量	1000 标签（可防重读）
4	读卡距离	最大 120 m
5	衰减距离	1～120 m 可调节(距离误差±15%)
6	响应时间	20 ms
7	频率范围	2.400～2.480 GHz
8	功率角度	水平:55°,垂直:45°
9	增益	18 dBi

电子标签主要技术参数见表 9.14。

表 9.14　电子标签主要技术参数

序号	项　　目	参　　数
1	工作频率	2.400～2.480 GHz
2	识别距离	最大 80 m
3	标签类型	只读型
4	接收灵敏度	−85 dbm
5	发射功率	0 dbm
6	工作电流	200 μA(脉冲模式)
7	发送时间	20 ms

1. 读卡器位置设计

读卡器位于站台导电轨上方，距离导电轨约 475 mm，距离车载标签垂直距离约 740 mm，如图 9.25 所示。

读卡器安装在站台顶部钢架横梁，具体安装方式如图 9.26 所示。

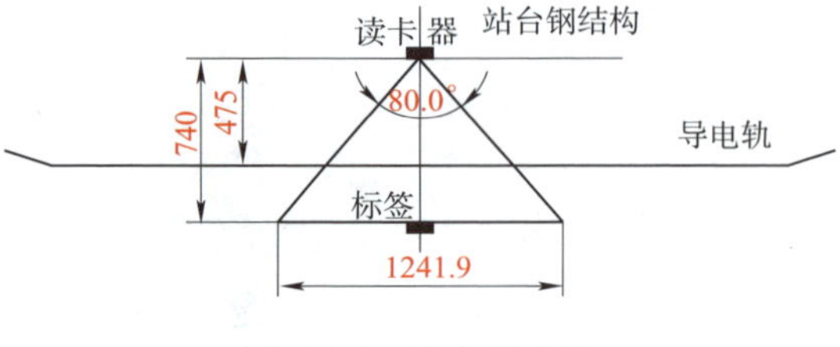

图 9.25　读卡器位置

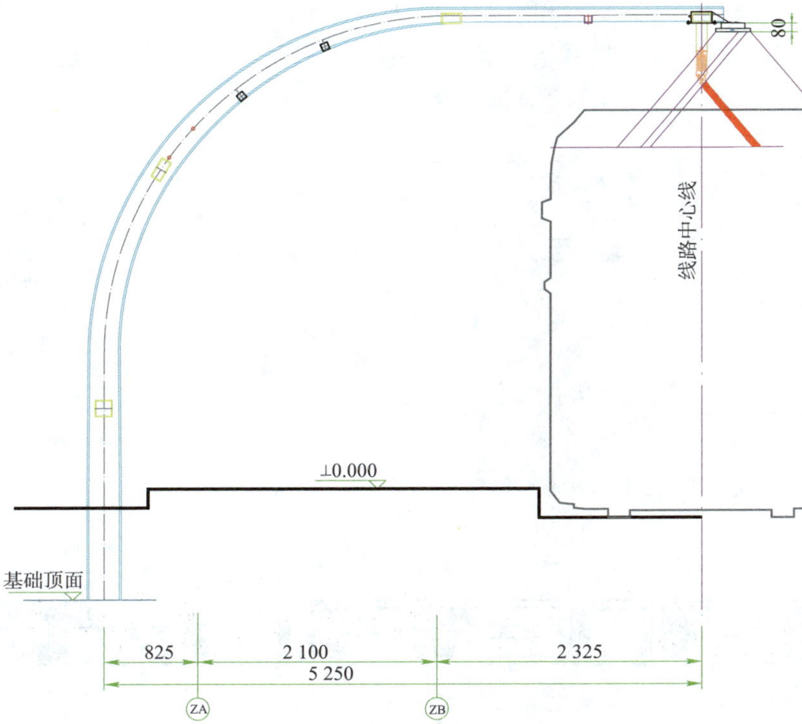

图 9.26　读卡器站台安装方式

2. 标签位置设计

在不同速度等级下，读卡器探测范围内的时间及检测次数见表 9.15，以下数据检测范围按 1.25 m、检测频率按 20 ms 计算。

表 9.15　各速度等级下读卡器可读次数

序号	速度	时间	检测次数
1	10 km/h	大于 450 ms	22 次以上
2	20 km/h	大于 225 ms	11 次以上
3	30 km/h	大于 150 ms	7 次以上
4	40 km/h	大于 112 ms	5 次以上

由表 9.15 可知，射频检测方案车辆在以 10 km/h 以内速度越站时，能可靠检测。

充电站从接收到读卡器信号到断开输出时间为 220 ms，其中系统切断时间 200 ms、读卡器收发信号时间 20 ms。如果按 10 km/h 计算，车辆运行距离为 0.6 m。

根据受电器及导电轨接触高度计算出接触点距离导电轨端部约为 2.3 m，射频检测方案响应时间车辆可运行最大距离为 2.4 m，预留 1 m 的安全距离，则标签安装位置要在距离车辆受电器 9.3 m 之内，如图 9.27 所示。

考虑到双向检测功能，将标签设置于车辆顶，在以受流器为中心的两侧相对位置各放置一组标签。考虑到车顶的安装位置，标签安装在 7.5～9 m 处。

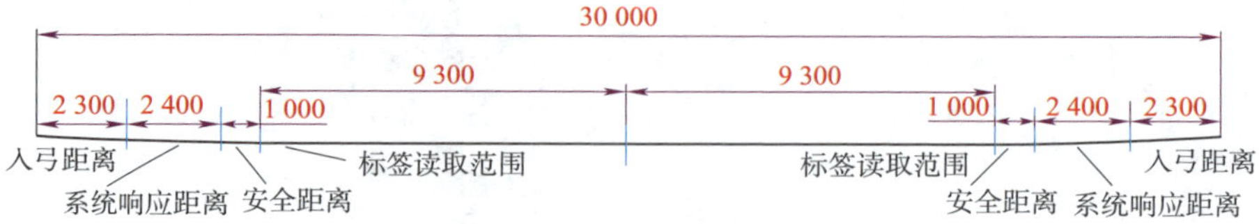

图 9.27　标签安装位置

在受电器的前方 7.5 m 和后方 7.5 m 左右的位置分别增加电子标签，车辆外部器件布置简约示意如图 9.28 所示，受电器前方 7.5 m 左右是 Mc1 车辆的尾部，受电器后方 7.5 m 左右为 M 车的中部位置。

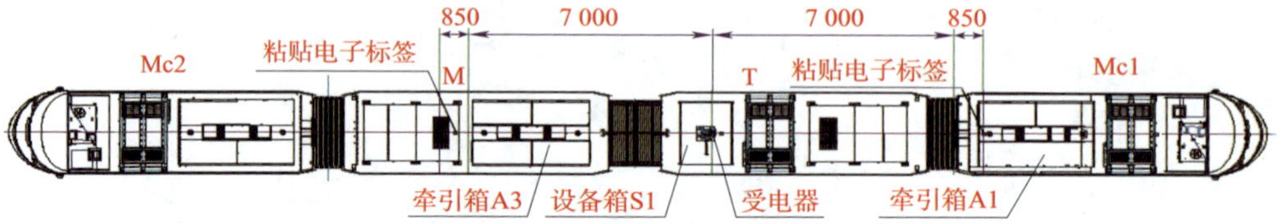

图 9.28　车辆外部器件布置简图

3. 工作分析

(1)正常停站充电

①进站时，从受电器到达导电轨端部开始计算，车辆前进 2.3 m 受电器接触导电轨，此时充电系统检测到储能系统电压进入充电准备阶段。

②当车辆继续前进 3.4 m 时，标签被读卡器探测到，充电系统开始充电。

③列车离站时，标签进入读卡器检测范围，发出切断信号，充电系统关断输出。

(2)过站说明

通过 2.2 的分析计算可知，速度在 10 km/h 以内时，可以正常检测及开启、关断充电系统。

(三)充电逻辑设计

如图 9.29 所示，车辆进站时，受流器接触到导电轨，且读卡器检测到车辆电子标签信号 1 后，自动启动充电。

①车辆进站时，充电装置通过电压传感器检测车载超级电容端的电压，若电压值在 500～900 V 内，则判断为正常；若超级电容电压低于 500 V 时，需手动充电。

②车辆进站时，进站射频检测状态发生变化，判定车辆进站，充电装置得到指令准备充电。

③车辆进站时，充电柜通过判断超级电容电压上升斜率来确定输出充电电流值的大小。

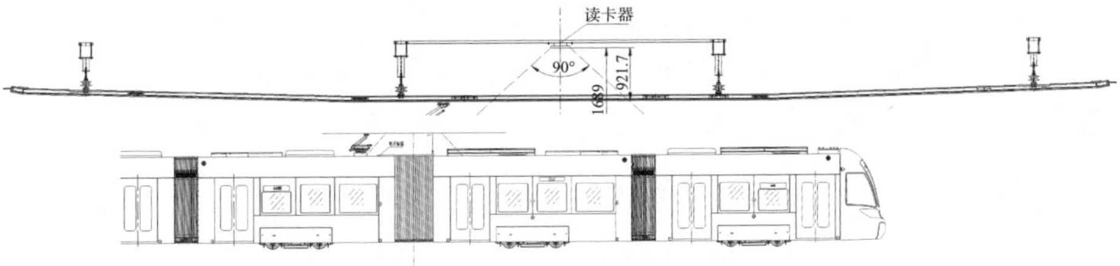

图 9.29　车辆进站充电

车辆停站，受流器接触到导电轨，但读卡器未检测到车辆电子标签信号，如图 9.30 所示，保持充电。

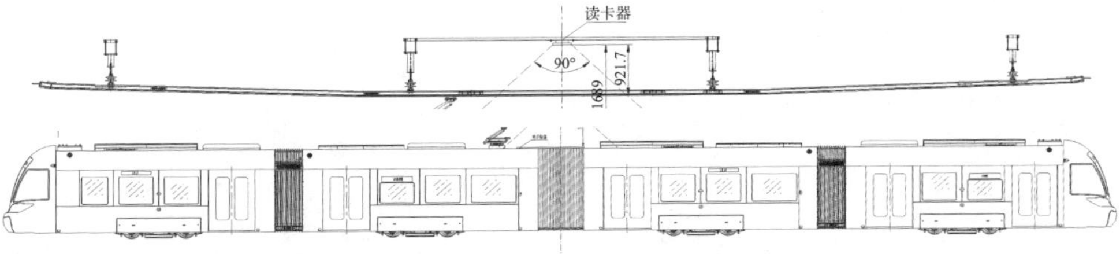

图 9.30　车辆停站充电

车辆出站，受流器接触到导电轨，且读卡器检测到车辆电子标签信号 2 后，如图 9.31 所示，自动停止充电。

①当超级电容电压到达 900 V 时，进入恒压充电阶段。

②车辆离开时，受流器与接触网即将脱离时，通过出站射频读卡器通知充电装置，充电装置停止充电，避免拉弧。

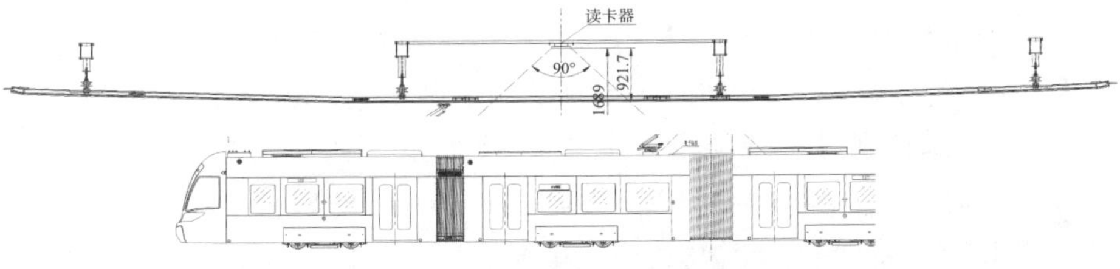

图 9.31　车辆出站停止充电

三、车辆段充电系统设计

(一)主要工作原理

车辆段充电系统采用多回路分时充电的成套充电装置，主要由变压器、整流充电装置、输出隔离装置、放电装置等组成。如图 9.32 所示，该成套充电装置设置 1 台变压器、2 套充电装置、2 套输出隔离装置和 1 套放电装置。

充电装置实现电源的变换和控制，隔离装置实现输出回路的分路和分时控制，每套隔离装置具有 4 路充电回路，每充电回路由隔离开关、接触器和熔断器组成。两套充电装置之间通过双电源切换开关，互为备用。放电装置安装于 1 号、4 号回路，用于 2 股道放电。

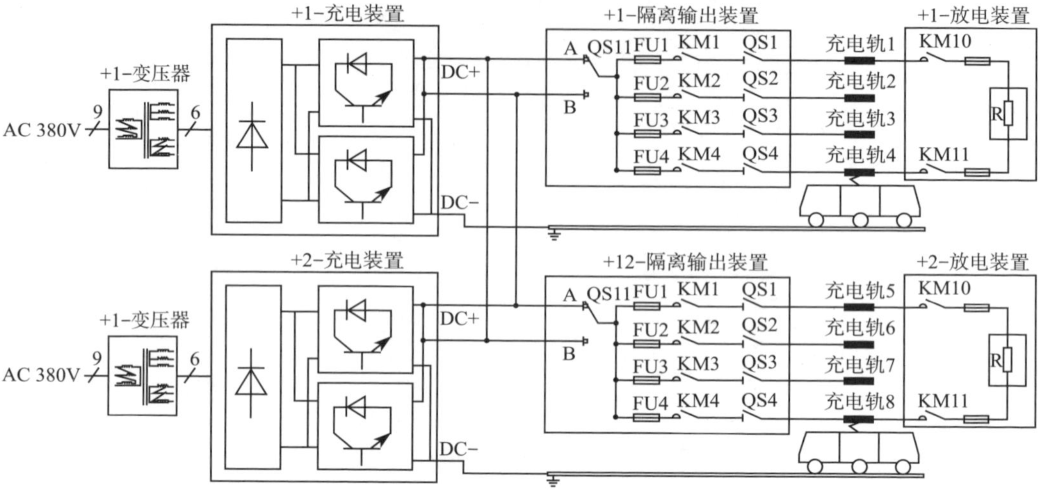

图 9.32　充电装置原理框图

变压器将 AC 380 V 电压升高至 AC 950 V 电压，然后经充电装置内十二相整流模块和 2 个 DC—DC 斩波模块输出 0～900 V，最大恒定电流 600 A 的直流电源，通过 2 套输出隔离装置多回路分时控制，为回路下的车辆进行充电。在其中 2 回路中接入 1 套放电装置，能将该 2 回路下的车辆进行放电。

在 2 套充电柜工作都正常情况下，双电源切换开关＋1-QS11 处于 A 位置，＋2-QS11 处于 A 位置，＋1 充电柜为 1～4 轨道的车辆充电，同一时间通过对主接触器 KM1～KM4 互锁控制，只对其中一个轨道车辆充电。＋2 充电柜为 5～8 轨道的车辆充电，同一时间通过对主接触器＋2-KM1～KM4 互锁控制，只对其中一个轨道车辆充电。若其中一充电柜故障，与故障充电装置同位置的隔离柜 QS11 隔离开关切换至 B 位置，另一正常充电柜能为 1～8 轨道的车辆进行充电，同一时间通过＋1-KM1～KM4 和＋2-KM1～KM4 互锁控制，只对其中一个轨道车辆充电。

放电装置与充电装置之间设置接触器 KM10、KM11，连接在 1 号、4 号充电回路。放电装置容量满足一回路的放电需求。放电回路与放电装置之间设置了安全闭锁。

充电装置主要技术参数见表 9.16。

表 9.16　充电装置主要技术参数

序号	项　　目	参　　数
1	输入电压	两组 3AC 860 V
2	输入电压谐波	≤3%(31 次以下)
3	输入端功率因数	额定负载≥0.95,空载≥0.9
4	充电方式	恒流、恒功,充电方式可以自动调整
5	输出充电电压	输出电压可在 0～950 V 可调
6	额定电流	400 A(0～400 A 可调)
7	输出稳压精度	900×(1±0.5%)V(车载储能装置两端电压)
8	输出电流精度	在恒流状态下,输出电流整定误差<±0.5%
9	纹波系数	纹波电流有效值系数<±0.5%,纹波电流峰值系数<±3%
10	效率	>95%(额定输入,输出电流大于 80%额定电流,输出电压大于 500 V)

(二)充电控制逻辑设计

充电装置控制策略如图 9.33 所示。执行策略用到的切换开关设置在输出隔离柜门板上。

充电装置具有本地控制(输出隔离柜)和远程控制(SCADA 系统)功能,具有黄色(准备充电)、绿色(正在充电)、红色(停止充电)三种状态。其可通过判断启动充电操作指令和车辆电压自动启动,按照预设值对车辆进行充电。车辆充电过程中充电装置能自我监控,实时保护,并能将设备状态通过网络传输至 SCADA 系统进行监控管理。此外,通过对输出隔离柜 4 个股道对应的接触器进行电气闭锁及软件闭锁双重保护,保证 4 个股道分时充电。

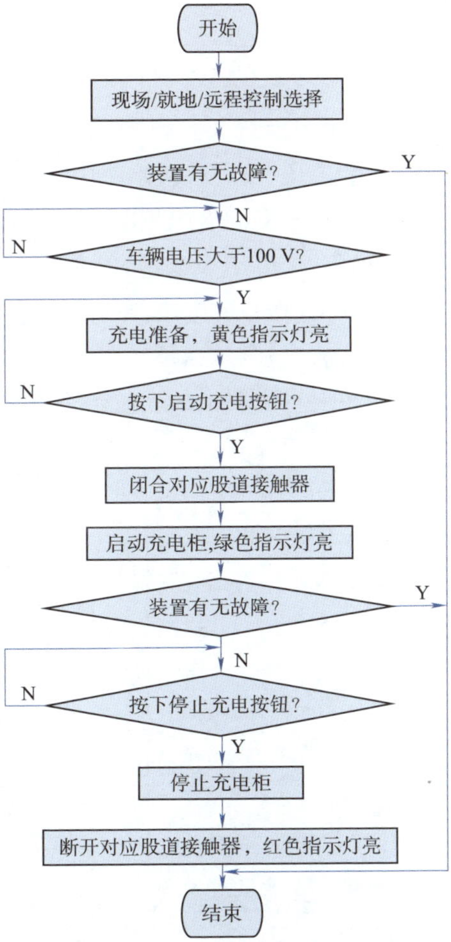

图 9.33　停车库充电装置控制策略流程

(三)放电装置设计

采用变电阻的多级放电控制模式,通过控制电路实现多级放电的电阻切换,能快速地将超级电容中储存的电能释放。放电装置主要技术参数见表 9.17。

表 9.17　放电装置主要技术参数

序号	名　称	参　数
1	最高工作电压	950 V
2	额定电压	900 V
3	电阻材质	NiCr 电阻合金带:Ni30Cr20(GB/T 1234—2012)
4	电阻材料熔点	1 390 ℃
5	电阻值(20 ℃)	3×(1±5%)Ω
6	电阻温度系数	$2.3\sim3.6\times10^{-4}$ Ω/℃
7	电阻器电阻率	1.04 μΩ·m
8	最大允许电流	300 A(长期 300 A 以下)
9	热容量	≤4.5 W/cm²(900 V 时)
10	电阻带最高温度	≤650 ℃(环境温度 50 ℃)
11	外壳温升	≤40K(出风口处除外)
12	出风口最高温度	≤230 ℃(环境温度 50 ℃)
13	放电时间	超级电容 120 F,900 V~安全电压,放电时间≤20 min±3 s

起始电压 900 V,初始使用 3 Ω 电阻放电,电压低于 120 V 时进行电阻切换,此后采用两种不同的放电策略完成不同要求的放电需求。其中三模组放电,放电电压每降低到一个电压等级,如图 9.34 所示,就并联入一个电阻,达到快速放电的目的;单模组放电,是在放电电压每降低到一个电压等级,仅保留该电压等级下对应支路的电阻进行放电,剩余其他支路包括起始 3 Ω 电阻均与超级电容断开连接。单模组和三模组放电均需要保证在放电电压低于 120 V 时,单模组上的电流不超过 20 A。

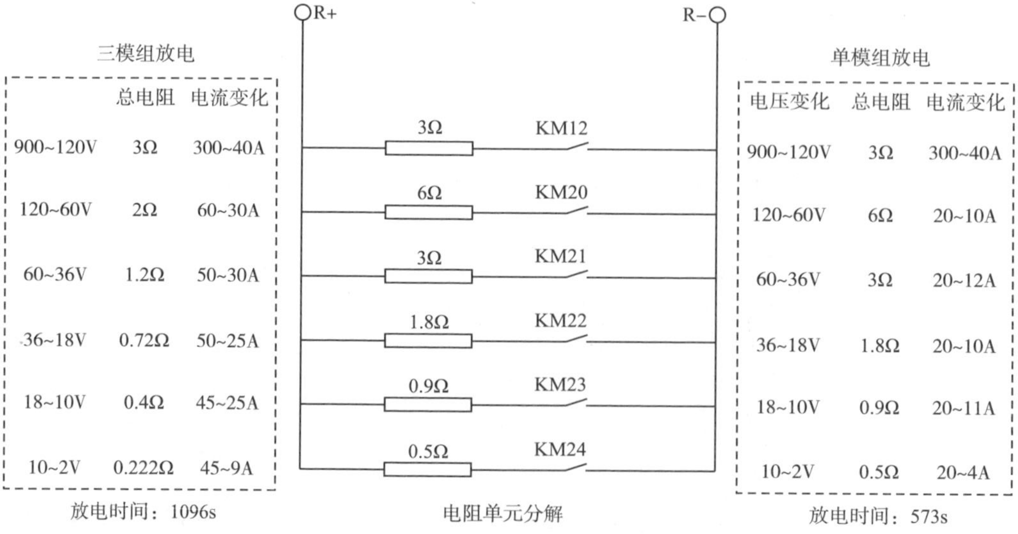

图 9.34　放电装置原理框图

(四)放电时间计算

放电时间 $t=T_0+RC\ln\frac{U_{T_0}}{U_t}$，其中 U_T 为 T 时间下的放电电压值，T_0 为某一级(此时电阻值恒定)放电下的起始时间。本案例中三模组放电电压从 900 V 降至 2 V，放电时间为 1 096 s。

第六节 广州海珠线运营数据分析

一、线路能耗计算

2015 年 1 月至 2015 年 3 月，设计的车辆在广州海珠线运行时，对列车实际能耗进行了测量统计，具体能耗数据见表 9.18。

表 9.18 广州海珠区车辆能耗记录

车号	牵引能耗(kW·h)	再生能耗(kW·h)	辅助能耗(kW·h)	运营里程(km)	单位能耗(kW·h/ km)
T03	29 740	−15 336	21 770	13 423	2.7
T04	33 321	−18 570	27 504	15 333	2.76
T05	29 191	−15 691	21 197	12 148	2.85
T06	25 585	−14 556	19 299	11 161	2.71
T07	24 567	−14 155	20 941	11 729	2.68

海珠线平均载客量为 40 人，车辆运营期间限速 50 km/h，根据海珠线车辆数据信息，空调按 25%制冷，计算全线的车辆能耗如图 9.35 所示。

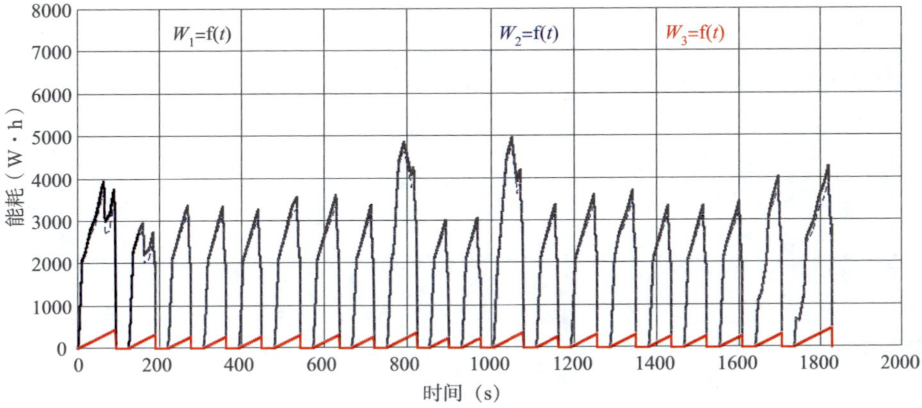

图 9.35 广州海珠区车辆能耗曲线

W_1—总能耗；W_2—牵引能耗；W_3—辅助能耗；t—时间

由图 9.34 可知，车辆每公里平均能耗实测值为 2.74 kW·h，理论值为 2.99 kW·h，两者相差 9.25%，验证了仿真分析模型的正确性和计算结果的精确性。

二、线路储能系统散热分析

（一）储能系统的发热功率计算

储能系统计算总内阻 R_n 为 35 mΩ，根据车辆线路仿真曲线储能系统一个充电周期的电流情况为：前 30 s 电流为 400 A，后段时间截止至 150 s，平均等效发热电流为 100 A。储能系统的充放电周期约为 200 s，一个充放电周期储能系统主回路内阻的平均发热功率为

$$P_1=\frac{I_1^2R_n\times 30+I_2^2R_n\times 120}{150}=1\ 400\ \text{W}$$

储能系统的控制回路主控单元、辅控单元和电压均衡单元，在车辆运行中对模组进行动态均衡时，平均发热功率约为 $P_2=200$ W。

储能系统的发热功率 $P=P_1+P_2=1\ 400+200=1\ 600$ W

（二）储能系统的散热风量

为保证超级电容的使用寿命，储能系统的允许工作温度设为 35 ℃。考虑储能式现代有轨电车运用于广州，夏天时其环境温度高于 35 ℃，故为保证储能系统的工作温度不大于 35 ℃，采用空调的废排风作为冷却风。储能系统的顶部盖板将在表面喷涂一层反射型隔热涂层来隔离太阳辐射。

空调废排风的温度约 27 ℃，风压在 30 Pa 左右。储能式现代有轨电车整个空调系统的废排量为 2 500 m^3/h，储能系统设计散热风量为 670 m^3/h，三组约 2 000 m^3/h。

（三）储能系统通风散热系统仿真模型

根据储能系统具体结构，进口处，空气入口温度 27 ℃，四个风口尺寸为 345 mm×565 mm，风量为 670 m^3/h，每个风口进口速度为 0.238 7 m/s。出口处风量为 670 m^3/h 时，则每个排风扇风速为 0.015 5 m^3/s；风量为 830 m^3/h 时，则每个排风扇风速为 0.019 2 m^3/s。

箱体壁面处，不考虑太阳辐射时，与外界无热交换，设定为绝热边界。

综合考虑车外温度，以及太阳辐射的影响（表 9.19），为尽可能降低太阳辐射的影响，采用防晒油漆，防晒漆吸收率为 0.15，参考 JC/T 1040—2007 标准。

表 9.19 广州地区夏季室外综合空气温度

列车速度	对流换热系数	室外温度	太阳总辐射	吸收率	综合空气温度
70.00 km/h	66.79	36.10 ℃	950 W/m^2	0.15	38.23 ℃

(四)仿真结果

采用 FLUENT airpak 软件对储能电源进行热力学建模和计算,采用结构化网格进行网格划分,并进行加密。本计算中湍流模型选用的是 κ-ε 模型,控制方程的离散格式选用的是二阶迎风(Second Order Upwind)差分格式,压力插值格式选用的是 Standard 格式,数值计算采用 SIMPLE 算法。为了保证计算结果的收敛,松弛因子保持默认设置,能量方程取 10^{-7},其余的控制方程均取 10^{-4}。储能系统温度分析结果如图 9.36 所示。

图 9.36 平面温度分布

储能系统箱体内最高温度为 38.2 ℃,进出口压差约为 20.7 Pa。从上层模组吹出的空气温度小于 35 ℃。

(五)运营结果对比

根据广州海珠有轨电车车载储能系统记录的数据,储能系统的温度情况如图 9.37 所示,储能系统最大温升为 6 K,与仿真结果相比,相差 4 K,主要是由于实际应用工况优于仿真分析设定工况所致。

三、线路超级电容衰减情况

广州海珠区储能式现代有轨电车储能系统超级电容模组出厂主要参数见表 9.20。

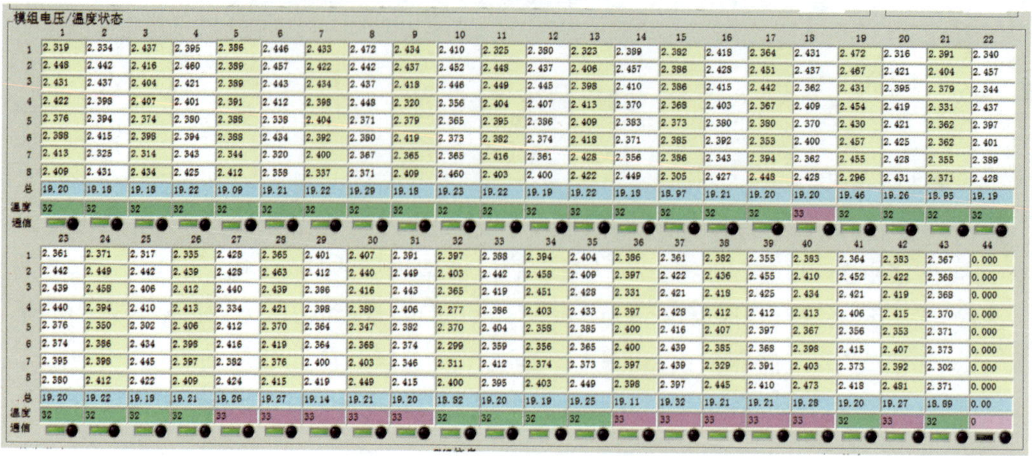

图 9.37　储能系统内部温度记录

表 9.20　超级电容模组出厂主要参数

额定电压 U_n	标称容量 C_n	标称能量 W_n	标称内阻(DC)R_n
DC 21.6 V	1 875 F	121.5 W·h	≤1.3 mΩ

通过对 2015 年至 2019 年，选择同一车辆，按照“上下层，左中右均抽取”的原则，抽取储能系统内的模组进行容量和内阻的测试，测试数据平均值见表 9.21。

表 9.21　模组测试数据

参　　数	出厂值	2015 年	2016 年	2017 年	2018 年	2019 年
容量测试平均值(F)	1 875.00	1 805.15	1 784.72	1 752.28	1 740.57	1 741.13
容量比值(%)	100	96.27	95.18	93.46	92.83	92.86
内阻测试平均值(mΩ)	1.00	1.02	1.17	1.43	1.02	1.18
内阻比值(%)	100	101.67	116.67	143.33	101.67	118.33

注：模组容量比值的计算方法为：$\Psi_c = C_{test}/C_n$，Ψ_c 为模组容量比值；C_n 为模组容量标称值；C_{test} 为模组容量测试值。

模组内阻比值的计算方法为：$\Psi_r = R_{test}/R_n$，Ψ_r 为模组内阻比值；R_n 为模组内阻标称值；R_{test} 为模组内阻测试值。

2015～2019 年的超级电容容量衰减和内阻变化如图 9.38 所示，车辆运营 5 年后模组容量衰减至 92.86%，内阻增大了 118.33%，按照衰减趋势曲线，10 年后模组容量衰减至标称值 89%，内阻增大 130%。按照车辆设计规范要求，车辆运营 10 年，模组容量值大于标称值 80%，内阻增大率小于 200%。根据测试数据及预测趋势，超级电容模组衰减值符合设计规范要求。

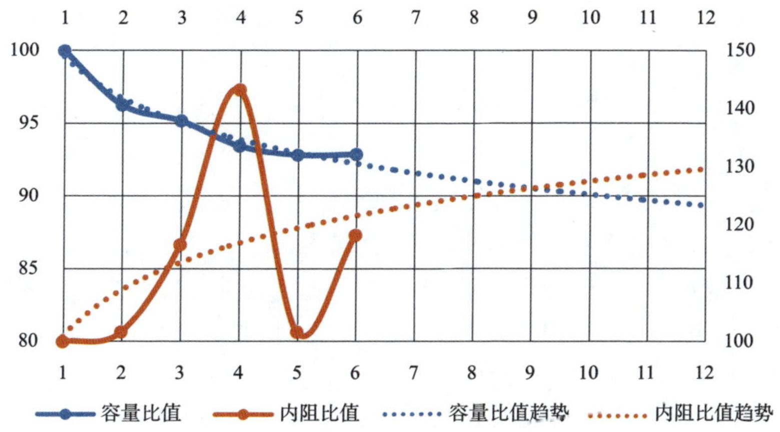

图 9.38 模组容量衰减和内阻变化曲线

后　　记

在公共交通系统中，地铁存在造价高（6 亿～10 亿元/km）、建设周期长（4～6 年）等不足，而公共汽车存在运量小、乘坐体验及准点率差等问题。与这两者不同，地面有轨电车兼顾了轨道车辆的高准点率及舒适性的同时，在造价（1 亿元/km）及建设周期（1～2 年）上都远优于地下轨道交通。此外，现代有轨电车兼顾出行和观光的功能，在运量上填补了公交车与地铁间的空白，形成地铁和公交以外的第三套公共交通系统，适用于大型城市次干线和中小城市主干线，对解决城市交通压力、改善城市交通环境、提升城市形象具有重要意义。基于以上优点，城市有轨电车具有长足发展空间和发展必要性。

车载超级电容储能和十秒级快速充电技术结合而成的有轨电车间歇式受电技术打破了一百多年来城轨车辆需沿线铺设供电电路的束缚，彻底消除了架空接触网的诸多负面影响。此外，车载超级电容还可实现高达 80％的再生制动能量吸收率，大幅降低供电系统的造价，仅为国外地面分段受电无网方式造价的三分之一。2014 年广州海珠线率先采用这种先进全程无网供电的储能式有轨电车，之后在不同地区又陆续开通运营了 9 条类似的全程无网储能式有轨电车线路。这些线路的运营不仅为我国现代有轨电车的发展提供了丰富的运营经验，也标志着我国已成为该领域公认的技术领跑者。为了进一步提高储能式有轨电车的品质并降低成本，我国在该领域的部分技术依然需要进一步的突破。首先是需要通过进一步提高超级电容的能量密度或采用电容—电池混合方案，延长续航里程，以减少超级电容与充电桩的数量和造价。其次是提升地面充电桩功率及受电器充电电流，进一步缩短系统充电时间，以实现在停站时间内完成充电。最后是在不断地革新现有技术的同时，进一步制定健全的规章制度及行业标准，完善轨道交通产业链，最终形成我国在高端轨道交通装备产业的主导地位。

参考文献

[1]NOVALES M. Light rail systems free of overhead wires[J]. Transportation Research record，2011，2219(1)：30-37.

[2]EHSANI M，GAO Y，EMADI A. 现代电动汽车、混合动力电动汽车和燃料电池车：基本原理、理论和设计[M]. 倪光亚，倪培宏，熊素铭，译 . 2 版. 北京：机械工业出版社，2016.

[3]邓文豪. 城市轨道交通地面型超级电容储能系统关键技术的研究[D]. 北京：中国铁道科学研究院，2010.

[4]尹婷，陈轩恕，刘飞，等. 基于混合储能系统的动态电压恢复器[J]. 高电压技术，2009，35(1)：181-185.

[5]张国驹，唐西胜，齐智平. 超级电容器与蓄电池混合储能系统在微网中的应用[J]. 电力系统自动化，2010，34(12)：85-89.

[6]张国驹，唐西胜，齐智平. 平抑间歇式电源功率波动的混合储能系统设计[J]. 电力系统自动化，2011，35(20)：24-28.

[7]于芃，周玮，孙辉，等. 用于风电功率平抑的混合储能系统及其控制系统设计[J]. 中国电机工程学报，2011，31(17)：127-133.

[8]石庆升，张承慧，崔纳新. 新型双能量源纯电动汽车能量管理问题的优化控制[J]. 电工技术学报，2008，23(8)：137-142.

[9]李明，付稳超，黄烈威，等. 100％低地板轻轨车混合动力性能匹配计算[J]. 铁道机车车辆，2013，33(2)：55-60.

[10]刘友梅. 储能式轻轨车：通向节能、环保和智能化[J]. 城市轨道交通研究，2012，15(10)：1.

[11]米勒. 超级电容器的应用[M]. 韩晓娟，李建林，田春光，译. 北京：机械工业出版社，2014.

[12]贝金，弗拉科维亚克. 超级电容器：材料、系统及应用[M]. 张治安，等译. 北京：机械工业出版社，2014.

[13]ANDRZEJ D，DOMINIK S. Ultracapacitor modelling and control using discrete fractional order state-space model[J]. Acta Montan Slovaca Ročník，

2008，13(1)：136-145.
[14]胡斌，杨中平，林飞，等. 城市轨道交通用超级电容器组等效电路模型研究[J]. 机车电传动，2013，5(5)：65-68.
[15]RAFIK F，GUALOUS H，GALLAY R，et al. Frequency，thermal and voltage supercapacitor characterization and modeling[J]. Journal of Power Sources，2006，165(2)：928-934.
[16]李欣然，徐婷婷，谭绍杰，等. 超级电容储能系统动态综合等效模型[J]. 系统仿真学报，2016，28(4)：783-792.
[17]KARDEN E，BULLER S，DONCKER R W D. A frequency-domain approach to dynamical modeling of electrochemical power sources[J]. Electrochimica Acta，2002，47(13)：2347-2356.
[18]ITAGAKI M，SUZUKI S，SHITANDA I，et al. Impedance analysis on electric double layer capacitor with transmission line model[J]. Journal of Power Sources，2006，164(1)：415-424.
[19]李忠学，陈杰. 超级电容器的阻抗特性及其复空间建模[J]. 电子元件与材料，2007，26(2)：7-10.
[20]闫晓磊，钟志华，李志强，等. HEV 超级电容自适应模糊神经网络建模研究[J]. 湖南大学学报(自然科学版)，2008，35(4)：33-36.
[21]盖晓东，杨世彦，雷磊，等. 改进的超级电容建模方法及应用[J]. 北京航空航天大学学报，2010，36(2)：172-175.
[22]PETER J，PAUL G L，KESHISHIAN S M，et al. Measurement and modelling of the high-power performance of carbon-based supercapacitors [J]. Journal of Power Sources，2000，91(1)：68-76.
[23]BURKE A. Ultracapacitors：why，how，and where is the technology[J]. Journal of Power Sources，2000，91(1)：37-50.
[24]柳成，赵卫，李磊. 基于 DC/DC 的超级电容均衡控制电路建模及控制策略研究[J]. 电源世界，2014(9)：21-25.
[25]逯仁贵，王铁成，朱春波，等. 基于飞渡电容的超级电容组动态均衡控制算法[J]. 哈尔滨工业大学学报，2008，40(9)：1421-1425.
[26]ZHAO J，JIANG J，NIU L. A novel charge equalization technique for electric vehicle battery system[C]//International Conference on Power Electronics and Drive Systems. Kuala Lumpur：IEEE，2003.
[27]SIMON P，GOGOTSI Y. Materials for electrochemical capacitors[J]. Nature

Materials，2008(7)：845-854.
[28]WANG L，WANG J，JIA F，et al. Nanoporous carbon synthesised with coal tar pitch and its capacitive performance[J]. Journal of Materials Chemistry，2013(1)：9498-9507.
[29]刘冠男，张相军. 基于超级电容储能双向 DC/DC 变换器控制模型分析[J]. 电力电子技术，2013，47(10)：81-83.
[30]王雪迪，杨中平. 超级电容在城市轨道交通中改善电网电压的研究[J]. 电气传动，2009，39(3)：77-80.
[31]曹成琦，王欣，秦斌，等. 基于车载超级电容储能系统在城市轨道交通的应用研究[J]. 电工电气，2017(1)：9-12.
[32]张慧妍，韦统振，齐智平. 超级电容器储能装置研究[J]. 电网技术，2006，30(8)：92-96.
[33]聂晶鑫，郭育华，夏猛. 超级电容储能装置在城市轨道交通中的应用[J]. 电气化铁道，2011，22(2)：48-50.
[34]刘风君. 现代逆变技术及应用[M]. 北京：电子工业出版社，2006.
[35]李永东. 交流电机数字控制系统[M]. 北京：机械工业出版社，2012.
[36]李杨，牟岩，罗超. 有轨电车用超级电容器储能系统能量计算及仿真验证[J]. 铁道机车与动车，2018(3)：19-22.
[37]李韶杰. 超级电容器蓄电池混合电源的建模与性能分析[J]. 蓄电池，2010，47(2)：67-70.
[38]刘护林，王彬，高连升. 对 IEC 轨道交通牵引系统组合试验标准的研究(下)[J]. 铁道技术监督，2017，45(3)：6-11.